SANGITA RATNAKARA

AN ANCIENT TREATISE ON HINDU MUSIC

SANGITA RATNAKARA

AN ANCIENT TREATISE ON HINDU MUSIC

SARNGA DEVA,
SANGITA SUDHAKARA

GYAN

Published by

GYAN

Gyan Publishing House
5, Ansari Road
Daryaganj, New Delhi-110002
Phone: 011-47034999, 9811692060
E-mail: books@gyanbooks.com

Distribution Network
gyanbooks.com
India, USA, Canada, UK, Australia

ISBN: 978-93-6780-703-3 (PB)

First Published, 1870

2nd Impression 2024

Printed at: Gyan Press, Delhi.

SANGITA RATNAKARA: AN ANCIENT TREATISE ON HINDU MUSIC
Author: SARNGA DEVA, SANGITA SUDHAKARA

SANGÍTA RATNÁKARA

AN ANCIENT TREATISE ON HINDU MUSIC

BY

ŚÁRNGA DEVA

WITH

SANGÍTA SUDHÁKARA

A COMMENTARY

BY

SINHA BHÚPÁLA

SVÁRÁDHYÁYA

EDITED BY

KÁLÍVARA VEDÁNTAVÁGÍŚA

AND

SÁRADÁ PRASÁDA GHOSHA

Calcutta

THE NEW ARYA PRESS.

1879.

संगीत-रत्नाकरः

शार्ङ्गदेव-विरचितः

सिंहभूपालकृतया सङ्गीतसुधाकराख्यया

टीकया सहितः

[स्वराध्यायः]

श्रीकालीवरवेदान्तवागीशेन

श्रीसारदाप्रसादघोषेण च

यथामति परिशोधितः।

कलिकातायां

नूतन-आर्य्य-यन्त्रे मुद्रितः।

सम्वत् १९३६।

PREFACE.

There has been of late some desire among not a few Bengalis, and Europeans too, of having a correct idea of the principles of Hindu Music. Accordingly, attempts have been made by some to explain these, but too hastily and carelessly, we think, to terminate satisfactorily. Books and pamphlets have been written—institutions opened—but the results are not very encouraging. The books and institutions have served only to intensify and not to dispel the darkness that shrouds the subject. The unwary enquirers are often misled and sometimes left in a maze because of various incorrect statements made upon high authority, or what assume the appearance of such, and have in themselves great plausibility. The great mischief done is in alleging that most of the erroneous statements are supported by Sanskrit Authorities, when, in fact, they are not so, and in frequent misinterpretations of passages from more than one Sanskrit works. To rectify therefore this pitiable state of things is a duty, which, we feel, should be performed as well as possible, and the first step that has been taken with that view is the laying before the public some choice ancient Sanskrit works on Hindu Music, of which this *Sangíta Ratnákara* is one which is much esteemed throughout Hindustan.

We find it difficult to ascertain the year or even the century when the *Sangíta Ratnákara* first saw the light. Professor Wilson says, in his "Theatre of the Hindus" Vol. I., that its author *S'árnga Deva* lived between the 9th and 13th century of the Christian era. But this is a guess, and on guesses we cannot safely rely especially when the style of *S´árnga Deva's* writing seems to us of much earlier ages. Nevertheless, *S´árnga Deva* is the last of all the best distinguished Musicians, who wrote elaborate works on Hindu Music; for in this book he has not only embodied much of their doctrines, but made mention of them as having preceded him.

There are altogether seven parts in *Sangíta Ratnákara.* The first treats of Musical notes, scales, &c., and is called *Svarádhyáya.* The second contains definitions and examples of the different classes of melodies, &c., and is called *Rágádhyáya.* The third, called *Prakírnádhyáya,* explains some technical terms, &c. . The fourth, which is *Prabandádhyáya* furnishes rules of composition, &c. . The fifth is the *Táládhyáya* which treats of different measures of time used in Hindu music. The sixth treats of Musical instruments and instrumental music, and is accordingly called *Bádyádhyáyá*; and the seventh or last, called the *Nritya-dhyáya,* treats of dancing and dramatic acting only.

The first part is now laid before the reader; the remaining, it is hoped, will be brought out gradually in their order.

This first part contains seven chapters besides an introduction. The introduction furnishes the readers with a table of contents of the whole book and some information about the author's pedigree.

The 1st chapter, called *Pindótpatti-Prakaranam,* treats of the organism of the universe in general and especially of the human being. It is not our business here to explain the necessity or weigh the utility of such a chapter which must appear to not a few of our readers quite irrelevant to the subject.

The 2nd chapter, called *Náda-Sthána-S´ruti-Svara-Prakaranam,* treats of Sounds, Musical notes, Octaves, and the concordant and discordant relations of the notes.

The 3d chapter explains the three principal *Grámas* (Scales) their *Márchhánás,* the *Kramas* and the *Tánas,* and is accordingly called *Gráma-Múrchhána-Krama-Tána-Prakaranam.* This with its preceding chapter will help the readers in removing at once the wrong ideas they might have formed from the several misrepresentations made to them of the same by the author of "The Six Principal Rágas" and "Yantrakshetra Dípica" and by some other contemporaries who have written on the subjects; for it will be at once obvious to the reader, that, not only the definitions given by our learned contemporaries of the *S'uddhasvaras, Vikritasvaras, S'rútis, Grámas, Múrchhánás, &c. &c.*, are totally erroneous, but the translations of a few passages from this *Sangíta Ratnákara* in support of some of those definitions in the above named two books by Dr. Sourendra Mohun Tagore are very far wrong.

The 4th chapter, called *Barnálankára-Prakaranam,* contains definitions of *Barnas* (Ascending, Descending, &c.), and of the principal 63 *Alankáras.* with illustrations which are but different melodious series of notes and are intended to impress upon the beginners the idea of different pitches, and of varieties of different *Barnas,* and to cultivate a taste for pleasing combinations of notes.

The 5th chapter treats of some subsidiary Scales and is called *Shádhárana Prakaranam.*

The 6th Chapter, called *Játi-Prakaranam,* defines the materials of *Rágas* and explains and illustrates the *Játis* from which several *Rágas* have transpired. The system of musical notation given here is very simple and clear, and it is a pity that, instead of this system being adopted in the Bengal Musical School and its branches, a clumsy and barbarous one is forced upon the pupils there, a system which has been invented and introduced on the unjustifiable plea of there being no suitable system of the ancients, and on the vain belief of the new one being an improvement on the old.

The 7th Chapter, called *Gíti-Prakaranam,* includes descriptions of *Kapála* and *Kambala* (two species of certain Ancient Songs), and defines the different styles of singing.

The above seven *Prakaranams* or Chapters form this first part. We have carefully corrected the text by comparing together several Manuscripts secured from different quarters of India for that purpose.

There are, we learn, altogether seven Commentaries on the text:—4 in Sanskrit, 1 in Hindustanee, and 2 in the Telugu language. Of these we have seen the one in Hindustanee, and two of the four in Sanskrit. *Kallinátha* and *Sinhabhúpála* are the two respective authors of the two Sanskrit Commentaries. We could not give here *Kallinatha's* Commentary, for the only Manuscript to which we have at present access, is very unintelligible, owing to numerous clerical mistakes. We have therefore given only the Commentary by *Sinhabhúpála* who lived sometime between the twelfth and thirteenth century. We have made the necessary corrections as well as we could in the absence of more copies of the same. All our own particular insertions in the Commentary are enclosed within brackets to distinguish them from the Commentator's text.

In illustration of the definitions of a few important passages, we have herein inserted a few tables and diagrams, which will, we trust, prove serviceable to our readers.

विज्ञप्तिः ।

"प्रयोजनमनुद्दिश्य न मन्दोऽपि प्रवर्त्तते" । तदिदानीमस्य सङ्गीत-रत्नाकरप्रचारस्य प्रयोजनमभिदध्महे ।

इतः कतिपयसंवत्सरात् प्रागनल्पानां वङ्गीयानामियुरोपाख्य-देशवासिनाञ्च जिज्ञासा सञ्जाता कीदृङ्नियमवती कीदृक्-परिपाटीयुता च भारतसङ्गीतविद्येति । तदा प्रभृति खलु कश्चित् कश्चिदेतद्देशवासी तत्पूर्त्त्यर्थं व्यग्रः सन् महान्तं यत्नमास्थितः । ततः प्रभृति कतिपयाब्दमध्य एव कियत्सङ्ख्यकानि सङ्गीतपुस्तकानि सङ्गीतविद्यालयानि चाविरभूवन् । हन्त ! बहुतिथोऽपि कालः समतीतस्तथापि न किञ्चित् तेषां शोभनं फलमुपलभामहे । भरतखण्डीयं प्रत्नं सङ्गीतशास्त्रं दूरतरकालादवोधतमसावृतमाव-र्त्तते तदावरणमुद्घाट्य वयमेतस्य विशुद्धं यद्रूपं तत्प्रकाशयिष्याम इति मनसिकृत्य तैस्तैः प्रोत्साहिभिर्यद्यत् पुस्तकं कृतं विज्ञापितञ्च सत्सङ्गीतरहस्यं तत्सर्व्वं विपरीतफलाय जातम् । दूरे गतमाव-रणोद्घाटनं प्रत्युत प्रैधत एव तत्तमः । अतः पुस्तकादिकृतां तादृशो यत्नाभासस्तेभ्यश्च लब्धसङ्गीतरहस्याभासयाऽनेकानेवाऽनुसन्धित्सून् रहस्यलिप्सून् मृगतृष्णिकावत् भ्रमयति । अपरश्च महान् दोषो जातो यत्तैर्भ्रमावहमतं सदपि भारतसङ्गीतशास्त्रविरुद्धं

लोकेभ्यस्तच्छास्त्रानुमोदितमितिकृत्वा विज्ञापितम् । सङ्गीतशास्त्राब्धि ये ये श्लोकाश्चाहृताः स्वे स्वे ग्रन्थे च सन्निवेशितास्तेषां बहव एव श्लोका अयुक्ततरार्थेनानुवादिता दृश्यन्ते । तदिदानीमीदृश्याः शोच्यावस्थायाः परिवर्त्तनार्थं स्वभावत एव सर्व्वसज्जनानामिच्छा समुदेति । सत्स्वपि बहुषु तदुपयोगिषूपकारककार्य्येषु प्रथमं तावत् कतिपय-भारतसङ्गीतशास्त्रे प्रचारयितव्येऽप्यादावेवाऽयं सङ्गीतरत्नाकराख्य-प्राचीन-प्रसिद्धतमो ग्रन्थः प्रकाशमागच्छत् ।

अयमसौ ग्रन्थः कदा समजनि तन्न निर्णीयते । अध्यापक उइलसन् साहेबः (Professor Wilson) स्वरचिते "थियेटर अव् दि हिन्दुज्" (Theatre of The Hindus) इत्यभिधेये भारतनाट्यसम्बन्धीयग्रन्थे त्विदमुक्तवान् । सङ्गीतरत्नाकरकृत् शार्ङ्गदेवः ख्रीष्टीय-नवशतसम्वत्सरमारभ्य त्रयोदशसम्वत्सरादर्व्वाक् कस्मिंश्चिदनिर्वाच्ये वत्सरे वर्त्तमान आसीदिति ।

आपातानुमानविलसितत्वान्नास्मिन्मतेऽस्माकं सम्पूर्णास्था । सम्भाव्यते तु ततोऽपि प्राक्तनतरे काले तत्सत्ता । दृश्यते ह्यस्मिन् ग्रन्थे प्राचीनतमा लिपिपरिपाटी । भवतु तावत् तथाप्यसौ सर्व्वेषां प्रसिद्धतमसङ्गीताचार्य्याणां परभावीति नात्र कश्चित् सन्देहः । यदनेन तेषां मतं नाम चाऽस्मिन् ग्रन्थे न्यधायीति ।

ग्रन्थेऽस्मिन्नध्यायाः सप्त ।—स्वराध्यायः (१) रागाध्यायः (२) प्रकीर्णाध्यायः (३) प्रबन्धाध्यायः (४) तालाध्यायः (५) वाद्याध्यायः (६) नृत्याध्यायश्च (७) । अयन्तु तेषां स्वराध्यायः । सुखबोधार्थमत्र केवलमेव सिंहभूपालकृता सङ्गीतसुधाकराख्या टीका सन्निवेशिता ।

एतस्य सङ्गीत-रत्नाकरस्य सप्त टीकाग्रन्थाः सन्ति। एका भाष्यरूपा, द्वितीया कुम्भकर्णनरेन्द्रकृता टीका, तृतीया कल्लिनाथरचिता, चतुर्थी सिंहभूपालकृता, पञ्चमी राज्ञो रीमा-पूरीपतेर्विश्वनाथस्यैकतमेन सभ्येन गङ्गाराम-पण्डितेन हिन्दवी भाषया प्रणीता, षष्ठी सप्तमी च तैलङ्गभाषया निबद्धेति। एतासां तृतीया, चतुर्थी, पञ्चमी च टीकाऽस्माभिर्दृष्टा। सत्यामपि कल्लिनाथकृतटीकामुद्रणेच्छायां यदेकमेव तत् पुस्तकमस्मत्सकाशे वर्त्तते लिपिदोषात् दुष्पाठ्यतया तत्परिहृत्य सिंहभूपालकृतटीकैवाऽत्र सन्निवेशितेत्यवगन्तव्यम्।

असौ सिंहभूपालः ख्रीष्टीयद्वादशशतमितसम्वत्सरात्परं त्रयोदशशतमितवत्सरमध्य एवासीदित्यनुमीयते।

भारतवर्षीयनानाजनपदात् जीर्णतमानि नवीनानि च पुस्तकान्याहृत्य तत्तत्पुस्तकपाठानामैक्यानैक्यादिकं विविच्य शुद्धिं विधायाऽस्माभिर्यथामति परिशोधितोऽयं सङ्गीत-रत्नाकरः। टीका त्वेकैव लब्धा। सुतरामसौ मूलार्थानुसारेण शुद्धिं नीता। अस्मत्कृता विशेषविशुद्धिस्तु (̂) इत्थंचिह्नेनान्तरीकृतेति पाठकैर्ज्ञातव्यम्।

अपिचाऽत्र पाठकानां बोधसौकर्य्यार्थं ग्रामादिबोधकानि कतिपयचक्रादीनि प्रदत्तानीति बोद्धव्यम्।

सम्पादकयोः।

सूचि-पत्रम् ।

टीकाकृतोमङ्गलाचरणम् ।

वेणूद्वेल्लितगीतिरुद्रसलसत्तालैर्वयस्यैः समं
तालीभिः फणिमौलिरङ्गधरणौ नृत्यक्रियाकौतुकी ।
इत्थं भङ्गिविशेषतः प्रकटयन् सङ्गीतमङ्गीकृत-
स्त्रैलोक्यप्रतिपालनः प्रतिपदं पद्मेक्षणः पातु वः ॥ १ ॥

श्रियोनिधानं जगतां श्रियेऽस्तु श्रियोविशालस्तनसन्निवेशः ।
यस्मिन् कराभ्यां कलनारविन्दन्मन्ये चतुर्बाहुरभूत् मुकुन्दः ॥ २ ॥

पितुर्जयार्थीव दधाति भानुं सिन्दूरपूरारुणकुम्भदम्भात् ।
दानाम्बुधारां यमुनाञ्च मूर्द्ध्ना गजाननं तं हृदि भावयामः ॥ ३ ॥

तज्जीवितं महेशस्य हिमाद्रेस्तपसां फलम् ।
निदानं जगतां वन्दे सन्देहध्वान्तशान्तये ॥ ४ ॥

भरतादिप्रणीतानां ग्रन्थानां दुर्ग्रहत्वतः ।
शार्ङ्गदेवोदयात् पूर्व्वं किल सङ्गीतपद्धतिः ॥ ५ ॥

व्यभूत्सा शार्ङ्गदेवेन स्फुटमेकपदीकृता ।
सङ्गीतरसपीयूषे नौरिवाश्रितरोचिता ॥ ६ ॥

वदान्यस्येति मन्वानः करुणापूर्णमानसः ।
एतां राजपथीकर्त्तुं यतते सिंहभूपतिः ॥ ७ ॥

सङ्गीतरत्नाकरनामधेयग्रन्थस्य टीकां स्फुटदर्शितार्थाम् ।
श्रीसिंहभूपस्य कुलप्रदीपस्तनोति सङ्गीतसुधाकराख्याम् ॥ ८ ॥

दुर्बोधं भरतादिभिर्विरचितं शास्त्रं चिराभ्यासतः,
सङ्गीतागमसारविद्भिरखिलैः सार्द्धं विचार्य्य स्फुटम् ।
विद्याजातविशारदः सहृदयः श्रीसिंहपृथ्वीपति-
र्लोकानुग्रहवाञ्छया विवृणुते सङ्गीतरत्नाकरम् ॥ ९ ॥

ग्रन्थं शक्यमपूर्व्वं किञ्चित् ज्ञात्वा प्रपञ्चयितुम् ।
ननु सुगमेऽपि ग्रन्थे विवृण्वतावपि योजनामात्रम् ॥ १० ॥

अतिगभीरविषमे कतिपयभेदोऽस्मिन् ग्रन्थे ।
सम्यग्व्याख्याकुशलः सर्व्वज्ञः सिंहाह्वय एवैकः ॥ ११ ॥
प्रागल्भ्यं दधते न लक्षणविदः संगीतलक्ष्यं विना
लक्ष्यज्ञा अपि शास्त्रबोधविधुरा गोष्ठीषु शङ्काहताः ।
शुद्धाङ्गस्फुटलक्ष्यलक्षणविदां श्रीसिंहपृथ्वीभुजो
नाऽयं नूतन इत्यनूनधिषणैश्चाव्यस्य मान्यो बुधैः ॥ १२ ॥
प्रस्तौति स्तुतिमस्य निस्तुषतरं सारत्नयं संस्तुवन्
नासौ न स्तुतिमादधाति बधिरो गातुर्यथा स्तावकः ।
निश्चित्य स्वरितं वदन्नपि मुदं धत्ते विदामग्रणी
घोषे चूर्णनिवेदनं हि न भवेत् द्वेषे नृणां वैकृतम् ॥ १३ ॥
गर्व्वेण कः सर्व्वगुणोत्तरोऽपि सङ्गीतरत्नाकरमत्सहेत ।
व्याख्यातमत्नापि तथापि कश्चित् मेधावतः प्रीणयितुं प्रयत्नः ॥ १४ ॥

भरतदन्तिलकोहलादिप्रणीतानि संगीतशास्त्राणि भूतलवर्त्तिभिर्विपुलप्रबन्धैर्दुरवबोधरहस्यानीति मत्वा परमकारुणिकः शिशिरकिरणभारपङ्कजप्रवणमानसः शार्ङ्गदेवः संगीतरत्नाकराख्यं संगीतसारं लोकोपकाराय चिकीर्षुर्निष्प्रत्यूहपरिसमाप्तये शिष्यप्रशिष्यद्वारा प्रचयगमनाय च सदाचारानुमितस्तत्यनुमित श्रुतिविहितं विशिष्टेष्टदेवतानमस्काररूपं मङ्गलमाचरन् प्रसङ्गादभिधेयप्रयोजनसम्बन्धांश्चैकेनैव श्लोकेन कथयति ।

संगीतरत्नाकरः।

स्वराध्यायः।

पदार्थसंग्रहः।

ब्रह्मग्रन्थिजमारुतानुगतिना चित्तेन हृत्पङ्कजे
सूरीणामनुरञ्जकः श्रुतिपदं योऽयं स्वयं राजते।
यस्माद्ग्रामविभागवर्णरचनालङ्कारजातिक्रमो
वन्दे नादतनुं तमुद्धरजगद्गीतं मुदे शङ्करम् ॥ १ ॥

ब्रह्मग्रन्थिजेति—सकलविघ्नविनाशनिमग्नहृदयं परमात्मानं स्मारयन् मङ्गलाचरणमपि भविष्यतीति मनसि कृत्वा प्रथमं ब्रह्मपदं प्रायुङ्क्त। वन्दे अभिवादयामि। वदि अभिवादनस्तुत्यो रित्यभिधानात्। नमति स्तौतीत्यादिप्रयोगे च तदर्थ एव लभ्यते। अत्र नमस्काराणां मानसिकवाचिककायिकत्वेन त्रैविध्यं विशेषेणानुपादानाल्लभ्यते। अथवा प्रथमपादगतेन चित्तेनेति पदेन सम्बन्धः कार्य्यः। मानसिकस्यैव नमस्कारस्य श्रद्धाविहितत्वेन मुख्यत्वात् "यदेव विद्यया करोति तदेव श्रद्धया" इति श्रुतेः, अतएव तस्य ग्रन्थादिनिवेशनेनैव वाचिकनमस्कारस्यार्थतः सिद्धत्वादास्तिकानां नाऽनास्था। तेन च नानावाचिकनमस्कारस्य कायिकनमस्काराणां समर्पकत्वात् त्रिविधस्यापि नमस्कारस्य निवेशनसिद्धिः। कं वन्दे? शङ्करमीश्वरमित्यर्थः। अथवा शङ्करोतीति शङ्करः निरपेक्षसुखदायक ईश्वरः। अतएव सापेक्षतया सुखदायकादीनां राजादीनां व्युदासः। ननु परम कारुणिका निरपेक्षा अपि अन्यानानन्दयितुं यतन्ते? तन्निरासार्थाय आह उद्धरेति—उद्धरे वेदोद्धरणसमये जगता गीतं स्तुतम्। गै शब्दे इत्यस्य शब्दार्थत्वेऽपि ईश्वरविषयत्वात् स्तुत्यर्थो लभ्यते। पुनः कथम्भूतं? नादस्तनुः स्वरूपं यस्य तं शब्दोऽस्त्रीत्युक्तत्वात्। यद्वा नादेन कार्य्येण कारणमाकाशमुपलक्षयेत। तेनाकाशस्वरूपमित्यर्थः। आकाशोऽप्येका मूर्त्तिः परमेश्वरस्य

एतदुपादनाञ्च तदुपादानं। परमेश्वरस्यापि शब्दकारणत्वात्। तदनुग्रहः ग्रन्थ-रूपशब्दविस्तरसमाप्तिध्वनितोऽभिव्यक्त्यर्थं। तमिति यच्छब्दसम्बन्धार्थं "यत्तदो र्नित्यः सम्बन्धः" इति वचनात्। तं कं? यस्मात् ग्रामेति—ग्रामशब्देन भूरादि-लोका अथवा नगरशाखानगर-ग्राम-घोषादयो ग्राह्याः। विभज्यत इति विभागः द्रव्यधनादिः। अथवा ग्रामाणां विभागः पृथक्भावस्थापनम् "एष सेतुरेष विधरण एषां लोकानामसम्भेदाय" इति श्रुतेः। वर्णा ब्राह्मणादयः, रचना द्विपदचतुष्पदषट्पदत्वादि, अलङ्काराः कटककुण्डलादयः, जातयो गोत्वाऽश्व-त्वेत्यादयः, क्रमो बाल्यादि, सृष्टिसंहारौ वा ऋतुक्रमो वा यस्मात् समुत्पन्नः, जनिकर्त्तुःप्रकृतिरित्युक्तत्वात् पञ्चम्यैव समुत्पन्न इति लभ्यते। अत्र च ग्रामाश्च विभागाश्च वर्णाश्च रचनाश्च अलङ्काराश्च जातयश्च इति द्वन्द्वं कृत्वा तैः सहितः क्रम इति क्रमपदेन तत्पुरुषः, अथवा वर्णादिजात्यन्तानां क्रमः परिपाटिः सा यस्मादिति सम्बन्धः। पुनश्च विशिनष्टि योऽयं स्वयं राजते स्वप्रकाशः। ननु किमिदं स्वप्रका-शत्वम्? ज्ञानाविषयत्वे सत्यपरोक्षव्यवहारयोग्यत्वं तदुक्तं तत्त्व प्रदीपिकायाम् "अपरोक्षव्यवहृते योग्यस्याधिपदस्य नः। स्वसम्भवे प्रकाशस्य लक्षणासम्भवः कुतः?" इति। क्व राजते? सूरीणां हृत्पङ्कजे "अङ्गुष्ठमात्रः पुरुषो मध्ये आत्मनि तिष्ठति" इत्युक्तत्वात्। ननु व्यापकस्य परमात्मनः कथं सूक्ष्मेण हृदय स्थापनम्? अत आह अनुरञ्जक इति—व्यापकस्याऽपि परमेश्वरस्य प्राणिनां हृत्पङ्कजे अभिव्यक्तिव्यासेन "अभिव्यक्तेरित्याश्मरथ्यः" इति, सूत्रे प्रदर्शितम्। केन हृद्यभिव्यज्यते? मनसा, कीदृशेन? ब्रह्मग्रन्थिजमारुतानुगतिना—सुषुम्नया सह इडापिङ्गलयोः सम्बन्धस्थानं ब्रह्मग्रन्थिः तस्माज्जातो यो मारुतः तत्र अनुगतिः सहगमनं यस्य तादृशेन, अनु सहार्थे, यद्वा अनुगतं विद्यते यस्मिन्निति मत्वर्थे इन् प्रत्ययः। मारुते अनुगतेन मारुतानुगतिनेत्यन्वयः। "मनःपवनौ सहकारिणौ" इति योगप्रसिद्धेः। श्रीहर्षेणाप्युक्तं नैषधचरिते "त्वं हृद्गता भैमि! वहिर्गताऽपि प्राणायिता नासिकया स्वगत्या। न चित्त-माक्रामति तत्र चित्रमेतन्मनोयद्भवदेकवृत्तिः।" योऽयमेवंविशिष्टः परमेश्वरः तं मुदे हर्षाय वन्दे इति सम्बन्धः। पक्षे गीतं वन्दे। गीतमिति रञ्जक स्वरसन्दर्भ उच्यते "रञ्जकस्वरसन्दर्भो गीतमित्यभिधीयत" इति वक्ष्यमाणत्वात्। गीतस्य च मुख्यत्वेन गीतपदेनैव वाद्यनृत्ये अपि उपलक्ष्ये। अस्मिन् ग्रन्थे संगीत

मभिधेयमित्यपि सूच्यते। अनभिधेयत्वे तस्य ग्रन्थादौ स्तुत्यत्वेन नमस्कार्यत्वेन च अभिधानस्याऽसङ्गतत्वापत्तेः। अथवा नादतनुं वन्दे। नाद एव तनुः स्वरूपं यस्य तं स्वरसन्दर्भं वन्दे। कथम्भूतम्? उद्गरजगद्गीतम् उद्गरे जगति गीतं वाद्येनापि यस्मात्। कस्मै? मुदे आनन्दाय। पुनः कथम्भूतं? शङ्करं शं सुखं करोतीति अनेन सुखप्रयोजनमभिधेयेन सह सुखस्य जन्यजनकभावः सम्बन्धोऽपि दर्शितः। तं कं? यस्माद्ग्रामादीनामुत्पत्तिः। ग्रामाः स्वरसमूहाः। षड्जग्रामो मध्यमग्रामो गान्धारग्राम इति त्रयस्तेषां विभागः पृथक्त्वम्। वर्णो गानक्रिया स्थाय्यारोह्यवरोहिसञ्चारिभेदेन चतुर्विधगानक्रियोच्यते। वर्ण इति वक्ष्यमाणः तस्य रचना निष्पादनं सौन्दर्य्यं वा। अस्यालङ्काराः विशिष्टवर्णसन्दर्भाः मन्द्राद्यादयः। जातयः अष्टादश षड्जादयः सप्त शुद्धा एकादश विकृताः षड्जकैशिक्यादयः तासां क्रमः परिपाटी यस्माज्जायत इति सम्बन्धः। योऽयं स्वयं राजते—अन्यानपेक्षतया आनन्दयितृत्वात्। स्वरपदस्य निरुक्तिरथनेन कथ्यते। कथम्भूतानां सूरीणां संगीततत्त्वं जानताम्। अनुरञ्जकः अनुरागोत्पादकः। कः राजते? हृत्पङ्कजे। हृत्पङ्कज इत्युपलक्षणं तेन स्वरोत्पत्तिस्थानानि हृत्पङ्कजमूर्द्धादयो ग्राह्याः। केन? चित्तेन। चित्तस्याऽचित्तस्यापि नादोत्पत्तौ कारणत्वस्य "आत्मा विवक्षमाणोऽयं मनः प्रेरयत" इत्यादिना वक्ष्यमाणत्वात्। ब्रह्मग्रन्थिजेति विशेषणं पूर्ववत्। एवं मङ्गलाचरणं विधाय अभिधेयञ्च सप्रयोजनमुक्त्वा ग्रन्थस्य कर्त्ता स्वग्रन्थे वैशिष्ट्य-प्रतिपादनाय स्ववंशं कथयति।

अस्ति स्वस्तिगृहं वंशः श्रीमत्काश्मीरसम्भवः।
ऋषेर्वृषगणाज्जातः कीर्त्तिक्षालितदिङ्मुखः॥ २॥

अस्तीति वर्त्तमानप्रयोगेन वंशस्याकल्पावस्थायित्वं सूचयति। स्वस्तीत्यव्ययम् कल्याणवाचकं। कल्याणस्य गृहमाश्रयः। श्रीमान् यः काश्मीरदेशस्तस्मात् सम्भवो यस्य। वृषगणनाम्न ऋषेर्जातः वृषगणगोत्र इत्यर्थः। वंशस्य धार्म्मिकत्वं कथयति।

यस्मिन्धर्म्मधीधुर्य्यैर्वेदसागरपारगैः।
योद्विजेन्द्रैरलङ्चक्रे ब्रह्मभिर्भूगतैरिव॥ ३॥

यस्मिन् याज्ञिकैरलङ्कृतः, यस्मिन् वंशे एवम्विधाः समुत्पन्ना इत्यर्थः। तस्मिन् वंशे समुत्पन्नं विशिष्टं मूलपुरुषं तं कथयति।

तत्राऽभूद्भास्करप्रख्यो भास्करस्तेजसां निधिः।
अलंकर्त्तुं दक्षिणाशां यश्चक्रे दक्षिणायनम् ॥ ४ ॥

सूर्य्यसदृशः भास्करनामा तेजसां निधिर्ब्रह्मवर्चसामाश्रयः। पक्षे कान्त्या आश्रयः। दक्षिणायनं काश्मीरदेशात् दक्षिणां दिशम्प्रत्यागमनं दक्षिणदेशागमनं कर्त्तुम् अथवा दक्षिणायाः देवद्रव्यस्य अयनं पात्रप्रापणं। दक्षिणानां प्रवीणानाम् आशां वाञ्छामलंकर्त्तुं। सूर्य्यपक्षे दक्षिणायनं प्रसिद्धमेव। ग्रन्थस्य कर्त्ता स्वपितरं कथयति।

तस्याऽभूत्तनयः प्रभूतविनयः श्रीसोढलप्रौढधी-
र्येन श्रीकरणप्रवृद्धविभवं भूवल्लभं भिल्लनम्।
आराध्याखिललोकशोकशमनीं कीर्त्तिं समासादिता
जैत्रे जैत्रपदेऽन्यधायि महती श्रीसिंहने श्रीरपि ॥ ५ ॥

भिल्लन-नामानं राजानं। जैत्रे जैत्रनामनि। स्वस्वामिनं सिंहनं वर्णयति—

एकः क्ष्मावलये क्षितीश्वरमिलन्मौलीन्द्रलीलावली
प्रत्यग्रद्युतिचित्रिताङ्घ्रिनखरज्योतिर्नृपालाग्रणी।
श्रीमत्सिंहनदेव एव विजयी यस्य प्रतापानलो-
विश्वं व्याप्य न दन्दहीति हृदयान्येवं द्विषामुद्धुरः ॥ ६ ॥

प्रतापानलः विश्वं व्याप्यापि द्विषां हृदयानि न दहतीति कारणे सत्यपि कार्य्यानुदयात् विशेषोक्तिरलङ्कारः।

तं प्रसाद्य सुधीर्व्यूढ्यो गुणिनं गुणरागिणम्।
गुणग्रामेण योलोकानुपकारैरतीतृपत्॥ ७ ॥

तं प्रसाद्य तं सिंहनं गुणग्रामेण गुणसमूहेन प्रसाद्य प्रसन्नं कृत्वा गुणरागिणमिति साभिप्रायविशेषणत्वात्परिकरालङ्कारः। उपकारैः उपकारसाधनैः।

ददौ न किं न कं यज्ञे न दधौ कांश्च सम्पदम्।
कं धर्म्मं विदधे नैष न वभौ कैर्गुणैरयम् ॥ ८ ॥

द्रव्यवस्त्रादीनां किं न ददौ सर्व्वमेव ददावित्यर्थः । एवं कास्य सम्पदं न दधौ दधार ? सर्व्वमपि ।

तस्मात् दुग्धाम्बुधेर्जातः शार्ङ्गदेवः सुधाकरः ।

यः एवम्विधः सिंहननामा तस्मात् क्षीरसमुद्रात् शार्ङ्गदेवचन्द्र उत्पन्न इति सम्बन्धः ।

उपर्य्युपरि सर्व्वान् यः सदोदारस्फुरत्करः ॥ ६ ॥

उपरि शब्दस्य आम्रेडितत्वात् सर्व्वानिति द्वितीया । ग्रन्थार्थप्रतिपाद-नार्थमात्मानं वर्णयति

कृतगुरुपदसेवः प्रीणिताऽशेषदेवः,

कलितसकलशास्त्रः पूजिताऽशेषपात्रः ।

जगति विततकीर्त्तिर्म्मन्मथोदारमूर्त्तिः

प्रचुरतरविवेकः शार्ङ्गदेवोऽयमेकः ॥ १० ॥

स्ववैदुष्यं प्रकटयति—

नानास्थानेषु सम्भ्रान्ता परिश्रान्ता सरस्वती ।

सहवासप्रिया शश्वद्विश्राम्यति यदालये ॥ ११ ॥

स विनोदैकरसिकोभाग्यवैदग्ध्यभाजनम् ।

धनदानेन विप्राणामार्त्तिं संहृत्य शाश्वतीम् ॥ १२ ॥

जिज्ञासूनाञ्च विद्याभिर्गदार्त्तानां रसायनैः ।

अधुनाऽखिललोकानां तापत्रयजिहीर्षया ॥ १३ ॥

शाश्वताय च धर्म्माय कीर्त्तैर्निश्रेयसाप्तये ।

आविष्करोति सङ्गीतरत्नाकरमुदारधीः ॥ १४ ॥

सहवासः काश्मीरदेशे सरस्वत्या अवस्थानात् शार्ङ्गदेवस्यापि काश्मीरदेश उत्पन्नत्वात् । स इति शार्ङ्गदेवः सङ्गीतरत्नाकरमाविष्करोति रचयतीति सम्बन्धः । निःश्रेयसाप्तये मोक्षप्राप्तये मद्रकादीनां प्रकरणाख्यानां गीतानां "शिवस्तुतौ प्रयोज्यानि मोक्षाय विदधे विधिः" इति मोक्षहेतुत्वस्य वक्ष्यमाणत्वात् । ननु

सदाशिवभरतादिप्रणीतेषु सङ्गीतशास्त्रेषु सत्सु किमनेनाऽफलनिर्म्माणक्लेशेन इत्यत आह

सदाशिवः शिवोब्रह्मा भरतः काश्यपोमुनिः।
मतङ्गः पार्ष्टिकोदुर्गा शक्तिः शार्दूलकोहलौ ॥ १५ ॥
विशाखिलोदन्तिलश्च कम्बलोऽश्वतरस्तथा।
वायुर्विश्वावसूरम्भाऽर्ज्जुनोनारदतुम्बुरू ॥ १६ ॥
आञ्जनेयोमातृगुप्तो रावणोनन्दिकेश्वरः।
स्वातिर्गणोद्बिन्दुराजः क्षेत्रराजश्च राहलः ॥ १७ ॥
दुर्जयोनाम भूपालो भोजोभूवल्लभस्तथा।
परमर्द्दी च सोमेशो जगदेकमहीपतिः ॥ १८ ॥
व्याख्यातारो भारतीये लोल्लटोद्भटशङ्कुकाः।
भट्टाभिनवगुप्तश्च श्रीमत्कीर्त्तिधरोऽपरः ॥ १९ ॥
अन्ये च बहवः पूर्व्वे ये सङ्गीतविशारदाः।
अगाधबुद्धिमन्तस्ते येषां मतपयोनिधिम्।
निर्म्मथ्य श्रीशार्ङ्गदेवः सारोद्धारमिमं व्यधात् ॥ २० ॥

एतेषां मतपयोनिधिं निर्म्मथ्य सारोद्धारमिमं यत अकार्षीत् अतश्च ते वितता दुर्ग्राह्या बहवो ग्रन्था अचिरजीविभिर्मनुष्यैरालोडयितुमशक्या इत्यल्प प्रयासेनैव सकलसङ्गीतरहस्यावबोधसिद्धेर्नाऽस्य प्रयासवैफल्यमिति। एतानि च शास्त्राण्यालोच्य कृतत्वेनाऽस्य समूलत्वात् प्रमाणत्वेन च प्रेक्षावद्भिः प्रमाणत्वेनोपादेयमित्यप्यनेन कथयति। एतेषाञ्च प्राचां मतमालोच्य सङ्गीतग्रन्थो विरच्यत इत्यर्थः। तत्र किमिदं सङ्गीतमित्यपेक्षायामाह

गीतं वाद्यं तथा नृत्यं त्रयं सङ्गीतमुच्यते।
मार्गोदेशीति तद्द्वेधा

नन्वेवं समुदितानां सङ्गीतत्वे एकैकस्य असङ्गीतत्वापत्तिः? मैवं। सङ्गीत-

वाद्य-नृत्याऽन्यतमस्य सङ्गीतशब्दप्रवृत्तिनिमित्तत्वात् । तस्य सङ्गीतस्य मार्गदेशीत्वाभ्यां द्वैविध्यमुक्त्वा मार्गस्य लक्षणं कथयति—

तत्र मार्गः स उच्यते ॥ २१ ॥

यो मार्गितो विरिञ्च्याद्यैः प्रयुक्तो भरतादिभिः ।

देवस्य पुरतः शम्भोर्नियतोऽभ्युदयप्रदः ॥ २२ ॥

मार्गितो अन्वेषितः दृष्टः । अनेन मार्गशब्दव्युत्पत्तिरपि सूचिता । देशीलक्षणं कथयति—

देशे देशे जनानाञ्च यत् स्याद्धृदयरञ्जकम् ।

गानञ्च वादनं नृत्यं तद्देशीत्यभिधीयते ॥ २३ ॥

गीतस्य पूर्व्वत्वनिरूपणे कारणमाह—

नृत्यं वाद्यानुगं प्रोक्तं वाद्यं गीतानुवर्त्ति च ।

अतो गीतं प्रधानत्वादत्रादावभिधीयते ॥ २४ ॥

गीतस्य मूलत्वमाह—

सामवेदादिदं गीतं संजग्राह पितामहः ।

संजग्राह संग्रहेणोक्तवान् । गीते प्रयोजनमाह—

गीतेन प्रीयते देवः सर्व्वज्ञः पार्व्वतीपतिः ।

गोपीपतिरनन्तोऽपि वंशध्वनिवशङ्गतः ॥ २५ ॥

सामगीतिरतो ब्रह्मा वीणासक्ता सरस्वती ।

किमन्ये यक्षगन्धर्व्व-देवदानवमानवाः ॥ २६ ॥

गीतं स्तौति अज्ञातेति—

अज्ञातविषयास्वादो बालः पर्य्यङ्किकातले ।

रुदन् गीतामृतं पीत्वा हर्षोत्कर्षं प्रपद्यते ॥ २७ ॥

वनेचरस्तृणाहारश्चित्रोमृगः शिशुः पशुः ।

लुब्धो लुब्धकसङ्गीते गीते यच्छति जीवितम् ॥ २८ ॥

तस्य गीतस्य माहात्म्यं कः प्रशंसितुमीशते ।

लुब्धः अनुरक्तः, लुब्धको व्याधः ।

धर्म्मार्थकाममोक्षाणामिदमेवैकसाधनम् ॥ २९ ॥

परमेश्वराराधनार्थं गीयमानं गीतं धर्म्महेतुः। यथोक्तलक्षणानां जात्यादीनां सम्यक् प्रयोगे "अपि तान् ब्राह्मणान् पापान् जातयः प्रपुनन्त्यमूः" इत्यादिना धर्म्महेतुत्वस्य वक्ष्यमाणत्वाच्च गीतोपजीविनां धर्म्मसाधनत्वम्। शृङ्गाररसोद्दीपनभावरूपत्वात् कामसाधनत्वम्। मद्रकादीनां मोक्षसाधनत्वञ्च। स्वरगताध्यायवस्तुसंग्रहं कथयति—

तत्र स्वरगताध्याये प्रथमे प्रतिपाद्यते।
शारीरं नादसम्भूतिः स्थानानि श्रुतयस्तथा॥ ३० ॥
ततः शुद्धाः स्वराः सप्त विकृता द्वादशाप्यमी।
वाद्यादिभेदाश्चत्वारो रागोत्पादनहेतवः॥ ३१ ॥
कुलानि जातयो वर्णा द्वीपान्यार्षञ्च दैवतम्।
छन्दांसि विनियोगाश्च स्वराणां श्रुतिजातयः॥ ३२ ॥
ग्रामाश्च मूर्च्छनास्ताना: शुद्धाः कूटाश्च संख्यया।
प्रस्तारः खण्डमेरुश्च नष्टोद्दिष्टः प्रसाधकः॥ ३३ ॥
स्वरसाधारणं जातिसाधारणमतः परम्।
काकल्यन्तरयोः सम्यक् प्रयोगो वर्णलक्षणम्॥ ३४ ॥
त्रिषष्टिरप्यलङ्कारास्त्रयोदशविधास्ततः।
जातिलक्ष्मग्रहांशादि कपालानि च कम्बलम्।
नानाविधा गीतयश्चेत्येतावान्वस्तुसंग्रहः॥ ३५ ॥

शारीरं नादोत्पत्त्याश्रयं, नादसम्भूतिः नादोत्पत्तिप्रकारः, स्थानानि हृदादीनि। त्रयोदशविधानि जातिलक्ष्माणि ग्रहः अंशः तारः मन्द्रः न्यासः अपन्यासः संन्यासः विन्यासः बहुत्वं अल्पता अन्तरमार्गः षाड़वं औड़वीतञ्चेति। अन्यत् सुगमं। द्वितीयाध्यायवस्तुसंग्रहं कथयति—

अथ रागविवेकाख्येऽध्याये वक्ष्यामहे क्रमात्।
ग्रामरागांस्तोपरागान् रागान् भाषाविभाषिकान्॥ ३६ ॥

ततोऽध्यन्तरभाषा च रागाङ्गान्यखिलान्यपि ।
भाषाङ्गान्यप्युपाङ्गानि क्रियाङ्गानि च तत्त्वतः ॥ ३७ ॥

अखिलान्यऽपि प्राक् प्रसिद्धानि अधुनाप्रसिद्धानि चेत्यर्थः । तृतीयाध्याय-वस्तुसंग्रहं कथयति—

ततः प्रकीर्णकाऽध्याये तृतीये कथयिष्यते ।
वाग्गेयकारगान्धर्व्वः स्वरादिर्गायनस्तथा ॥ ३८ ॥
गायने गुणदोषाश्च तयोः शब्दभिदास्तथा ।
तद्दोषा गमकाश्छाया आलप्तिर्वृन्दलक्षणम् ॥ ३९ ॥

तयोर्गायकी-गायकयोः शब्दभिदाः शब्दभेदाः खाडुलादयः । तयोर्गुणाः शरीरगुणाः । तद्दोषाः शरीरदोषाः । गमकः स्वरस्य कम्पः । छाया गीतस्यावयवाः । चतुर्थाध्यायवस्तुसंग्रहं गृह्णाति—

ततः प्रबन्धाऽध्याये तु धातवोऽङ्गानि जातयः ।
प्रबन्धानां द्विधा सूडः शुद्धः छायालगस्तथा ॥ ४० ॥
आलिक्रमः प्रबन्धाश्च सूडस्था आलिसंश्रयाः ।
विप्रकीर्णास्ततश्छायालगसूडसमाश्रिताः ।
गीतस्य गुणदोषाश्च लक्ष्यन्ते सूरिशार्ङ्गिना ॥ ४१ ॥

धातवः प्रबन्धाऽवयवाः उद्ग्राहादयश्चत्वारः । अङ्गानि स्वरादीनि षट् । जातयः पञ्च शुद्धः सूड एलादिः । छायालगः सूडः ध्रुवमण्ठलादिः । पञ्चमाध्यायपदार्थसंग्रहं व्याचष्टे—

तालाध्याये पञ्चमे तु मार्गतालाः कलास्तथा ।
पाता मार्गाश्च चत्वारः तथा मार्गकलाष्टकम् ॥ ४२ ॥
गुरुलघ्वादिमानञ्चैककलत्वादयोभिदाः ।
पादभागस्तथा मात्रासाल्पपातकलाविधिः ॥ ४३ ॥
अङ्गुलीनाञ्च नियमो भेदा युग्मादयस्तथा ।
परीवर्त्तो लयास्तेषां यतयो गीतकानि च ॥ ४४ ॥

छन्दकादीनि गीतानि तालाङ्गानि लयस्तथा।
गीताङ्गानि च वक्ष्यन्ते देशीतालाश्च तत्त्वतः।
निःशङ्कशार्ङ्गदेवेन तालानां प्रत्ययास्तथा ॥ ४५ ॥

मार्गतालाः चच्चत्पुटादयः। कलाः शब्दक्रियाः। पाताः सशब्दक्रियाः। मार्गाश्चत्वारो ध्रुवादयः। कलाष्टकं ध्रुवकादि। परीवर्त्तः पादभागादेरावृत्तिः। लयः तालक्रियान्तरालवर्त्ती। यतिः लयप्रवृत्तिनियमः। गीतानि मद्रकादीनि सप्त। देशीतालाः विंशत्युत्तरशतम् आदितालादयः। प्रत्ययाः प्रतीयन्ते येन तालसंख्यास्वरूपादय इति प्रत्ययाः प्रस्ताराः नष्टोद्दिष्टादयः। षष्ठसप्तमाध्याययोर्वस्तुसंग्रहं कथयति—

षष्ठे नानाविधं वाद्यमध्याये कथयिष्यते।
सप्तमे नर्त्तनं नाना रसा भावाः क्रमेण च ॥ ४६ ॥

इति पदार्थसंग्रहः।

षष्ठ इति—सुगमम्।

इति श्रीसिंहभूपालविरचितायां सङ्गीतरत्नाकरटीकायां
सङ्गीतसुधाकराख्यायां पदार्थसंग्रहः।

पिण्डोत्पत्ति-प्रकरणम्।

गीतं नादात्मकं वाद्यं नादव्यक्त्या प्रशस्यते ।

तद्द्वयानुगतं नृत्यं नादाधीनमतस्त्रयम् ॥ १ ॥

एवं पदार्थसंग्रहमुक्त्वा नादाभिव्यक्तेः स्थानं शरीरं कथयितुं नादं स्तौति। नादात्मकं नाद आत्मा स्वरूपं यस्य। वाद्यं वीणादेः। नादाभिव्यक्त्यैव प्रशस्यते रमणीयतामुपैति। नृत्यं तद्‌द्वयानुगतम्। अनेनालम्बयेद्गीतमित्युक्तत्वात्। अत्र त्रयं नृत्यगीतवाद्यरूपम्। नादाधीनं नादापेक्षमित्यर्थः। न केवलं गीतनृत्यवाद्यमेव नादापेक्षं अपि तु सर्व्वं जगदित्याह—

नादेन व्यज्यते वर्णः पदं वर्णात् पदाद्वचः ।

वचसो व्यवहारोऽयं नादाधीनमतोजगत् ॥ २ ॥

नादेन ध्वनिना वर्णः ककारादिर्व्यज्यते। कोऽयं ध्वनिः? योऽयं वर्णविशेषमप्रतिपद्यमानस्य दूरात् कर्णपथमवतरति मन्द्रतीव्रादिभेदश्च वर्णेष्वासंजयति स ध्वनिरित्युच्यते। वर्णात् पदं यथा घटिका इत्यादि। पदाद्वचः वाक्यं पदसमुदायः। वचसो वाक्यात् शब्दोऽयं व्यवहारः। अतः सर्व्वं जगदपि नादाधीनमित्यर्थः। मतङ्गेनापि बृहद्देश्यामुक्तं "न नादेन विना गीतं न नादेन विना स्वरः। न नादेन विना नृत्यं तस्मान्नादात्मकं जगत्॥ नादरूपः स्मृतो ब्रह्मा नादरूपो जनार्द्दनः। नादरूपा पराशक्तिर्नादरूपो महेश्वरः॥ यदप्युक्तं ब्रह्मस्थानं ब्रह्मग्रन्थिश्च यः स्मृतः। तन्मध्ये संस्थितः प्राणः प्राणाद्वह्निसमुद्भवः। वह्निमारुतसंयोगान्नादः समुपजातवान्॥ नादादुत्पद्यते बिन्दुस्ततः सर्व्वञ्च वाङ्मयम्" इति। नादद्वैविध्यं कथयति—

आहतोऽनाहतश्चेति द्विधा नादो निगद्यते ।

सोऽयं प्रकाशते पिण्डे तस्मात् पिण्डोऽभिधीयते ॥ ३ ॥

द्विविधोऽपि नादः पिण्डे प्रकाशते प्रकटीभवतीति द्विधाभिधानं प्रतिज्ञाय तन्मूलकारणं कथयति—

अस्ति ब्रह्म चिदानन्दं स्वयं ज्योतिर्निरञ्जनम्।
ईश्वरो लिङ्गमित्युक्तमद्वितीयमजं विभुम्॥ ४॥
निर्विकारं निराकारं सर्व्वेश्वरमनश्वरम्।
सर्व्वशक्ति च सर्व्वज्ञं तदंशा जीवसंज्ञकाः॥ ५॥
अनाद्यविद्योपहिता यथाग्नेर्विस्फुलिङ्गकाः।

अस्तीति सर्व्वत्रापि सत् नित्यं व्यापकञ्चेत्यर्थः, ब्रह्म वृहत्त्वात् वृंहणत्वाद्वा, चित् ज्ञानरूपम्, आनन्दं सुखरूपं, "विज्ञानमानन्दं ब्रह्म" इति श्रुतेः। स्वयं ज्योतिः स्वप्रकाशं "तमेव भान्तमनुभाति विश्वं तस्य भासा सर्व्वमिदं विभाति" इति श्रुतेः। निरञ्जनम् अविद्यालेपशून्यं अविद्याया जीवाश्रयत्वात् ब्रह्माश्रिताऽविद्यापक्षेऽपि स्वाश्रयाव्यामोहकत्वं निरञ्जनपदेनोच्यते। ईश्वरः कर्त्तुमकर्त्तुं अन्यथाकर्त्तुञ्च समर्थः। लिङ्गं कारणम्। अद्वितीयं स्वजातीयविजातीयस्वगतभेदशून्यम्। अजं अकारणकं। विभुं व्यापकं समर्थं वा। निर्व्विकारं जायते अपक्षीयते विनश्यतीत्यादियास्कोदितषड्भावविकारशून्यम्। निराकारं मूर्त्त्याऽनवच्छिन्नम्। सर्व्वेश्वरं सर्व्वेषां ब्रह्मादीनामपि शासकम्। अनश्वरं अविनाशि। सर्वशक्ति सर्वस्य प्रपञ्चस्य कारणं या सा शक्तिर्विद्यते यस्मिन्निति सर्वज्ञं सर्वविषयसाक्षात्कारवत्। तदंशाः तदभिन्नाः, यथा अग्नेर्विस्फुलिङ्गा अग्नित्वेन अग्नेरभिन्नाः। अथवा अंशानां व्यपदेशादिति सूत्रोक्तत्वात् जीवपरमात्मनोरंशांशित्वपक्षमेव स्वीकृत्योक्तम्। ननु विषमोऽयं दृष्टान्तः? स्फुलिङ्गानां स्थूलत्व सूक्ष्मत्वादिविरुद्धधर्म्मसंसर्गेण भिन्नत्वात् अत आह—

दार्व्वाद्युपाधिसंभिन्ना—

दार्व्वादीति आदिशब्देन अनिन्धनस्य वैद्युतस्याऽग्नेरुदकादिग्रहणम्। अतश्च औपाधिको स्फुलिङ्गादौ भेदो न तात्त्विक इत्यर्थः। तेषां जीवानां कर्म्मनिबद्धत्वं कथयति—

—स्ते कर्म्मभिरनादिभिः॥ ६॥
सुखदुःखप्रदैः पुण्यपापरूपैर्नियन्त्रिताः।
तत्तज्जातियुतं देह-मायुर्भोगञ्च कर्मजम्॥ ७॥

ननु ब्रह्माऽभिन्नानां जीवानां कथं कर्म्मबन्धः? इत्यत आह अनादिभिरिति—ते जीवाः प्रतिजन्म तत्तज्जातियुतं देहं आयुः उपभोगं कर्म्मव्यापारं तत्तज्जात्यनुरूपं प्रपद्यन्ते। ननु जीवानां स्थूलनिबद्धत्वे कथमनेकजन्मप्राप्तिः? स्थूलदेहस्य विनाशोपलब्धेरित्यत आह—

प्रतिजन्म प्रपद्यन्ते तेषामस्त्यपरं पुनः।

सूक्ष्मं लिङ्गशरीरं तदामोक्षादक्षयं मतम्॥ ८॥

आमोक्षात् मोक्षं मर्य्यादीकृत्य, किं विधं लिङ्गशरीरमित्यपेक्षायामाह—

सूक्ष्मभूतेन्द्रियप्राणावस्थात्मकमिदं विदुः।

भूतानि पञ्च तन्मात्राणि एकादशेन्द्रियाणि एवं षोडशकलमित्यर्थः। ननु परमेश्वरस्य जगतः सृष्टिसंहारयोः किं प्रयोजनम्? अत आह—

जीवानामुपभोगाय जगदेतत् सृजत्यजः।

स आत्मा परमात्मा च विश्रान्त्यै संहरत्यथ॥ ९॥

अनादित्वाच्च तयोर्नाऽयं पर्य्यनुयोग इत्याह—

तदेतत् सृष्टिसंहारं प्रवाहानादिसम्मतम्।

सृष्टिसंहारयोः समाहारः सृष्टिसंहारं प्रवाहानादित्वेन सम्मतम्। परमेश्वरो जगतो भिन्नोऽभिन्नो वेत्यपेक्षायामाह—

तेजोवदात्मनो भिन्नाऽभिन्नया वात्मनो जगत्॥ १०॥

शक्त्या सृजत्यभिन्नोऽसौ

आत्मनः शक्त्या जगत्सृजन् भिन्नो न भवति। असौ परमेश्वरः। कथम्भूतया शक्त्या? तेजोवत् आत्मनो भिन्नाभिन्नया, यथा तेजः सूर्य्याद्भिन्नमित्युच्यते सूर्य्यस्य तेज इति अभिन्नमपि व्यपदिश्यते सूर्य्यस्तेज इति। दृष्टान्तान्तरमाह—

सुवर्णं कुण्डलादिवत्।

कुण्डलात् सुवर्णत्वेन अभिन्नं सुवर्णं कुण्डलरुचकादित्वेन भिन्नम्। वेदान्तिनां मतेन प्रपञ्चस्य आविद्यकत्वं कथयति—

सृजत्यविद्ययेत्यन्ये यथा रज्जुर्भुजङ्गमम्॥ ११॥

यथा रज्जुः स्वाज्ञानात् भुजङ्गोऽयमिति कल्पितं भुजङ्गं सृजति तथा

परमेश्वराधिष्ठानभूतस्य स्वस्याऽज्ञानात् वियदादिप्रपञ्चमित्यर्थः। सृष्टिक्रमं कथयति—

आत्मनः पूर्वमाकाशस्ततोवायुस्ततोऽनलः।

अनलाज्जलमेतस्मात् पृथिवी समजायत॥ १२॥

पञ्चभूतात्मको विराट् ब्रह्मणस्तनुरित्याह—

महाभूतान्यमूनेव विराजो ब्रह्मणस्तनुः॥ १३॥

ननु हिरण्यगर्भ एव जगतः कर्त्तेति लोकप्रसिद्धिः कथमीश्वरः कर्त्ता? अत आह—

ब्रह्म ब्रह्माणमसृजत् तस्मै वेदान् प्रदाय च।

भौतिकं वेदशब्देभ्यः सर्जयामास तेन सः॥ १४॥

ब्रह्म ईश्वरः ब्रह्माणं हिरण्यगर्भमसृजत् तस्मै वेदान् प्रदाय भौतिकं भूतप्रपञ्चं सर्जयामास सृजन्तं ब्रह्माणं प्रेरयामास। वेदशब्देभ्य इति ल्यब्लोपे पञ्चमी। ततश्च वेदशब्दान् स्मारयित्वाऽसर्जयत् "यो ब्रह्माणं विदधाति पूर्व्वं यो वै वेदांश्च प्रहिणोति तस्मै" इति श्रुतेः, ततश्च कर्त्तृत्वं हिरण्यगर्भस्य प्रयोजककर्त्तृत्वं परमेश्वरस्येत्यर्थः। ब्रह्मा किमसृजदित्यपेक्षायामाह—

तदाज्ञयाऽसृजद्ब्रह्मा मनसैव प्रजापतीन्।

प्रजापतीन् दक्षादीन्, तेभ्यः किमुत्पन्नमित्यपेक्षायामाह—

तेभ्यस्तु रैतसी सृष्टिः शरीराणां निरूप्यते॥ १५॥

रैतसी रेतसः समुत्पन्ना। रेतःशरीरिणाञ्चातुर्विध्यं कथयति—

स्वेदोद्भेदजरायण्ड-हेतुभेदाच्चतुर्विधम्।

देहं—

किं कस्मादुत्पन्नमित्यपेक्षायामाह—

—यूकादयः स्वेदादुद्भेदात्तु लतादयः॥ १६॥

जरायुर्मानुषादीनां अण्डात्तु विहगादयः।

तेषु देहेषु मानुषदेहस्यैव विशेषतोनिरूपणे कारणमाह—

तत्र नादोपयोगित्वान्मानुषं देहमुच्यते॥ १७॥

उत्पत्तिप्रकारं कथयति —

क्षेत्रज्ञः स्थित आकाश आकाशाद्वायुमागतः ।
वायोर्धूमं ततश्चाभ्र-मभ्रान्मेघेऽवतिष्ठति ॥ १८ ॥

क्षेत्रज्ञ आत्मा । अभ्रं मेघसामान्यमुच्यते । मेघ इति वर्षुको मेघः । ननु मेघस्य कथमुदकप्राप्तिः ? इत्यत आह—

आहुत्याप्यायितोऽग्नेस्तरसो ग्रीष्मे च भानुभिः ।
भानुर्मेघे घनरसं निधत्ते—

आहुत्या यागादौ विहितया आप्यायितः तृप्तः सन्तुष्ट इति यावत् । भानुभिः किरणैर्मेस्तरसः स्वीकृतोदकः । भानुः सूर्यः मेघे घनरसमुदकं निधत्ते । मेघवृष्टेनोदकेन सह जीवस्य ओषध्यादिप्रवेशमाह—

—तं वलाहकः ॥ १९ ॥
यदा वर्षति वर्षेण सह जीवस्तदा भुवि ।
वनस्पत्योषधीर्जाताः संक्रामत्यविलम्बितः ॥ २० ॥

जीवस्य ओषधीभ्यः अन्नशुक्रादिद्वारा गर्भप्रवेशमाह—

ताभ्योऽन्नं जातमात्तञ्च पुरुषे शुक्रतां गतम् ।
शुद्धार्त्तवायां योषायां निषिक्तं स्मरमन्दिरे ॥ २१ ॥
सहार्त्तवेन शुद्धञ्चेत् गर्भाशयगतं भवेत् ।
जीवकर्म्मप्रेरितं सत् गर्भमारभते तदा ॥ २२ ॥

प्रतिमासगर्भावस्थाविशेषमाह—

द्रवत्वं प्रथमे मासि कललाख्यं प्रजायते ।
द्वितीये तु घनः पिण्डः पेशी च घनमर्व्वुदम् ॥ २३ ॥
पुंस्त्रीनपुंसकानां स्युः प्रागवस्थाः क्रमादिमाः ।
तृतीये त्वङ्कुराः पञ्च कराङ्घ्रिशिरसोमताः ॥ २४ ॥
अङ्गप्रत्यङ्गभागाश्च सूक्ष्माः स्युर्युगपत्तदा ।
विहाय श्मश्रुदन्तादीन् जन्मानन्तरसम्भवात् ॥ २५ ॥

एषा प्रकृतिरन्या तु विकृतिः सम्मता सताम् ।
चतुर्थे व्यक्तता तेषां भावानामुपजायते ॥ २६ ॥

पुंस्त्रीनपुंसकानां क्रमात् प्रागवस्थाः । पिण्डस्य पेशीसाम्यं पुरुषावस्था । घनत्वं काठिन्यं स्त्र्यवस्था । अर्बुदत्वमकठिनत्वं नपुंसकस्यावस्था । श्मश्रुदन्तादीत्यादिशब्देन जन्मानन्तरसम्भवादिति हेतूक्तेः स्त्रीणां स्तनादि ज्ञातव्यम् । चतुर्थे भावप्रकटोभवतीत्युक्तं । भावान् विभज्य कथयति—

पुंसां शौर्यादयो भावा भीरुत्वाद्यास्तु योषिताम् ।
नपुंसकानां संकीर्णा भवन्तीति प्रचक्षते ॥ २७ ॥
मातृजञ्चास्य हृदयं विषयानभिकाङ्क्षति ।
अतोमातुर्मनोऽभीष्टं कुर्याद्गर्भसमृद्धये ॥ २८ ॥
ताञ्च द्विहृदयान्नारीमाहुर्दौर्हृदिनीं बुधाः ।

मातृजं मातृसम्बन्धिहृदयम् अस्याभीष्टान् विषयानभिकाङ्क्षति । अथवा अस्य गर्भस्य मात्ववयवेषु निष्पन्नं मातृजं हृदयमिति सम्बन्धः कर्त्तव्यः । दौर्हृदिनोमिति पदं निर्वक्ति ताञ्चेति । दौर्हृदं दोहदम् । दोहदाऽदाने दोषमाह,—

अदानाद्दौर्हृदानां स्युर गर्भस्य व्यङ्गतादयः ।
मातुर्यद्विषयालाभस्तदार्त्तो जायते सुतः ॥ २९ ॥

व्यङ्गता अकर्णत्वाऽन्धत्वपङ्गुत्वादि । आदिशब्देन दुर्बलत्वातुल्याद्विलासाद्दृष्टित्वादि ज्ञातव्यम् । दोहदविशेषेण गर्भफलविशेषमाह—

गर्भः स्यादर्थवान् भोगी दोहदाद्राजदर्शने ।
अलङ्कारे सुललितो धर्म्मिष्ठस्तापसाश्रमे ॥ ३० ॥
देवतादर्शने भक्तो हिंस्रो भुजगदर्शने ।
गोधाशने तु निद्रालुर्बली गोमांसभक्षणे ॥ ३१ ॥
माहिषेण तु रक्ताक्षं लोमशं सूकरत् सुतम् ।
प्रबुद्धं पश्चमे चित्तं मांसशोणितपुष्टता ॥ ३२ ॥

षष्ठेऽस्थिस्नायुनखरकेशरोमविविक्तता ।
बलवर्णौ चोपचितौ सप्तमे त्वङ्गपूर्णता ॥ ३३ ॥
* भुग्नोऽन्तरितपाणिभ्यां श्रोत्ररन्ध्रे पिधाय सः ।
उद्विग्नोगर्भसंवासादास्ते गर्भभयान्वितः ॥ ३४ ॥
स्मरन् पूर्व्वानुभूतांस्तु नानाजातीश्च यातनाः ।
मोक्षोपायमभिध्यायन् वर्त्ततेऽभ्यासतत्परः ॥ ३५ ॥

षष्ठिमासे दोहृदिनी नारी स्थूकवत् रक्ताक्षमालोहितलोचनमारोमशश्च सुतमपत्यं सूते। पञ्चमे मासे चित्तं प्रबुद्धं ज्ञानवान् भवति इत्यर्थः। विविक्तता पृथक्त्वे सति प्रकटत्वम्। उपचितौ वृद्धिं प्राप्तौ। मातुरन्त्राभिमुखतया भुग्नतया च अन्तरिताभ्यां व्यवहिताभ्यां पाणिभ्यां स्रोतरन्ध्रे पिधाय आस्ते। उद्विग्नः वैराग्यमापन्नः। गर्भभयः गर्भे ध्यानातिशयः आत्मानुसन्धानं तेन अन्वितः। यातनाः पीड़ाः। मोक्षोपायं मोक्षसाधनं अभिध्यायन्। अभ्यासतत्परः आत्मानुसन्धाननिष्ठः। अष्टममासावस्थां कथयति—

अष्टमे त्वक्श्रुती स्यातामोजश्चैव तु हृद्भवम् ।
शुद्धमापीतरक्तञ्च निमित्तं जीविते मतम् ॥ ३६ ॥

श्रुतिः बहिःस्थस्य शब्दस्य आकर्णनं न तु श्रवणेन्द्रियम् तस्य आकाशस्वरूपत्वात् नित्यत्वेनानुत्पत्तेः। ओजः धातुविशेषः। शुद्धं अमानुषं नैर्मलभागत्वात्तस्य। ओज एव जीविते निमित्तमित्युक्तं तदेव विशदयति—

पुणारम्भात् पुरा गर्भश्चञ्चलः सन् प्रधावति ।
अतोजातोऽष्टमे मासि न जीवत्योजसोज्झितः ॥ ३७ ॥
किञ्चित्कालमवस्थानं संस्कारात् खण्डिताङ्गवत् ।
समयः प्रसवस्य स्यान्मासेषु नवमादिषु ॥ ३८ ॥

गर्भस्य कथं पुष्टिरित्यत आह—

मातृरसवहा नाड़ीमनुबद्धा पराभिधा ।

* "अधोमुखस्थहस्ताभ्यां" इत्यपपाठः।

नाभिस्थनाडी गर्भस्य मात्राहाररसावहा ॥ ३९ ॥
कृताञ्जलिर्ललाटेऽसौ मातृपृष्ठमभिस्थितः।
अध्यास्ते सङ्कुचद्गात्रो गर्भो दक्षिणपार्श्वगः।
वामपार्श्वे स्थिता नारी क्लीबं मध्यस्थितं मतम् ॥ ४० ॥

नाडीमनुबद्धा विमिश्रा। मातृपृष्ठमभिलक्षीकृत्य स्थितः। दक्षिणपार्श्वग इति पुंलिङ्गनिर्देशात् पुमानिति स स्यात्। प्रसूतिप्रकारं कथयति—

क्षिप्यतेऽधः शिरः सूतिमारुतैः प्रबलैस्ततः।
निःसार्य्यते रुजद्गात्रो यन्त्रच्छिद्रेण बालकः ॥ ४१ ॥

सूतिमारुतैः प्रसूतिकारणैर्वायुभिः रुजद्गात्रः पिण्डितदेहः यन्त्रच्छिद्रेण यन्त्राकारेण छिद्रेण योनिरन्ध्रेणेत्यर्थः। जातमात्रस्य स्तन्यपानादिप्रवृत्त्या जीवस्य नित्यत्वं कथयति—

जातमात्रस्य तस्याऽथ प्रवृत्तिस्तन्यगोचरा।
प्राग्जन्मबोधसंस्कारात् इति जीवस्य नित्यता ॥ ४२ ॥

भावभेदान् कथयति—

भावाः स्युः षड्विधास्तस्य मातृजाः पितृजास्तथा।
रसजा आत्मजाः सत्वसम्भवाः स्वात्म्यजास्तथा ॥ ४३ ॥

रसः अन्नरसः। सत्वं अन्तःकरणविशेषः। स्वात्म्यं चिरपरिचयसंस्कार विशेषः। मातृजान् भावान् कथयति—

मृदवः शोणितं मेदो मज्जा प्लीहा यकृद्गुदः।
हृन्नाभीत्येवमाद्यास्तु भावा मातृभवा मताः ॥ ४४ ॥
श्मश्रुलोमकचाः स्नायुशिराधमनयो नखाः।
दशनाः शुक्रमित्यादि स्थिराः पितृसमुद्भवाः ॥ ४५ ॥

मृदवो मार्दवयुक्ताः प्रदेशाः। प्लीहा यकृच्च हृदयस्थितमांसखण्डविशेषौ। हृच्च नाभिश्च हृन्नाभीति समाहारः। द्वन्द्वश्च प्राणितूर्य्यसेनाङ्गानामिति एक-मद्भावः। रसात्मजान् कथयति—

शरीरोपचयो वर्णौ वृद्धिस्तृप्तिर्बलस्थितिः ।
अलोलुपत्वमुत्साह इत्यादीन् रजसान् विदुः ॥ ४६ ॥
इच्छा द्वेषः सुखं दुःखं धर्म्माधर्म्मौ च भावना ।
प्रयत्नोज्ञानमायुश्चेन्द्रियाणीत्यात्मजा मताः ॥ ४७ ॥

उपचयः पीनत्वम् । वृद्धिः प्रमाणाधिक्यम् । ज्ञानेन्द्रियाणि तद्विषयांश्च विभजते—

ज्ञानेन्द्रियाणि श्रवणं स्पर्शनं दर्शनन्तथा ।
रसनं घ्राणमित्याहुः पञ्च तेषाञ्च गोचराः ।
शब्दस्पर्शौ तथा रूपं रसोगन्ध इति क्रमात् ॥ ४८ ॥

स्पर्शनं त्वगिन्द्रियम् । दर्शनं चक्षुः । कर्मेन्द्रियाणि तद्व्यापारान् कथयति—

वाक्कराङ्घ्रिगुदोपस्थानाहुः कर्म्मेन्द्रियाणि च ॥ ४९ ॥
वचनादानगमनविसर्गरतयः क्रमात् ।
क्रिया तेषां—

वेदान्तिनां मतमाश्रित्य अन्तःकरणद्वयं कथयति—

—मनोबुद्धिरित्यन्तःकरणद्वयम् ॥ ५० ॥

वाचस्पत्ये "बुद्धिमनसोश्च करणयोरहमिति प्रख्या प्रतिभासालम्बनस्य योगः" इत्युक्तम् । बुद्धिमनसोर्विकारं व्यापारविशेषं कथयति—

सुखदुःखौ च विषयौ विज्ञेयौ मनसः क्रिया ।
स्मृतिभ्रान्तिविकल्पाद्या धियोव्यवसितिर्मताः ॥ ५१ ॥

सुख तद्विपरीतञ्च दुःखं तदुभयोपलब्धिसाधनं मनः । स्मृति भ्रान्ति विकल्पादिसाधना बुद्धिरिति विवेकः । व्यवसितिर्व्यापारः । मतभेदेनेन्द्रियकारणत्वं निरूपयति—

ब्रह्मयोनीनीन्द्रियाणि भौतिकान्यपरे जगुः ।

वेदान्तिनस्तु ब्रह्मकारणकानीन्द्रियाण्याहुः सर्व्वस्यापि प्रपञ्चस्य ब्रह्मविवर्त्तत्वात् । अथवा ब्रह्मयोनीनि अभौतिकानीति सांख्या मन्यन्ते । अपरे

वैशेषिकाः भौतिकानि पृथिव्यादिभूतात्मकानीत्याहुः। द्वितीयमन्तःकरणं कथयति—

सत्त्वाख्यमन्तःकरणं गुणभेदात्त्रिधा मतम्॥ ५२॥

सत्त्वाख्यं सत्त्वभावाख्यमित्यर्थः। गुणभेदात् सत्त्वरजस्तमोभेदात्। गुणान् विभज्य तज्जान् विभजति—

सत्त्वं रजस्तम इति गुणाः सत्त्वात्तु सात्त्विकाः।
आस्तिक्यशुद्धधर्मैकरुचिप्रभृतयो मताः॥ ५३॥

आस्तिकी अस्ति परलोक इति बुद्धिः। अशुद्धः शुद्धः निर्म्मलो वा धर्म्मः। तत्र रुचिः प्रीतिः। प्रभृति शब्देन अधर्म्माद्विरक्तिरुच्यते। राजसान्तःकरणकार्य्यं कथयति—

सत्त्वात्तु राजसाद्भावाः कामक्रोधमदादयः।

राजसाद्रजोगुणप्रधानात् सत्त्वात् सत्त्वाख्यादन्तःकरणात्। तामसान्तः-करणकार्य्यं कथयति—

निद्रालस्यप्रमादानि वञ्चनाद्यास्तु तामसाः॥ ५४॥

निद्रा इन्द्रियाणां बाह्यविषयव्यापारोपरमः सुप्तिः सुषुप्तिर्व्वा। आलस्यं इष्टसाधनेष्वपि व्यापारेष्वप्रवृत्तिः। प्रमादः निरवधानत्वं। सत्त्वजान् भावान् कथयति—

प्रसन्नेन्द्रियताऽऽरोग्यानालस्याद्यास्तु सत्त्वजाः।

आरोग्यं नीरोगत्वम्। देहे भूतगुणान् विभजते—

देहो भूतात्मकस्तस्मादादत्ते तद्गुणानिमान्॥ ५५॥
शब्दं श्रोत्रस्य शुषिरं विलञ्च सूक्ष्मबोधिता।
बलञ्च गगनाद्—

भूतात्मक इति पञ्चमहाभूतारब्धः। यद्येषां देहस्वभावप्रापकत्वेन पृथग वस्थानं तस्मात्। सूक्ष्मबोधिता दुर्व्वोधस्यार्थस्य अनायासेन परिज्ञानम्। विलं स्थूलच्छिद्रम्। सुषिर त्वमितिविवेकः। शरीरे वायुगुणान् कथयति—

—वायोः स्पर्शञ्च स्पर्शनेन्द्रियम्॥ ५६॥

उत्क्षेपणमवक्षेपाकुञ्चने गमनन्तथा ।
प्रसारणमितीमानि पञ्च कर्म्माणि रूक्षता ॥ ५७ ॥
प्राणापानौ तथा व्यानसमानोदानसंज्ञकान् ।
नागं कूर्म्मञ्च कृकरं देवदत्तं धनञ्जयम् ।
दशेति वायुविकृतिस्तथा गृह्णाति लाघवम् ॥ ५८ ॥

स्पर्शगुणं स्पर्शनेन्द्रियं त्वगिन्द्रियम् । उत्क्षेपणं ऊर्द्धाकाशदेशेन सह संयोग-जनकं कर्म्म । अवक्षेपः अधराकाशदेशेन सह संयोगजनकं कर्म्म । आकु-ञ्चनं स्वाभिमुखानयनम् । गमनं दिग्विशेषानवच्छिन्नाकाशदेशसंयोगजनकं कर्म्म । प्रसारणं परितोनयनम् । रूक्षता स्निग्धवर्णाभावः । प्राणापानादयो दश वायु-विकाराः । लाघवं गुरुत्वाभावः । एतान् गुणान् वायोर्गृह्णाति शरीरमिति सम्बन्धः । मुख्यस्य प्राणस्य स्थानं व्यापारञ्च कथयति—

तेषां मुख्यतमः प्राणो नाभिकन्दादधःस्थितः ।
चरत्यास्ये नासिकयोर्नाभौ हृदयपङ्कजे ॥ ५९ ॥
शब्दोच्चारणनिश्वासौ श्वासोच्छ्वासादिकारणम् ।

मुख्यतमः प्रधानभूतः अन्येषामपानादीनां तदनुयायित्वात् । नाभिकन्दा-दधः आधारप्रदेशे चरति विचरति । अपानस्य स्थानं कर्म्म च कथयति—

अपानस्तु गुदे मेढ्रे कटीजङ्घोदरेषु च ॥ ६० ॥
नाभौ स्कन्धवङ्क्षणयोरूरुजानुषु तिष्ठति ।
तस्य मूत्रपुरीषादिविसर्गं कर्म्म कीर्त्तितम् ॥ ६१ ॥

कटीजङ्घोदरेष्वित्यत्र त्रयेष्वस्तीत्यध्याहार्य्यम् अन्यथा द्वन्द्व प्राणित्वर्य्य-सेनाङ्गानामित्येकवद्भावे प्राप्ते सङ्ख्योपादाने तु नैकवद्भावः प्राप्नोति "कथञ्चि-द्दश दन्तौष्ठाः संख्यावाचीह्यभेदकः" इति विचारचिन्तामणावुक्तत्वात् । मूत्र-पुरीषादीत्यादिशब्देन वीर्य्यविसर्गत्वादिग्रहणम् । व्यानस्य स्थानं कर्म्म च कथयति—

व्यानोऽक्षिश्रोत्रगुल्फेषु कट्याघ्राणेऽवतिष्ठति ।

प्राणापानधृतित्यागग्रहणाद्यस्य कर्म्म च ॥ ६२ ॥

प्राणापानयोः पवनयोर्धारणं कुम्भकमिति यावत्। त्यागः बहिर्निःसारणम्। ग्रहणं अन्तः प्रवेशनम्। आदिशब्देन योगशास्त्रप्रसिद्धं नकुलकर्म्मादि। समानस्य स्थानं कर्म्म च कथयति—

समानो व्याप्य निखिलं शरीरं वह्निना सह।
द्विसप्ततिसहस्रेषु नाड़ीरन्ध्रेषु सञ्चरन्।
भुक्तपीतरसान् सम्यगानयन् देहपुष्टिकृत् ॥ ६३ ॥

वह्निनौदर्य्येण भुक्तपीतपाकहेतुना सञ्चरन् भुक्तपीतरसान् नाड़ीरन्ध्रेष्वानयन् देहपुष्टिं करोतीति सम्बन्धः। उदानस्य स्थानं कर्म्म च कथयति—

उदानो पादयोरास्ते हस्तयोरङ्गसन्धिषु।
कर्म्मास्य देहोन्नयनोत्क्रमणादि प्रकीर्त्तितम् ॥ ६४ ॥

देहस्य उन्नयनं ऊर्द्धनयनम्। उत्क्रमणं मरणम्। आदिशब्देन हिक्कादि। नागादिनां पञ्चानां वायूनां स्थानं कर्म्म च कथयति—

त्वगादिधातूनाश्रित्य पञ्च नागादयः स्थिताः।
उद्गारादि निमेषादि क्षुत्पिपासादिकं क्रमात्।
तन्द्राप्रभृतिमोहादि तेषां कर्म्म प्रकीर्त्तितम् ॥ ६५ ॥

त्वचि नागस्यावस्थानम्। शोणिते कूर्म्मस्य। मांसे कृकरस्य। मेदसां देवदत्तस्य। अस्थ्नि धनञ्जयस्य। तन्द्रा आलस्यम्। प्रभृतिशब्देन जृम्भणादि। शरीरे तेजोगुणान् कथयति—

अग्नेस्तु लोचनं रूपं पित्तं पाकः प्रकाशिता।
अमर्षस्तैक्ष्ण्यमुष्णत्वमोजस्तेजश्च शूरताम् ॥ ६६ ॥
मेधावितां तथादत्ते—

लोचनं चक्षुरिन्द्रियम्। पित्तं दोषविशेषः। पाकः अन्नरसपचनम्। प्रकाशिता तेजस्विता। अमर्षः कोपः। तैक्ष्ण्यं असहनत्वम्। उष्णा स्वेदोत्पादकस्तापविशेषः। ओजः पूर्व्वोक्तम्। शूरता निर्भयत्वम्। मेधाविता अनुभूतस्य स्मृतिर्धृतिर्वा। उदकगुणान् कथयति—

—जलात्तु रसनं रसम् ।

शैत्यं स्नेहं द्रवस्वेदमूत्रादि मृदुतामपि ॥ ६७ ॥

रसनं रसनेन्द्रियम् । स्नेहः स्निग्ध इति व्यवहारकारणभूतो वाग्विशेष गुणः । पृथ्वीगुणान् कथयति—

भूमेर्घ्राणेन्द्रियं गन्धं स्थैर्यं धैर्यञ्च गौरवम् ।

श्मश्रुकेशनखान् दन्तानस्थीन्यन्यच्च कर्कशम् ॥ ६८ ॥

स्थैर्यं अव्यामूढ़ता । गौरवं पतनासमवायिकारणम् । भूतगुणान् अन्यानपि देहिकभेदान् कथयति—

वातादिधातुविकृतिर्व्योमादिप्रकृतिस्तथा ।

सप्तधा सात्त्विको यश्च ब्रह्मेन्द्रयमविग्रहः ॥ ६९ ॥

वारुणश्चाऽथ कौवेर आर्षो गान्धर्व्वविग्रहः ।

राजसः षड्विधो देहः पैशाचो राक्षसस्तथा ॥ ७० ॥

आसुरः शाकुनः सार्पः प्रेतदेहस्तथापरः ।

तामसस्त्रिविधो देहः पशुमत्स्याङ्घ्रिपाकृतिः ॥ ७१ ॥

वातादयः वातपित्तश्लेष्माणः । व्योमादयः व्योमपवनतेजोजलभूमयः । व्योमादयः सप्तधा सप्तप्रकाराः । सात्त्विको देह इन्द्रादीनाम् । षड्विधो राजसो देहः पिशाचादीनाम् । त्रिविधस्तामसो देहः पश्वादीनामिति । एतेषां लक्षणं किमिति नोक्तं इत्यत आह—

तेषां लक्ष्माणि न ब्रूमो ग्रन्थविस्तरकातरात् ॥ ७२ ॥

देहे अङ्गप्रत्यङ्गानि विभजते—

पिण्डस्याङ्गः षडङ्गानि शिरः पादौ करौ तथा ।

मध्यञ्चेत्यथ वक्ष्यन्ते प्रत्यङ्गान्यखिलान्यपि ॥ ७३ ॥

त्वचः सप्त कलाः सप्त स्नायुश्लेष्मजरायुभिः ।

स्वस्वकोपाग्निभिः पक्वासो त्रिधातुत्तरोत्तरान् ॥ ७४ ॥

सीमभूताश्च धातूनां काष्ठसारोपमा मताः ।

सप्त धातूनां मध्ये इत्यर्थः। काष्ठसारोपमाः कठिनाः। आद्या मांसधरा त्वक् अन्यास्तु अकठिना इत्यर्थः। शिरादयः कुतोत्पद्यन्त इत्यत आह—

आद्या मांसोद्भवा मांसे शिरा धमनयस्तथा ॥ ७५ ॥

स्नायुः स्रोतांसि रोहन्ति पङ्के पङ्कजकन्दवत्।

धमनयः शिराविशेषाः। स्नायुः तन्तुसन्निभो मांसबन्धनविशेषः। अन्यास्त्वचः कलाश्च किं धारयन्तीत्यत आह—

असृङ्मेदःश्लेष्मसकृत् पित्तं शुक्रधराः पराः ॥ ७६ ॥

धातून् विभजते—

त्वगसृङ्मेदोमांसास्थिमज्जशुक्राणि धातवः।

सप्ताः स्युस्तत्र चोक्ता त्वक्—

रक्तादीनामुत्पत्तिप्रकारमाह—

—रक्तं जाठरवह्निना ॥ ७७ ॥

पक्वाद्भवेदन्नरसादेवं रक्तादिभिः परे।

स्वस्वकोषाग्निना पक्वे जन्यन्ते धातवः क्रमात् ॥ ७८ ॥

आशयान् कथयति—

रक्तश्लेष्मामपित्तानां पक्वस्य मरुतस्तथा।

मूत्रस्य चाशयाः सप्त क्रमादाशयसंज्ञकाः ॥ ७९ ॥

आमः अपक्वोऽन्नरसः। स्त्रीणां अधिकानाशयान् कथयति—

गर्भाशयोऽष्टमः स्त्रीणां पित्तपक्वाशयान्तरे।

हृदयस्य उत्पत्तिप्रकारं स्थानविशेषं संस्थानविशेषञ्च कथयति—

प्रसन्नाभ्यां कफासृग्भ्यां हृदयं पङ्कजाकृति।

* स्नायुबन्धमधोवक्त्रं यकृत्प्लीहान्तरस्थितम् ॥ ८० ॥

हृदयमेव स्वप्नजागरणयोः कारणमित्याह—

एतच्च चेतनस्थानं तदस्मिन् तमसावृते।

---

* "सुषिरं स्यादधोवक्त्रम्।" इति वा पाठः।

निमीलति स चित्तात्मा जागर्त्ति विकसत्यपि ॥ ८१ ॥

चेतनस्य आत्मनः स्थानम् । अस्मिन् निमीलति सति स चित्तात्मा चिदात्मा स्वपिति । विकसति सति जागर्त्ति । स्वापस्य द्वैविध्यं कथयति—

द्वेधा स्वप्नसुषुप्तिभ्यां स्वापो बाह्येन्द्रियाणि चेत् ।

लीयन्ते हृदि जागर्त्ति चित्तं स्वप्नं तदुच्यते ॥ ८२ ॥

मनश्च लीयते प्राणे सुषुप्तिः स्यात्तदात्मनः ।

चित्तं मनः जागर्त्ति स्वाप्निकान् पदार्थान् पश्यति । सुषुप्तिशब्दं निर्वक्ति—

स्वमपीतं परात्मानं स्वपित्यात्मेत्यतोमतः ॥ ८३ ॥

"स्वं ह्यपीतो भवति तस्मादेनं स्वपितीत्याचक्षते" इति श्रुतिः । बहिर्मल-वहानि रन्ध्राणि कथयति—

श्रवणे नयने नासे वदने गुदशेफसी ।

बहिर्मलवहानि स्युर्नव स्रोतांसि देहिनाम् ।

स्त्रीणां त्रीण्यधिकानि स्युः स्तनयोर्द्वे भगेऽसृजः ॥ ८४ ॥

जालानि षोड़शः षट् कूर्च्चान् रज्जूश्चतस्रः सप्त सेविनीः कथयति—

अस्थिस्नायुशिरामांसस्थानि जालानि षोड़शः ।

षट् कूर्च्चाः करयोरङ्घ्रोः कन्धरायाञ्च मेढ्रने ॥ ८५ ॥

पार्श्वयोः पृष्ठवंशस्य चतस्रोमांसरज्जवः ।

सेवन्यः पञ्च शिरसि द्वे जिह्वालिङ्गयोर्मते ॥ ८६ ॥

नामभेदेन अस्थिराशीन् कथयति—

चतुर्द्दशाष्ट दश वा सीमन्ता अस्थिराशयः ।

अस्थीनि सङ्ख्याति—

अस्थ्नां शरीरे सङ्ख्या स्यात् षष्टियुक्तं शतत्रयम् ॥ ८७ ॥

आकारविशेषेण पञ्चधा अस्थीन्याहुः—

वलयानि कपालानि रुचकास्तरुणानि च ।

नलकानीति तान्याहुः पञ्चधास्थीनि सूरयः ॥ ८८ ॥

मतभेदेन अस्थ्नां अन्यथासंख्यां ख्यापयति—

त्रीण्येवास्थिशतान्यत्र धन्वन्तरिरभाषत।

अस्थिसन्धीन् संख्याति—

द्वे शते त्वस्थिसन्धीनां स्यातामत्र दशोत्तरे॥ ८९॥

आकारविशेषेण अस्थिसन्धीनामष्टविधत्वं कथयति—

कोरकाः प्रतरास्तुन्नाः सेवन्यः सुश्रुलूखलाः।

सामुद्गा मण्डलाः शङ्खावर्त्ता वायसतुण्डकाः।

इत्यष्टधा समुद्दिष्टा मुनीन्द्रैरस्थिसन्धयः॥ ९०॥

पेशीस्नायुशिरासन्धिसङ्ख्यदितयं मतम्।

यथायथमस्थिस्नायुसन्धीन् संख्याय स्नायुभेदान् कथयति—

नव स्नायुशतानि स्युश्चतुर्धा स्नायवो मताः॥ ९१॥

प्रतानवत्यः शुषिराः कण्डराः पृथुलास्तथा।

स्नायूनामुपयोगं कथयति—

बन्धनैर्बहुभिर्बद्धो भूरिभारक्षमो भवेत्।

नौरम्भसि यथा स्नायुः शतबद्धा तनुस्तथा॥ ९२॥

पुंस्त्रीभेदेन पेशीः संख्याति—

पञ्च पेशीशतान्याहुः शरीरस्थानि सूरयः।

अधिका विंशतिः स्त्रीणां तत्र सुस्तनयोर्दश॥ ९३॥

यौवने ताः प्रवर्द्धन्ते दश योनौ च तत्र च।

द्वे अन्तःप्रसृते बाह्ये द्वे तिस्रो गर्भमार्गगाः॥ ९४॥

शङ्खनाभ्याकृतिर्योनिस्त्र्यावर्त्ताऽत्र तृतीयके।

आवर्त्ते गर्भशय्यास्ति पित्तपक्वाशयान्तरे॥ ९५॥

रोहिताभिधमत्स्यस्य सदृशी तत्र पेशिका।

शुक्रार्त्तवप्रवेशिन्यस्तिस्रः प्रच्छादिका मताः॥ ९६॥

शिराधमनिकाः संख्याति—

शिराधमनिकानान्तु लक्षाणि नव विंशतिः ।
सार्द्धानि सप्तनवशती षट्पञ्चाशद्युतास्तथा ॥ ९७ ॥
दश मूलशिरा ओजोवाहिन्योहृदयाश्रयाः ॥ ९८ ॥

सेवनीनां दृष्टान्तेन संस्थानविशेषं दर्शयित्वा संख्यां स्थानविभागञ्च कथयति

अङ्गुलञ्चाङ्गुलदलं यवं यवदलं तथा ।
गन्धाम्बुमदनस्वेदसेवन्यः प्रतता यदा ॥ ९९ ॥
भिद्यन्ते च तथा सप्त शतानि परिसंख्यया ।
तासु जिह्वास्थिते द्वे द्वे वाग्रसज्ञानकारणे ॥ १०० ॥
घ्राणगन्धवहे द्वे द्वे मेषोन्मेषकृतौ दृशोः ।
श्रोत्रयोः शब्दवाहिन्यौ तासु द्वे शार्ङ्गिनोदिते ॥ १०१ ॥
धमन्यो रसवाहिन्यश्चतुर्विंशतिरीरिताः ।

रसवाहिनीर्धमनीः संख्याय तासां प्रयोजनमाह—

कुल्याभिरिव केदारस्ताभिर्देहोऽभिवर्द्धते ॥ १०२ ॥

तासां स्थानञ्च कथयति—

एताः प्रतिष्ठिता नाभ्यां चक्रनाभ्यामरा इव ।
ऊर्द्धन्दश दशाधस्ताच्चतस्रस्तिर्यगायताः ॥ १०३ ॥

ऊर्द्धगा दश अधोगा दश तिर्य्यगायताश्चतस्र इत्युक्तं तत्र ऊर्द्धगतानां व्यापारभेदेन त्रैविध्यं कथयति—.

ऊर्द्धगा हृदयं प्राप्ता प्रतीयन्ते पृथक्त्रिधा ।
वातं पित्तं कफं रक्तं रसं द्वे द्वे विमुञ्चतः ॥ १०४ ॥
शब्दं रूपं रसं गन्धं द्वे द्वे तत्रावगच्छतः ।
द्वे द्वे च भाषणं घोषं स्वापं बोधञ्च रोदनम् ॥ १०५ ॥
कुर्य्याते द्वे नरे शुक्रं स्तन्यन्तु स्रवतः स्त्रियाम् ।

अधोगतानां त्रैविध्यं कथयति—

अधोगता अपि त्रेधा पृथक् पक्वाशयस्थिताः ॥ १०६ ॥

तासां व्यापारं कथयति—

प्रवर्त्तयन्ति तत्राद्या दश वातादि पूर्व्ववत्।

अन्नं भुक्तं धमन्यौ द्वे वहतोऽम्बुसमाश्रयात् ॥ १०७ ॥

तोयं मूत्रं बलं द्वे द्वे नारीणामार्त्तवं त्विमे।

विमुञ्चतो द्वे स्रोतांसि द्वे स्तनान्ताश्रिते सकृत् ॥ १०८ ॥

स्वेदं समर्पयन्त्यष्टौ—

बलं वीर्य्यम्। तिरश्चीनानां विशेषं कथयति—

—तिरश्चो बहुधा मताः।

रोमकूपेषु सन्त्यासां मुखानि स्वेदमुक्तये।

प्रवेशयन्ति चाभ्यङ्गालेपादिप्रभवान् रसान् ॥ १०९ ॥

मर्म्माणि परिसंख्याति—

जीवस्थानानि मर्म्माणि शतं सप्तोत्तरं विदुः।

सार्द्धकोटित्रयं रोम्नां श्मश्रुकेशाखिलत्वचाः ॥ ११० ॥

श्रोतःशिराश्मश्रुकेशैः सह रोम्नान्तु कोटयः।

चतुः पञ्चाशतः ख्याताः—

संहितानां मानं कथयति—

—सप्त षष्ठा च सार्द्धया ॥ १११ ॥

लक्षाणां संहितामानं—

संहिता रोमादिसन्धिः। द्रवमानं प्रतिज्ञाय कथयति—

—जलादेरधुनोच्यते।

दशाञ्जलिजलं ज्ञेयं रसस्याञ्जलयो नव ॥ ११२ ॥

रक्तस्याष्टौ पुरीषस्य सप्त स्युः श्लेष्मणस्तु षट्।

पित्तस्य पञ्च चत्वारो मूत्रस्याञ्जलयस्त्रयः ॥ ११३ ॥

वसाया मेदसो द्वे तु मज्जा त्वञ्जलिरुम्मतः।

अर्द्धाञ्जलिः शिरोमज्जा श्लेष्मसारोबलं तथा ॥ ११४ ॥

रसरक्तादरसस्य । मज्जा तदाख्यो धातु: । विस्तरस्तु आत्मविवेके वीक्षितव्य: । अनेन सोऽपि मत्कृतो ग्रन्थोऽस्तीति कर्त्ता स्वातिशयं प्रतिपादयति । सोऽपि ग्रन्थविलोकनीय इत्याह—

इति प्रत्यङ्गसंक्षेपो विस्तरस्त्विह तत्त्वत: ।
अस्मद्विरचितेऽध्यात्मविवेके वीक्ष्यतां बुधै: ॥ ११५ ॥

एवमङ्गप्रत्यङ्गान्युक्त्वा चक्राणि वक्तुमुपक्रमते—

गुदलिङ्गान्तरे चक्रमाधाराख्यं चतुर्द्दलम् ।

गुदलिङ्गयोर्मध्ये आधारसंज्ञकं चक्रं चतुर्द्दलं पद्माकारं चास्ते । तस्य चतुर्णां दलानां फलं कथयति—

परम: सहजस्तद्वदानन्दो वीरपूर्व्वक: ।
योगानन्दश्च तत्र स्यादैशानादिदले फलम् ॥ ११६ ॥

ऐशानदले परमानन्द: । आग्नेयदले सहजानन्द: । नैऋत्यदले वीरानन्द: । वायव्यदले योगानन्द: । ततश्च आधारकमलस्य विदिक्स्थितान्येव चत्वारि दलानीति लभ्यन्ते ।

अस्ति कुण्डलिनी ब्रह्मशक्तिराधारपङ्कजे ।
आब्रह्मरन्ध्रमृजुतां नीतेयममृतप्रदा ॥ ११७ ॥

कुण्डलिनी संज्ञिका ब्रह्मशक्ति: ब्रह्मशक्तिकारणत्वात् । आधारपङ्कजे विद्यते । सेयं आब्रह्मरन्ध्रं ब्रह्मरन्ध्रपर्य्यन्तं ऋजुतां नीता सती अमृतप्रदा । स्वाधिष्ठानसंज्ञकं चक्रं कथयति—

स्वाधिष्ठानं लिङ्गमूले षट्पत्रञ्चक्रमस्य च ।
पूर्व्वादिषु दलेष्वाहु: फलान्येतान्यनुक्रमात् ॥ ११८ ॥

षट्पत्रं षड्दलकमलाकारम् । एतस्य षण्णां दलानां फलानि कथयति—

प्रश्रय: क्रूरता गर्व्वनाशो मूर्च्छा तत: परम् ।
अवज्ञा स्यादविश्वास: कामशक्तेरिदं स्मृतम् ॥ ११९ ॥

प्रश्रयो विनय: पूर्व्वदिगवस्थितस्य फलम् । तत्रावस्थित आत्मा प्रश्रयवान् भवतीत्यर्थ: । क्रूरता दुष्टकर्म्माभिनिवेश: । गर्व्व: आत्मोत्कर्षभावनं तस्य नाश: ।

मूर्च्छा मोहाधिक्यम् । अवज्ञा अवगणना । अविश्वासः सर्वत्र सशङ्कत्वमनाश्वासो वा । इदं स्वाधिष्ठानचक्रं कामोत्पादिकायाः शक्तेर्गृहमाश्रयः । मणिपूरचक्रं कथयति—

नाभौ दशदलं चक्रं मणिपूरकसंज्ञकम् ।

एतस्य पूर्वादिदलफलानि कथयति—

सुषुप्तिरत्र तृष्णा स्यादीर्ष्या पिशुनता तथा ॥ १२० ॥
लज्जा भयं घृणा मोहः कषायोऽथ विषादिता ।
क्रमात्पूर्वादिपत्रेषु स्याद्भानुभवनञ्च तत् ॥ १२१ ॥

सुषुप्तिः बाह्येन्द्रियाणां मनसश्चोपरमावस्था । तृष्णा अभिलाषः । ईर्ष्या परगुणासहनम् । पिशुनता विद्यमानाविद्यमानपरदोषसूचनम् । लज्जाभये प्रसिद्धे । घृणा परदुःखप्रहाणेच्छा । मोहो जाग्रदवस्थायामपि विषयापरिज्ञानम् । कषायः कलुषमामयश्च । विषादः सचिन्तं दुःखं । तन्मणिपूरकं चक्रं भानोः सूर्य्याख्यस्य भवनं स्थानम् । अनाहतं चक्रं कथयति—

हृदयेऽनाहतं चक्रं शिवस्य प्रणवाकृतेः ।
पूजास्थानं तदिच्छन्ति दलैर्द्वादशभिर्युतम् ॥ १२२ ॥

शिवस्य प्रणवाकृतेः ओंकाराकृतेः पूजास्थानमिति । तत्र स्थितं परमेश्वरं ध्यात्वा मनसा पूजयेदित्यर्थः । आत्मनः पूर्वादिद्वादशदलेष्ववस्थानं तत्फलानि च कथयति—

लौल्यप्रणाशः प्रकटोवितर्कोऽप्यनुतापिता ।
आशा प्रकाशश्चिन्ता च समीहा समता तथा ॥ १२३ ॥
क्रमेण दम्भोवैकल्यं विवेकोऽहंकृतिस्तथा ।
फलान्येतानि पूर्वादिदलस्थस्यात्मनोजगुः ॥ १२४ ॥

लोलस्य भावो लौल्यं । तस्य प्रणाशः निश्चलत्वम् । प्रकट इति वितर्कस्य विशेषणम् । वितर्क उभयोर्मध्ये अन्यतरोपादेयताविचारः । अनुतापिता तापेन भ्रान्तभावः । आशा इष्टप्राप्तेरभिलाषः । प्रकाशः आकारगुप्तेरभावः । चिन्ता विचारमात्रं । समीहा अनिष्टनिवृत्तीच्छा । समता उत्कर्षापकर्षशून्या भावना ।

दम्भः लोकोपसंग्रहार्थं अश्रद्धया कर्म्मानुष्ठानम् । वैकल्यं अनवस्थानत्वम् । विवेकः विचार्य्य कार्य्यकरणम् । अहङ्कृतिः अशक्योऽपि कार्य्ये चिकीर्षाध्यवसायः । विशुद्धिसंज्ञकं चक्रं कथयति—

कण्ठेऽस्ति भारतीस्थानं विशुद्धिः षोड़शच्छदम् ।

भारतीस्थानं भारत्याः सरस्वत्याः स्थानमाश्रयः । तत्र भाविता वाग्देवता वाग्वैभवं ददातीत्यर्थः । एतस्य चक्रस्य पूर्व्वादिषोड़शपत्रेष्वऽवस्थितस्य चात्मनः षोड़शफलानि कथयति—

तत्र प्रणवमुद्गीथो ऊंफट् वौषट् वषट् स्वधा ॥ १२५ ॥
स्वाहा नमोऽमृतं सप्त स्वराः षड़जादयो विषम् ।
इति पूर्व्वादिपत्रस्थे फलान्यात्मनि षोड़श ॥ १२६ ॥

प्रणव ओंकारः । पूर्व्वपत्रे प्रणवानुसन्धानेन आत्माश्रयं प्राप्नोति । उद्गीथः सामभक्तिविशेषः । द्वितीयपत्रे स्थितमुद्गीथं उद्गीथोपासनायां चिन्तयेदित्यर्थः । ऊंफड़िति हविःप्रदानेऽव्ययम् । वषड़ित्यपि । स्वधेति पितृउद्देशेन हविः प्रदानेऽव्ययम् । स्वाहेति देवतोद्देशेन । नमस्कारोऽप्यव्ययम् । एतानि तत्तद्दलेषु चिन्तनीयानीत्यर्थः । अमृतं पीयूषं । तद्दले स्थित आत्मा पीयूषाप्लुत इव सुस्निग्धोभवतीत्यर्थः । सप्त स्वराः षड़्जादयः षड़्जर्षभगान्धारमध्यमपञ्चमधैवत निषादाः । तेषां तानि तानि दलानि उपासनस्थानानि । विषं तद्दलस्थात्मा दुःखितोभवतीत्यर्थः । ललनाख्यचक्रं कथयति—

ललनाख्यं घण्टिकायां चक्रं द्वादशपत्रकम् ।

घण्टिका ललाटः । एतस्य पत्रफलानि कथयति—

मदोमानस्ततः स्नेहः शोकः खेदश्च लुब्धता ॥ १२७ ॥
अरतिः सम्भ्रमश्चोर्म्मिः श्रद्धा तोषोपरोधिता ।
फलानि ललनाचक्रे स्युः पूर्व्वादिदलेष्विति ॥ १२८ ॥

मदः मत्तता । मान उत्कर्षभावनया कार्य्यानवेक्षणम् । स्नेहः स्निग्धता । शोकः विज्ञातकारणकं दुःखम् । खेदः अविज्ञातकारणकं दुःखम् । लुब्धता अभिलाषाधिक्यम् । अरतिः सुखसाधनेष्वप्युद्वेगः । सम्भ्रम आवेगः । उर्म्मयः

षट् आगमशास्त्रप्रसिद्धाः "बुभुक्षा च पिपासा च शोको मोहो जरामृती। षडूर्मयः षड़िति प्राणबुद्धिदेहेषु संस्थिताः" इति। श्रद्धा आस्तिकीबुद्धिः। तोषः प्रसिद्धः। उपरोधिता दाक्षिण्यम्। त्रिदलमाज्ञाचक्रं कथयति—

भ्रूमध्ये त्रिदलं चक्रमाज्ञासंज्ञं—

तस्य फलान्याह—

—फलानि तु।

आविर्भावः सत्वरजस्तमसां क्रमशो मतः॥ १२९॥

प्रथमदले सत्वाविर्भावः। द्वितीयदले रज आविर्भावः। तृतीयदले तम आविर्भावः। मनःसंज्ञकं षड्दलं चक्रं कथयति—

ततोऽप्यस्ति मनश्चक्रं षड्दलं—

मनश्चक्रं मनःसंज्ञचक्रं तत्र मनसोऽवस्थानात्। फलान्याह—

—तत्फलानि तु।

स्वप्नोरसोपयोगश्च घ्राणं रूपोपलम्भनम्।

स्पर्शनं शब्दबोधश्च पूर्व्वादिषु दलेष्विति॥ १३०॥

स्वप्नः सुप्तावस्था। रसोपयोगः अन्नरसस्य उपयोगः। घ्राणं गन्धज्ञानम्। रूपोपलम्भनं दर्शनम्। स्पर्शनं त्वगिन्द्रियकारणकं ज्ञानम्। शब्दबोधः श्रवणम्। सोमाख्यचक्रं कथयति—

ततोऽपि षोड़शदलं सोमचक्रमितीरितम्।

दलेषु षोड़शेष्वस्य कलाः षोड़श संस्थिताः॥ १३१॥

ततोऽप्युपरिप्रदेशे। अस्य पूर्व्वादिषोड़शकलावस्थानेन जीवस्य फलानि कथयति—

कृपा क्षमार्जवं धैर्य्यं वैराग्यधृतिसम्मदः।

हास्यं रोमाञ्चविनयध्यानसुस्थिरतास्ततः॥ १३२॥

गाम्भीर्य्यमुद्यमौदार्य्यमच्छत्वैकाग्रताः क्रमात्।

फलं भिद्यन्ति जीवस्य पूर्व्वादिदलगामिनः॥ १३३॥

कृपा परानुग्राहिता। क्षमा कोपकारणे सत्यपि अकोपः। आर्जवं अवक्रबुद्धित्वम्। धैर्य्यं अविचलितचेतस्त्वम्। वैराग्यं संसारासारत्वबुद्धिः। क्षमा धृतिधारणम्। उद्यम उद्योगः। अकृत्वं अकलुषमनस्त्वम्। एकाग्रता एकतानत्वम्। चक्रान्तरं कथयति—

चक्रं सहस्रपत्रन्तु ब्रह्मरन्ध्रे सुधाधरम्।

सुधाधरं अमृतधारकम्। तद्व्यापारं कथयति—

तत्सुधासारधाराभिरभिवर्द्धयते तनुम्॥ १३४॥

तद्दलावस्थाने जीवस्य फलान्याह अनाहतेति—

अनाहतदले पूर्व्वेऽष्टमे चैकादशे तथा।
द्वादशे च स्थितो जीवो गीतादेः सिद्धिमृच्छति।
चतुर्थषष्ठदशमैर्दलैर्गीतादि नश्यति॥ १३५॥

अनाहतचक्रस्य दले पत्रे पूर्व्वे पूर्व्वदिक्स्थिते प्रथमे चाष्टमादिषु च संस्थितो जीवो गीतादेः सिद्धिमृच्छति गीतनृत्यवाद्यानां सिद्धिमाप्नोति। अथवा तान्यभिलषति। चतुर्थ षष्ठ दशम दलेषु स्थिते जीवे गीतादि नश्यति। चक्रान्तरं कथयति—

विशुद्धेरष्टमादीनि दलान्यष्टौ श्रितानि तु।
दद्युर्गीतादिसंसिद्धिं षोडन्तद्विनाशकम्॥ १३६॥

विशुद्धिसंज्ञकस्य चक्रस्य अष्टमादिषु अष्टसु दलेषु संस्थिते जीवे गीतादि सिध्यति। षोड़शदलावस्थिते नश्यति। ललनाख्यचक्रस्य दलविशेषावस्थाने जीवस्य गीतादयः सिध्यन्तीति कथयति—

दशमैकादशे पत्रे ललनायान्तु सिद्धये।
नाशकं प्रथमं तूर्य्यं पञ्चमञ्च दलं विदुः॥ १३७॥

दशमं एकादशञ्चेति द्वे पत्रे गीतादिसिद्धिदायके भवतः। प्रथमादीनि तु गीतादिनाशनानीति विदुर्योगशास्त्रविदः। ब्रह्मरन्ध्रावस्थानेन जीवस्य गीतादिसिद्धिं कथयति—

ब्रह्मरन्ध्रस्थितो जीवः सुधया संप्लुतो यदा।

तुष्टो गीतादिकार्य्याणि सप्रकर्षाणि साधयेत् ॥ १३८ ॥

ब्रह्मरन्ध्रे तिष्ठन् जीवः अमृत इव निवृत्तिं प्राप्तः सन् तुष्टः निरभिलाषः गीतादि साधयेत् निष्पादयेत् । एवं गीतादेः साधकानि नाशकानि च दलानि कथयित्वा साधारणानि कथयति—

एषां शेषेषु पत्रेषु चक्रेष्वन्येष्ववस्थितः ।

जीवो गीतादिसंसिद्धिं न कदाचिदवाप्नुयात् ॥ १३९ ॥

एषां अनाहत विशुद्धि ललनाख्यानां चक्राणां शेषेषु साधकनाशकेभ्यः अन्येषु पत्रेषु च विशुद्ध्यादेरन्येषु मणिपूरकादिचक्रेषु स्थितो जीवः गीतादिसिद्धौ उदासीन इत्यर्थः । अग्निशिखस्थानं कथयति—

आधाराद्द्व्यङ्गुलादूर्द्ध्वं मेहनाद्द्व्यङ्गुलादधः ।

एकाङ्गुलं देहमध्ये तप्तजाम्बूनदप्रभम् ।

तत्रास्तेऽग्निशिखा तन्वी चक्रात्तस्मान्नवाङ्गुलैः ॥ १४० ॥

आधारचक्राद्द्व्यङ्गुलमात्रमूर्द्ध्वप्रदेशे मेहनात् लिङ्गस्थानात् द्व्यङ्गुलमात्रप्रदेशे एकाङ्गुलिप्रमाणं सुवर्णवर्णं देहमध्ये देहस्य मध्यप्रदेशे तत्र तन्वी कृशा अग्निशिखा आस्ते । तस्मात् चक्रात् देहमध्यात् आधाराद्वा । नवाङ्गुलैः नवाङ्गुलप्रमाणा । ब्रह्मग्रन्थिं कथयति—

देहस्य कन्दो ह्युत्सेधो यत्नाभ्यां चतुरङ्गुलः ।

ब्रह्मग्रन्थिरिति प्रोक्तमस्य नाम पुरातनैः ॥ १४१ ॥

तन्मध्ये नाभिचक्रन्तु द्वादशारमवस्थितम् ।

लूतेव तन्तुजालस्था तत्र जीवो भ्रमत्ययम् ॥ १४२ ॥

सुषुम्नाया ब्रह्मरन्ध्रमारोहत्यवरोहति ।

जीवः प्राणसमारूढो रज्वा कोलाटिको यथा ॥ १४३ ॥

सुषुम्नां परितो नाड्यः कन्दादाब्रह्मरन्ध्रतः ।

क्रोडीकृत्य स्थिता कन्दं शाखाभिस्तनुते तनुम् ॥ १४४ ॥

देहस्य शरीरस्य कन्दः विस्तारकारणम् । उत्सेधः दीर्घोच्छ्रायः । नाभिस्थित-

चतुरङ्गुलप्रमाणकः। तस्य नाम ब्रह्मग्रन्थिरिति। तस्या ब्रह्मग्रन्थेर्मध्ये नाभिचक्राख्यं चक्रं द्वादशारं द्वादशदलमस्ति। लूता ऊर्णनाभः तद्वत् जीवस्तत्र भ्रमति। सुषुम्ना आधारादाब्रह्मरन्ध्रमायता नाडी सुषुम्ना। तस्याः सकाशात् ब्रह्मरन्ध्रपर्य्यन्तमारोहति ब्रह्मरन्ध्राच्च अवरोहति। प्राणसमारूढः प्राणपवनेनोपश्लिष्टः। कोलाटिको विषमनर्त्तकः। सुषुम्नां परितः सर्व्वतः। सुषुम्नायाः कन्दं ब्रह्मग्रन्थिं क्रोडीकृत्य व्याप्य स्थिता नाड्यः शरीरं तन्वन्ते विस्तारयन्ति। तासु नाडीषु मुख्याश्चतुर्द्दशः कथयति--

ताश्च भूरितरास्तासु मुख्याः प्रोक्ताश्चतुर्द्दशः।

तासां नामानि कथयति—

सुषुम्नेडा पिङ्गला च कुहूरथ सरस्वती॥ १४५॥

गान्धारी हस्तिजिह्वा च वारणा च यशस्विनी।

विश्वोदरा शङ्खिनी च ततः पूषा पयस्विनी॥ १४६॥

अलम्बुषेति—

चतुर्द्दशानां मध्ये सुषुम्नेडापिङ्गलानां नाडीनां मुख्यत्वम्। तासु च सुषम्नाया मुख्यत्वमाह—

—तत्राद्यास्तिस्रो मुख्यतमा मताः।

सुषुम्ना तिसृषु श्रेष्ठा—

सुषुम्नाया मुख्यत्वे कारणमाह—

—वैष्णवी मुक्तिमार्गगा॥ १४७॥

कन्दमध्ये स्थिता तस्या इडा सव्येऽथ दक्षिणे।

पिङ्गलेडा—

वैष्णवी विष्णुदेवताका अथवा वैष्णवी या मायाशक्तिस्तद्रूपिणी। मुक्तिमार्गगा मोक्षप्रदायिनी। अथवा मुक्तिमार्गः मुक्तेरुपाय आत्मनः सम्बन्धिनस्तत्र। आत्मनोऽधिष्ठानभूतेत्यर्थः। कन्दस्य मध्यस्थिता इडा। पिङ्गला तस्याः वामदक्षिणतः स्थितेत्यर्थः। तयोः प्रचरतः प्राणपवनस्य संज्ञाविशेषमाह—

—पिङ्गलयोश्चरतश्चन्द्रभास्करौ।

क्रमात्—

वामनाड्यनुसारी प्राणपवनश्चन्द्रः। दक्षिणनाड्यनुसारी तु भास्कर इत्युच्यते। कथं प्राणपवनस्य चन्द्रत्वं इत्यत आह—

—कालगतेर्हेतुः सुषुम्णा कालशोषिणी ॥ १४८ ॥

यथा चन्द्रसूर्य्यौ कालकारणे तथा तावपीत्यर्थः। सरस्वत्यादीनां नाडीनामवस्थानमाह—

सरस्वती कुहूश्चास्ते सुषुम्णायाश्च पार्श्वयोः।
इडायाः पृष्ठपूर्व्वस्थे गान्धारी-हस्तिजिह्विके ॥ १४९ ॥
क्रमात्पूषा-यशस्विन्यौ पिङ्गला पृष्ठपूर्व्वयोः।
विश्वोदरा मध्यदेशे स्यात् कुहू-हस्तिजिह्वयोः ॥ १५० ॥
मध्ये कुहू-यशस्विन्योर्वारणा संस्थिता मता।
पूषा-सरस्वतीमध्य-मधिशेते पयस्विनी ॥ १५१ ॥
गान्धारिका-सरस्वत्योर्मध्ये वसति शङ्खिनी।
अलम्बुषा कन्दमध्ये—

सरस्वती सुषुम्णाया दक्षिणपार्श्वे तिष्ठति। कुहूर्वामपार्श्वे। गान्धारी इडायाः पश्चात् प्रदेशे। हस्तिजिह्विका पूर्व्वप्रदेशे। पूषा पिङ्गलायाः पृष्ठप्रदेशे। विश्वोदरा कुहूहस्तिजिह्वयोर्मध्ये। वारणा कुहूयशस्विन्योर्मध्ये। पयस्विनी पूषा-सरस्वत्योर्मध्यमधिशेते। अधिशीङ्स्थासां कर्म्मेति कर्म्मत्वम्। शङ्खिनी गान्धारिका-सरस्वत्योर्मध्ये तिष्ठति। अलम्बुषा पूर्व्वोक्तस्य कन्दस्य मध्ये। एतासां प्रमाणं कथयति—

—तत्रेडापिङ्गले क्रमात् ॥ १५२ ॥

सव्यदक्षिणनासान्तं कुहूरामेढ्रनं पुनः।
सरस्वत्यूर्द्ध्वमाजिह्वं गान्धारी पृष्ठतः स्थिता ॥ १५३ ॥
आवाममेत्रमासाद्य पादाङ्गुष्ठन्तु संस्थिता।
हस्तिजिह्वा सर्व्वगा तु वारणाऽथ यशस्विनी ॥ १५४ ॥

अङ्गुष्ठाद्दक्षिणाङ्घ्रिस्था देहे विश्वोदराऽखिले ।
शङ्खिनी सव्यकर्णान्तं पूषा त्वावामनेत्रतः ॥ १५५ ॥
पयस्विनी तु वितता दक्षिणश्रवणावधि ।
अलम्बुषा पायुमूलमवलम्ब्य व्यवस्थिता ॥ १५६ ॥

इड़ा सव्यनासापर्य्यन्तम् । पिङ्गला दक्षिणनासापर्य्यन्तम् । सरस्वती ऊर्द्ध-जिह्वा पर्य्यन्तम् । गान्धारी पृष्ठप्रदेशपर्य्यन्तम् । हस्तिजिह्वा वामनेत्रादारभ्य वाम पादाङ्गुष्ठपर्य्यन्तम् । वारणा सर्व्वप्रदेशे । यशस्विनी अङ्गुष्ठादारभ्य दक्षिणांघ्रौ तिष्ठति । अखिले देहे विश्वोदरा । शङ्खिनी सव्यकर्णा सव्यकर्णपर्य्यन्तम् । पूषा दक्षिणनेत्रतः आन्तं अन्तपर्य्यन्तम् । पयस्विनी दक्षिणकर्णपर्य्यन्तम् । अलम्बुषा पायमूलमवष्टभ्य स्थिता । पिण्डनिरूपणमुपसंहरति—

एवंविधे तु देहेऽस्मिन् मलसञ्चयसंहृते ।
प्रसाधयन्ति धीमन्तो भुक्तिं मुक्तिमुपायतः ॥ १५७ ॥

भुक्तिर्मुक्तिश्च देहे उपायात् सिद्ध्यति इत्युक्तम् । तयोरुपायं कथयति—

तत्र स्यात् सगुणात् ध्यानाद्भुक्ति र्मुक्तिस्तु निर्गुणात् ।

पूर्व्वोक्तां सगुणोपासनां प्रति तस्या हेतुत्वं सूचितम् । तथोक्तं वेदान्तकल्पतरौ "निर्व्विशेषं परं ब्रह्म साचात् कर्त्तुमनीश्वरः । ये मन्दा स्ते तु कल्प्यन्ते सविशेष-निरूपणैः" इति । सगुणनिर्गुणब्रह्मोपासनाभ्यसामर्थ्यादसमुपासत इत्याह—

ध्यानमेकाग्रचित्तैकसाध्यं न सुकरं नृणाम् ॥ १५८ ॥
तस्मादत्र सुखोपायं श्रीमन्नादमनाहतम् ।

असुकरं सुखेन कर्त्तुमशक्यम् ।

गुरूपदिष्टमार्गेण मुनयः समुपासते ॥ १५९ ॥

पूर्व्वप्रकृतं उपसंहरन् उत्तरत्राभिधेयं प्रतिजानीते—

सोऽपि रक्तिविहीनत्वात् न मनोरञ्जको नृणाम् ।

अनाहतो नाद न जनमनोहर इत्यत आह—

तस्मादाहतनादस्य श्रुत्यादिद्वारतोऽखिलम् ॥ १६० ॥

गेयं वितन्वतो लोक-रञ्जनं भवभञ्जनम्।
उत्पत्तिमभिधास्यामि तथा श्रुत्यादिहेतुताम् ॥ १६१ ॥

इति संगीतरत्नाकरे पिण्डोत्पत्तिप्रकरणम्।

आदि शब्देन स्वरग्राम मूर्च्छना तान कूटतानादयः। तद्द्वारतः अखिलं गेयं मानक्रियायोग्यं जात्यादि वितन्वतः विस्तारयतः आहतनादस्य उत्पत्तिं श्रुत्यादि-हेतुत्वञ्च वक्ष्याम इति सम्बन्धः। लोकरञ्जनं भवभञ्जनमिति गेयस्य विशेषण द्वयेन भुक्तिमुक्तिप्रदत्वं सूचयति अन्यथा सगुणनिर्गुणब्रह्मोपासनानुकल्पत्वं नादोपासनस्यासङ्गतत्वम् भवति।

इति श्रीसिंहभूपालविरचितायां सङ्गीतरत्नाकरटीकायां सङ्गीतसुधाकराख्यायां स्वरगताध्याये पिण्डोत्पत्तिप्रकरणम्।

नाद-स्थान-श्रुति-स्वर-प्रकरणम्।

चैतन्यं सर्व्वभूतानां विवृत्तं जगदात्मना।

नादब्रह्म तदानन्दमद्वितीयमुपास्महे ॥ १ ॥

एवं श्रुत्यादिकारणं पिण्डं निरूप्य श्रुतिस्वरूपं निरूपयितुमिच्छुः प्रकृतानुगुणं मङ्गलमाचरति चैतन्यमिति। नाद एव ब्रह्म नादब्रह्म तत् उपास्महे। तत् किम्भूतं? सर्व्वभूतानां चैतन्यं चेतनफलम्। नादाभावे चेतनानां पादपादिभिरचेतनैः को विशेषः स्यात्? ब्रह्मपक्षे सर्व्वभूतानां चैतन्यं ज्ञानं "सत्यं ज्ञानमनन्तं ब्रह्म" इति श्रुतेः। जगदात्मना विवृत्तं जगति प्रसिद्धत्वान्नादस्य जगद्रूपेण विवर्त्त उच्यते। ब्रह्मपक्षे अप्रच्युतप्राच्यावस्थस्यासन्नानाकारावभासो विवर्त्तः। एवं ब्रह्म एव जगदाकारेण विवर्त्तत इत्याह—आनन्दं सुखसाधनम्। पक्षे सुखं सुखरूपम् "आनन्दो ब्रह्मेति व्यजानात्" इति श्रुतेः। अद्वितीयं अनुपमं लोकोत्तरं वा। पक्षे सजातीयविजातीयस्वगतभेदशून्यम्। अत्र श्लिष्टरूपकोऽलङ्कारः। किमर्थं नाद उपास्यत इत्यत आह—

नादोपासनया देवा ब्रह्मविष्णुमहेश्वराः।

भवन्त्युपासिता नूनं यस्मादेते तदात्मकाः ॥ २ ॥

ब्रह्मादयो देवाः नादोपासनया उपासिता भवन्तीत्यत्र हेतुः यस्मादेते तदात्मका नादात्मका इति। नादोत्पत्तिप्रकारं कथयति—

आत्मा विवक्षमाणोऽयं मनः प्रेरयते मनः।

देहस्थं वह्निमाहन्ति स प्रेरयति मारुतम् ॥ ३ ॥

ब्रह्मग्रन्थिस्थितः सोऽथ क्रमादूर्द्ध्वपथे चरन्।

नाभिहृत्कण्ठमूर्द्धास्येष्वाविर्भावयते ध्वनिम् ॥ ४ ॥

वक्तुमिच्छन् विवक्षमाण आत्मा मनः अन्तःकरणं प्रेरयति। तदन्तःकरणं

मात्मप्रेरितं सन् देहस्थमौदर्यं वह्निं आहन्ति ताडयन्ति। स वह्निः मारुतं वायुं प्रेरयति। स पूर्वं ब्रह्मग्रन्थिस्थित इदानीं तेन वह्निना प्रेरितः सन् ऊर्द्धमार्गेण गच्छन् आघातेन नाभिहृदयकण्ठमूर्द्धमुखेषु ध्वनिं प्रकटयति। मूर्द्धमुखेष्विति प्रकृतगानोपयोगार्थमुक्तम् अधोऽपि नादस्योत्पत्तेः। तदुक्तं "कन्दस्थानसमुद्भूतोऽपि समीरः सञ्चरन् अध ऊर्द्ध्वञ्च कुरुते सर्व्वान्नादान् मूर्द्धान्तर्द्धितामेति।" पञ्चविधस्य नादस्य संज्ञां कथयति—

नादोऽतिसूक्ष्मः सूक्ष्मश्च पुष्टोऽपुष्टश्च कृत्रिमः।
इति पञ्चाभिधां धत्ते पञ्चस्थानस्थितः क्रमात्॥ ५॥

सूक्ष्मः अतिसूक्ष्मः पुष्टः अपुष्टः कृत्रिम इत्ययमेव क्रमो ज्ञातव्यः। ग्रन्थान्तरे तु पुष्टापुष्टयोर्व्यक्ताऽव्यक्ते इति नामनी। तथाचोक्तं मतङ्गेन "सूक्ष्मश्चैवातिसूक्ष्मश्च व्यक्तोऽव्यक्तश्च कृत्रिमः। सूक्ष्मनादो गुहावासी हृदये चातिसूक्ष्मकः॥ कण्ठमध्यस्थितो व्यक्तश्चाव्यक्तस्तालुदेशकः। कृत्रिमो मुखदेशे तु ज्ञेयः पञ्चविधो बुधैः॥" इति। नादशब्दोत्पत्तिं कथयति—

न-कारं प्राणनामानं द-कारमनलं विदुः।
जातः प्राणाग्निसंयोगात्तेन नादोऽभिधीयते॥ ६॥

नामलिङ्गानुशासनविद न-कारं प्राणनामानं विदुः। द-कारञ्च अग्निम्। न-दाभ्यां जात इति अन् प्रत्यये जाते आदिवृद्धौ च नाद इति रूपं सिध्यति। मतङ्गेन तु नद्यत इति नाद इति व्युत्पत्तिर्दर्शिता। तथा चोक्तं "न-कारं प्राणमित्याहुर्द-कारश्चानलो मतः। नादस्य हि पदार्थोऽयं समीचीनो मयोदितः॥ नादोऽयं नदतेर्धातोः स च पञ्चविधो भवेत्।" इति। त्रिविधस्य नादस्य व्यवहारयोग्यत्वं कथयति—

व्यवहारे त्वसौ त्रेधा हृदि मन्द्रोऽभिधीयते।
कण्ठे मध्यो मूर्ध्नि तारो—

व्यवहारे गानव्यवहारे। घटपटाद्यभिधाव्यवहारे तु मुखोत्पन्नस्यापि ध्वनेरुपयोगित्वात्। हृदि य उत्पद्यते नादः स मन्द्र इति कथ्यते। यस्तु कण्ठे उत्पद्यते स मध्यः। यस्तु मूर्ध्नि स तारः। एषां मानं कथयति—

—द्विगुणश्चोत्तरोत्तरः॥ ७॥

योऽयं मन्द्रः ततोद्विगुणो मध्यः ततोद्विगुणस्तारः। तदुक्तं सङ्गीतसमयसारे "त्रीणि स्थानानि हृत्कण्ठशिरांसीति समासतः। एकैकमपि तेषु स्याद्द्वाविंशति-विधायुतम्॥ द्वाविंशतिविभेदोमन्द्रो ध्वनिः सञ्जायते हृदि। यथोत्तर मतौ तारो वीणायामधरोत्तरम्॥ स एव द्विगुणो मध्यः कण्ठस्थाने यथाक्रमम्। स एव मस्तके तारः स्यान्मध्याद्‌द्विगुणः क्रमात्॥" इति। तस्य नादस्य भेदान् कथयति—

तस्य द्वाविंशतिर्भेदाः—

तस्य नादस्य द्वाविंशतिसंख्यका भेदा भवन्ति। ते च श्रुतिसंज्ञया उच्यन्ते। तत्र व्युत्पत्तिं कथयति—

—श्रवणात् श्रुतयो मताः।

श्रूयन्त इति श्रुतय इत्यर्थः। तथा चोक्तं मतङ्गेन "श्रु श्रवणे चास्य धातोःक्ति-प्रत्ययसमुद्भवः। श्रुतिशब्दः प्रसाध्योऽयं शब्दज्ञैर्भावसाधनैः॥" इति। तत्र श्रुते-रेकानेकत्वे महती विप्रतिपत्तिः। आकाशपवनसंयोगात् पुरुषप्रयत्नप्रेरितो-ध्वनिर्नाभेरूर्ध्वमाकाशदेशमाक्रामन् धूमवत् सोपानपादावस्थानवदनेकधारोहण-मन्तर्भूतपूरणप्रत्ययार्थतया चतुःश्रुतित्वादिभेदभिन्नोऽवभासत इति मतङ्गः। विश्वावसुस्तु द्वैविध्यं श्रुतेरुक्तवान्। तथा च "श्रवणेन्द्रियग्राह्यत्वात् ध्वनिरेव श्रुतिर्भवेत्। सा चैका द्विविधा ज्ञेया स्वरान्तरविभागतः॥ नियतः श्रुतिसंख्यातो गीयन्ते सप्त गीतिषु। तस्मात् स्वरगता ज्ञेयाः श्रुतयः श्रुतिवेदिभिः। अन्तरस्वर-वर्त्तिन्यो ह्यन्तरश्रुतयो मताः॥" इति। केचित् स्थानत्रययोगात् श्रुतीनां त्रैविध्यं परिपद्यन्ते। केचिद्द्वाविंशतिमाहुः। केचित् षट्त्रिंशत्। अन्ये आनन्त्यम्। तथा चाह कोहलः "द्वाविंशतिं केचिदुदाहरन्ति श्रुतिं श्रुतिज्ञानविचार-दक्षाः। षट् षष्टिभेदाः खलु केचिदासामानन्त्यमेव प्रतिपादयन्ति॥" इति। अत्र मन्द्र-तीव्र-तारादितारतम्यस्य विरुद्धधर्मसंसर्गस्य विद्यमानत्वात् भेदास्तावत् सिद्धाः। तदुक्तं "अयमेव हि भेदो भेदहेतुर्वा यद्विरुद्धधर्माध्यासः कारणभेदश्च" इति। मन्द्र-मध्य-तार-स्थानेष्वपि ता एव श्रुतयः त एव अमी स्वराः। इति प्रत्यभिज्ञानात् भेदस्य प्रसिद्धिः। तस्माद्‌द्वाविंशतिश्रुतिपक्ष एव समी-चीन इति मत्वा द्वाविंशतिरित्युक्तम्। सङ्ख्यानियमे कारणमाह—

हृदूर्ध्वनाडीसंलग्ना नाड्यो द्वाविंशतिर्मताः॥ ८॥

तिरश्च्यस्तासु तावत्यः श्रुतयो मारुताहतेः।

ऊर्द्धनाड़ी सुषुम्ना तत्संलग्ना तिरश्चः तिर्य्यक् स्थिता द्वाविंशतयो नाड्यः। तासु मारुतसम्बन्धात् तावन्त एव नादा उत्पद्यन्ते। तेषु विरुद्धधर्म्मसंसर्गं दर्शयति—

उच्चोच्चतरतायुक्ता प्रभवन्त्युत्तरोत्तरम् ॥ ९ ॥

उत्तरोत्तरं उच्चोच्चतरतायुक्ताः। प्रथमोनादः हीनतमः। ततोऽनन्तरं उच्च-तरः। ततोऽनन्तरं उच्चतम इत्यर्थः। हृदये उक्तं श्रुत्युत्पत्तिप्रकारं कण्ठ-शीर्षयोरतिदिशति—

एवं कण्ठे तथा शीर्षे श्रुतिर्द्वाविंशतिर्म्मता:।

दृष्टान्तेन विना एते नादविशेषा दुरवबोधाः कण्ठेऽपि दर्शयितुमशक्याः तस्मात् वीणाद्वन्द्वदृष्टान्तकथनं प्रतिजानीते—

व्यक्तये कुर्म्महे तासां वीणाद्वन्द्वे निदर्शनम् ॥ १० ॥

व्यक्तये प्राकट्येन दर्शयितुमित्यर्थः। तदुक्तं संगीतसमयसारे “ते तु द्वाविं-शतिर्नादा न कण्ठेन परिस्फुटाः। शक्या दर्शयितुं तस्माद्वीणायां तन्निदर्शनम् ॥” इति। प्रतिज्ञातमर्थं कथयति—

द्वे वीणे सदृशे कार्य्ये—

सदृशे समाने। आकारसाम्यं नात्रोपयुज्यत इत्याह—

—यथा नादसमोभवेत्।

तयोर्द्वाविंशतिस्तन्त्र्यः प्रत्येकं तासु चादिमा ॥ ११ ॥

कार्य्या मन्द्रतमध्वाना द्वितीयोच्चध्वनिर्मनाक्।

स्यान्निरन्तरता श्रुत्योः—

यथा नादः समान एव भवतीति तदुक्तं “द्वे वीणे तुलिते कार्य्ये समस्तावयवै-स्तथा। एकवीणेऽवभासेते यथा द्वे अपि स्वस्वतः ॥” इति। तयोः प्रत्येकं द्वाविंशति स्तन्त्र्यः स्थापनीयाः। तासु आद्या मन्द्रतमध्वाना कर्त्तव्या। स मन्द्रः यस्मात् हीनोमन्द्रोऽन्योनादो रञ्जको न निष्पद्यते। द्वितीया तस्याः सकाशात् मनाक् किञ्चिदुच्चध्वनिः। किञ्चिदित्यनेनैवोक्तमर्थं विषदयति—

—मध्ये ध्वन्यन्तराश्रुतेः ।

अधराधरतीव्रास्तास्तज्जो नादः श्रुतिर्मतः ॥ १२ ॥

यथा मध्ये विसदृशं ध्वन्यन्तरं नोत्पद्यते तथा गैरमार्थ्यं विधेयम् । तदुक्तं "द्वितीया तु ततस्तीव्रध्वनिस्तन्त्री विधीयते । तथा तथा तयोर्मध्ये तृतीया न ध्वनिर्भवेत् ॥" इति । तास्तन्त्र्य अधोऽधः स्थितास्तीव्रनादा भवन्ति । ताभ्यस्तन्त्रीभ्यो जातो नादः श्रुतिरित्युच्यते । श्रुतेः प्रमाणमुक्तं मतङ्गेन । ननु श्रुतेः किं मानं ? उच्यते । पञ्चमस्तावद्ग्रामद्वयस्थो लोके प्रसिद्धः । तस्योत्कर्षणापकर्षणाभ्यां मार्दवादायतत्वाद्वा यदन्तरं तत्प्रमाणश्रुतिरिति । स्थानत्रये द्वाविंशतिसंख्यानां श्रुतीनां नामान्युक्तानि संगीतसमयसारे "मन्द्रा चैवातिमन्द्रा च घोरा घोरतरा तथा । मण्डना च तथा सौम्या सुमनाः पुष्करा तथा ॥ शङ्खिनी चैव नीला च उत्पला चानुनासिका । घोषावती नीलनादा आवर्त्तन्यपि चापरा ॥ रणदा चैकगम्भीरा दीर्घतारा च नादिनी । मन्द्रजा सुप्रसन्ना च निनदा मन्द्रसप्तके ॥ नादान्ता निष्कला गूढा सकला मधुरा गला । एकाक्षरा दङ्गजाती रसगीती सुरञ्जिका ॥ पूर्णालङ्कारिणी चैव वांशिका वैणिका तथा । त्रिस्थाना सुस्वरा सौम्या भाषाङ्गी वार्त्तिका तथा ॥ संपूर्णा च प्रसन्ना च सर्व्वव्यापिनिका तथा । द्वाविंशतिः समाख्याता श्रुतयो मध्यसप्तके ॥ ईश्वरी चैव कौमारी सवराली तथापरा । भोगवीर्या मनोरामा सुस्निग्धा च तथापरा ॥ दिव्याङ्गा च सुललिता विद्रुमा च तथापरा । महाकाशा शङ्खिनी राका लज्जा चैव तथापरा ॥ काली सूक्ष्मातिसूक्ष्मा च पुष्टा चैव सुपुष्टिका । विष्णुशा शोकरी चैव कराली च तथापरा । विस्फोटान्ता भेदिनी च इत्येतास्तारसप्तके ॥" श्रुतिभ्यः स्वरोत्पत्तिप्रकारं कथयति—

वीणाद्वये स्वराःस्थाप्यास्तत्र षड्जश्चतुःश्रुतिः ।
स्थाप्यस्तन्त्र्यां तुरीयायामृषभस्त्रिश्रुतिस्ततः ॥ १३ ॥
पञ्चमीतस्तृतीयायां गान्धारो द्विश्रुतिस्ततः ।
अष्टमीतो द्वितीयायां मध्यमोऽथ चतुःश्रुतिः ॥ १४ ॥
नवमीतश्चतुर्थ्यां स्यात् पञ्चमोऽथ चतुःश्रुतिः ।

चतुर्दश्यां तृतीयायां धैवतस्त्रिश्रुतिस्ततः ॥ १५ ॥
अष्टादश्यास्तृतीयायां निषादो द्विश्रुतिस्ततः ।
एकविंश्यां द्वितीयायां वीणैवात्र ध्रुवा भवेत् ॥ १६ ॥

चलवीणायां ध्रुववीणायाञ्च स्वराः स्थापनीयाः। तत्र चतस्रः श्रुतयो यस्य सन्ति स चतुःश्रुतिः षड्जः तुरीयायां चतुर्थ्यां तन्त्र्याम्। त्रिश्रुतिः ऋषभः सप्तम्याम्। द्विश्रुतिर्गान्धारो नवम्याम्। चतुःश्रुतिर्मध्यमः त्रयोदश्याम्। चतुःश्रुतिः पञ्चमः सप्तदश्याम्। त्रिश्रुतिर्धैवतो विंशतितम्याम्। द्विश्रुतिर्निषादः द्वाविंश्याम्। एवं वीणाद्वये स्वरानवस्थाप्य एका चलवीणा एका ध्रुववीणा। यस्यां स्वराः स्वस्थानं परित्यज्य अपकृष्यन्ते सा चलवीणा। यस्यान्तु नापकृष्यन्ते सा ध्रुववीणा। श्रुतिनिश्चयार्थं चलवीणायां यत् कर्त्तव्यं तदाह—

चलवीणा द्वितीया तु तस्यास्तन्त्रीस्तु सारयेत्।

तस्यां चलवीणायां तन्त्रीः सारयेत् अपकर्षयेत्। प्रथमसारणाप्रकारमाह—

स्वोपान्त्यतन्त्रीमानेयास्तस्याः सप्त स्वरा बुधैः ॥ १७ ॥

चलवीणायां सप्तापि स्वराः व्यवस्थापिताः। तेषां या या अन्त्यास्तन्त्र्यः तत्तत् समीपवर्त्तिन्यां तन्त्र्यामपकृष्टा उपान्त्याः। तासु सप्त स्वरा आनेया स्थापनीयाः। एवं प्रथमसारणायां कृतायां किं स्यात्? तदाह—

ध्रुववीणास्वरेभ्योऽस्यां चलायां ते स्वरास्तथा।
एकश्रुत्यपकृष्टाः स्यु —

अस्यां चलायां वीणायां ते षड्जादयः स्वराः ध्रुववीणास्वरेभ्यस्तदपेक्षया एकश्रुत्यपकृष्टाः स्युः। एवमेव द्वितीय-तृतीय-चतुर्थ-सारणाः कर्त्तव्या इत्याह—

—रेवमन्येऽपि सारणाः ॥ १८ ॥

प्रतिसारणं सारणा। ततोऽपि पुनरेकैकश्रुत्यपकर्षः कर्त्तव्यः। द्वितीयसारणायां कृतायां यत् सिध्यति तदाह—

श्रुतिद्वयलयादस्याश्चलवीणागतौ ग-नी।
ध्रुववीणोपगतयोरि-धयोर्विशतः क्रमात् ॥ १९ ॥

अस्यां चलवीणायां द्वितीयसारणायां कृतायां श्रुतिद्वयस्य लयादपकर्षात्

सारणाप्रसारण-चक्रम् ।

(सिंहभूपाल-प्रदर्शितम् ।)

			स			रि		ग				म				प			ध		नि	ध्रुववीणास्वराः
			स			रि		ग				म				प			ध		नि	चलवीणास्वराः
		स			रि		ग				म				प			ध		नि		प्रथमसारणा
	स			रि		ग				म				प			ध		नि			द्वितीयसारणा
स			रि		ग				म				प			ध		नि				तृतीयसारणा
		रि		ग				म				प			ध		नि				स	चतुर्थसारणा

चतुर्थ्यां वर्त्तमानौ गान्धार-निषादौ ध्रुवयोगागतयोः ऋषभ-धैवतयोः प्रविशतः क्रमादिति गान्धार ऋषभं निषादो धैवतमित्यर्थः। तयोः प्रविशत इति तत्तुल्यमाननादौ भवतः। तृतीयसारणया सिद्धं कथयति—

तृतीयायां सारणायां विशतः स-प-योरि-धौ।

नि-ग-मेषु चतुर्थ्यान्तु विशन्ति स-म-पाः क्रमात्॥ २०॥

स-पयोः षड्ज-पञ्चमयोः। ऋषभः षड्जं प्रविशति धैवतः पञ्चमं प्रविशति। चतुर्थ्यान्तु सारणायां मध्यषड्जो मन्द्रनिषादं प्रविशति मध्यमो गान्धारं प्रविशति पञ्चमो मध्यमं प्रविशति। उपसंहरति—

श्रुतिर्द्वाविंशतीरेवं सारणायां चतुष्टयात्।

ध्रुवाश्रुतिषु लीनायामियत्तां ज्ञायते स्फुटम्।

एवं सारणाचतुष्टयात् श्रुतिर्द्वाविंशति ध्रुवा श्रुतिषु लीनायां सत्यां द्वाविंशतिरेव श्रुतय इति इयत्ता एतावत् संख्यत्वं ज्ञायते। द्वितीयसारणायां श्रुतिचतुष्टयलाभः। तृतीयायां षट्श्रुतिलाभः। चतुर्थ्यां द्वादशश्रुतिलाभः। ननु पुनरप्यपकर्षणं कर्त्तव्यम्? नेत्याह—

अतः परन्तु रक्तिघ्नं न कार्य्यमपकर्षणम्॥ २१॥

अतः परमपकर्षणं न कार्य्यम्। कुतः? यतो रक्तिघ्नमिति। अतःपरमपकर्षणे कृते स्वराणां रञ्जकत्वाभावात् स्वरत्वमेव नश्यति। "स्वतोरञ्जयति श्रोतृचित्तं सः स्वर उच्यते" इति वक्ष्यमानत्वात्। एवं श्रुतिं निरूप्य स्वरान्निरूपयति—

श्रुतिभ्यः स्युः स्वराः षड्ज-र्षभ-गान्धार-मध्यमाः।

पञ्चमो-धैवत-श्चाथ निषाद इति सप्त ते॥ २२॥

षड्जर्षभेत्यादीनामाद्यक्षरेण व्यवहारार्थं संज्ञान्तरं कथयति—

तेषां संज्ञाः स-रि-ग-म-प-ध-नीत्यपरा मताः।

स्वरस्य लक्षणं निर्व्वचनञ्च कथयति—

श्रुत्यनन्तरभावी यः स्निग्धोऽनुरणनात्मकः।

श्रुतेरनन्तरं भवतीति श्रुत्यनन्तरभावी। प्रथमतन्त्र्यामाहतायां यो ध्वनिः रणनं शून्ये उत्पद्यते सा श्रुतिः। यस्तु ततोऽनन्तरं अनुरणनरूपः श्रूयते स स्वरः। कथं तस्य स्वरत्वं अत आह—

स्वतो रञ्जयति श्रोतृचित्तं स स्वर उच्यते ॥ २३ ॥

स्वतः अन्यानपेक्षया। यस्मात् श्रोतृचित्तं रञ्जयति तस्मात् स स्वर इति निरुक्तिः। कथं तस्य रञ्जकत्वम्? अतोहेतुगर्भविशेषणमुक्तं स्निग्ध इति। यद्यपि स्निग्धत्वमपामेव धर्मः "स्नेहोऽपां विशेषगुणः" इत्युक्तत्वात् तथापि औपचारिकस्निग्धत्वं स्वरेषु गृह्यते। अत्र बहुधा विप्रतिपत्तिः—केचित् स्वरश्रुत्योस्तादात्म्यं वर्णयन्ति। यदाहुः "विशेषस्पर्शशून्यत्वात् श्रवणेन्द्रियगम्ययोः। स्वरश्रुत्योः स्यात् तादात्म्यं जातिव्यक्त्योरिवानयोः॥" केचित् स्वरश्रुत्योर्विवर्त्तिविवर्त्यभावमाचक्षते। यदाहुः "नराणान्तु मुखं यद्वत् दर्पणेषु विवर्त्तितम्। प्रतिभान्ति स्वरास्तद्वत् श्रुतिष्वेव विवर्त्तिनः॥ स्वराणां श्रुतिकार्यत्वमिति केचित् वदन्ति हि। मृत्पिण्डदण्डकार्यत्वं घटस्यैव यथा भवेत्।" केचित् परिणामपक्षमाहुः "श्रुतयः स्वररूपेण परिणामं व्रजन्ति हि। परिणामे यथा क्षीरं दधिरूपेण सर्व्वदा॥ षड्जादयः स्वराः सप्त व्यज्यन्ते श्रुतिभिः सदा। अन्धकारस्थिता यद्वत् प्रदीपेण घटादयः।" एतेषु पक्षेषु परिणामाभिव्यक्तिपक्ष एव स्वीकृतो मतङ्गेन। यदाह "भेदस्तु लक्षणानां सामान्येनान्यवस्तुवत् सिद्धः। तद्विशेषैस्तु भवति पुनः स्वरुप्रसंङ्गाश्रम्॥ नानात्वद्विगृहीतत्वात् स्वरश्रुत्योस्तु भिन्नता। आश्रयाश्रयिभेदाच्च तादात्म्यं केन सिद्ध्यति? यदाभाति विवर्त्तत्व स्वराणां तदसङ्गतम्। विवर्त्तत्वात् स्वराणां हि भ्रान्तिज्ञानं प्रसज्यते॥ तथा हि कारणत्वञ्च श्रुतीनां नैव सम्भवेत्। कार्य्येषु विद्यमानेषु कारणस्योपलम्भनात्॥ घटादौ विद्यमानेऽपि मृत्पिण्डोऽप्युपलभ्यते। परिणामोऽप्यभिव्यक्तिर्न्याय्यः पक्षः सतां मतः॥" इति। मतङ्गेन अन्यथा स्वरशब्दो व्युत्पादितः यदाह—"राज् दीप्तावस्य धातोः स्वशब्दपूर्व्वकस्य च। स्वयं हि राजते यस्मात् तस्मात् स्वर इति स्मृतः॥" इति। षड्जादीनां निरुक्तिरुक्ता संगीतसमयसारकारेण—'नासा कण्ठ उरस्तालुजिह्वा दन्तास्तथैव च षड्भिः संजायते यस्मात्तस्मात् षड्ज इति स्मृतः॥ नाभेः समुद्गितो वायु कण्ठशीर्षसमाहतः। ऋषभवन्नदेद्यस्मात्तस्मादृषभ ईरितः। नाभेः समुद्गितोवायुः कण्ठशीर्षसमाहतः। गन्धर्व्वसुखहेतुः स्यात् गान्धार स्तेन कथ्यते। वायुः समुत्थितो नाभे हृदयेषु समाहतः। मध्यस्थानोद्भवत्वाच्च मध्यमस्तेन

कीर्त्तितः । वायुः समुत्थितो नाभेरोष्ठकण्ठशिरोहृदः । पञ्चस्थानसमुद्भूतः पञ्चम स्तेन सम्मतः । नाभेः समुत्थितोवायुः कण्ठतालुशिरोहृदि । तत्तत्स्थाने धृतो-यस्मात्ततोऽसौ धैवतोमतः । नाभेः समुत्थितोवायुः कण्ठतालुशिरोहृतः । निषो-दन्ति स्वराः सर्व्वे निषादस्तेन कथ्यते” इति । श्रुतिभ्यः स्युः स्वरा इत्युक्तम्, तत्र श्रुतिभ्य इति पञ्चम्या जनिकर्त्तुः प्रकृतिरित्यनेन श्रुतीनां स्वरं प्रति कारणत्वं प्रतीयते । अयं स्वरस्त्रिश्रुतिरयं स्वरो द्विश्रुतिरित्युक्तत्वाच्च सर्व्वासा-मपि कारणत्वं प्रतीयते । तत्राक्षिपति—

ननु श्रुतिश्चतुर्थ्यादिरस्त्वेवं स्वरकारणम् ।

ननु यस्यां श्रुतौ स्वरः स्थाप्यते सा चतुर्थ्यादिश्रुतिः चतुर्थी सप्तमी नवमी त्रयोदशी सप्तदशी विंशतितमी द्वाविंशतितमी च श्रुतिः अभिव्यञ्जकत्वेन परि-णामकत्वेन वा स्वराणां षड्जादीनां कारणमस्तु, पूर्व्वासां त्र्यादीनान्तु श्रुतीनां स्वरं प्रति कथं हेतुत्वम् ? इत्येवमाक्षिपति—

त्र्यादीनां तत्र पूर्व्वासां श्रुतीनां हेतुता कथम् ॥ २४ ॥

अत्र आदिशब्देन षड्ज-मध्यम-पञ्चमेषु तिसृणां तिसृणां ऋषभ-धैवतयो-र्द्वयोर्द्वयोर्गान्धार-निषादयोरेकस्या एकस्याः पूर्व्वावस्थिताया श्रुतेः स्वरं प्रति क उपयोगः ? इत्याक्षिप्य परिहरति—

क्रमस्तुर्य्यंतृतीयादिश्रुतिः पूर्व्वाभिकाङ्क्षया ।
निर्धार्य्यतेऽतः श्रुतयः पूर्व्वा अप्यत्र हेतवः ॥ २५ ॥

तुरीयतृतीयादिश्रुतिः पूर्व्वापेक्षया निर्धार्य्यते । इयं श्रुतिश्चतुर्थी इयं तृतीया इयं द्वितीया इति पूर्व्वाः श्रुतीरपेक्ष्यायं व्यवहारः । यदि पूर्व्वाः श्रुतयो न स्युस्तर्हि किमपेक्ष्यायं चतुर्थ्यादिव्यवहारः स्यात् ? अतश्चतुर्थीत्वादि-निर्धारणार्थं पूर्व्वासामपि श्रुतीनां हेतुत्वसिद्धिः । अधुना विभजते—

दीप्तायता च करुणा मृदुर्म्मध्येति जातयः ।
श्रुतीनां पञ्च—

श्रुतीनां पञ्च जातयोभवन्ति । दीप्ता, आयता, करुणा, मृदुः, मध्या इति । तासु का जातिः कस्मिन् स्वरे निवसति ? इत्यपेक्षायामाह—

—तासाञ्च स्वरेष्वेवं व्यवस्थितिः ॥ २६ ॥

दीप्तायता मृदुर्मध्या षड्जे स्यादृषभे पुनः।
संस्थिता करुणा मध्या मृदुर्गान्धारके पुनः॥ २७॥
दीप्तायते मध्यमे ते मृदुमध्ये च संस्थिते।
मृदुमध्यायताख्या च करुणा पञ्चमे स्थिता॥ २८॥
करुणा चायता मध्या धैवते सप्तमे पुनः।
दीप्ता मध्येति—

षड्जे दीप्तादयश्चतस्रः श्रुतिजातयः। तत्र प्रथमा श्रुतिर्दीप्ता, द्वितीया आयता, तृतीया मृदुः, चतुर्थी मध्या। ऋषभे प्रथमा श्रुतिः करुणा, द्वितीया मध्या, तृतीया मृदुः। गान्धारे प्रथमा श्रुतिः दीप्ता, द्वितीया आयता। मध्यमे तें दीप्तायते, मृदु मध्ये च। तत्र प्रथमा श्रुतिः दीप्ता, द्वितीया आयता, तृतीया मृदुः, चतुर्थी मध्या। पञ्चमे प्रथमा श्रुतिः मृदुः, द्वितीया मध्या, तृतीया आयता, चतुर्थी करुणा। धैवते प्रथमा श्रुतिः करुणा, द्वितीया आयता, तृतीया मध्या। सप्तमे निषादे प्रथमा श्रुतिः दीप्ता, द्वितीया मध्या इति। एतासामपि जातीनामवान्तरजातीः प्रतिज्ञाय कथयति—

—तासाञ्च जातीनां ब्रूमहे भिदाम्॥२९॥
तीव्रा रौद्री वज्रिकोग्रेत्युक्ता दीप्ता चतुर्विधा।
कुमुद्वत्यायतायाः स्यात् क्रोधा चाथ प्रसारिणी॥ ३०॥
सन्दीपनी रोहिणी च भेदाः पञ्चेति कीर्त्तिताः।
दयावती तथालापिन्यथ प्रोक्ता मदन्तिका॥ ३१॥
त्रयस्ते करुणाभेदा मृदोर्भेदचतुष्टयम्।
मन्दा च रतिका प्रीतिः क्षितिर्मध्या तु षड्विधा॥ ३२॥
छन्दोवती रञ्जनी च मार्जनी रक्तिका तथा।
रम्या च क्षोभिणीत्या—

दीप्ता चतुर्विधाः—तीव्रा रौद्री वज्रिका उग्रेति। आयतायाः पञ्चभेदा कीर्त्तिताः—कुमुद्वती क्रोधा प्रसारिणी सन्दीपनी रोहिणी चेति। करुणायाः

भेदत्रयम्—दयावती आलापिनी मदन्तिकेति। मृदोश्चत्वारो भेदाः—मन्दा रतिका प्रीतिः क्षितिरिति। मध्या षड्विधाः षट्प्रकारा। तु शब्देन पूर्वाभ्य अधिकभेदत्वम् (सूचितम्)। छन्दोवती रञ्जनी मार्जनी रक्तिका रम्या क्षोभिनीति। आसां जातीनाम् स्वरस्थितेः प्रतिज्ञां कथयति—

—सामथ ब्रूमः स्वरस्थितिम् ॥ ३३ ॥

तीव्रा कुमुद्वती मन्दा-छन्दोवत्यस्तु षड्जगाः।
दयावती रञ्जनी च रतिकाचर्षभे स्थिता ॥ ३४ ॥
रौद्री क्रोधा च गान्धारे वज्रिकाथ प्रसारिणी।
प्रीतिश्च मार्जनीत्येताः श्रुतयो मध्यमाश्रिताः ॥ ३५ ॥
क्षिती रक्ता च सन्दीपन्यालापिन्यपि पञ्चमे।
मदन्ती रोहिणी रम्येत्येतास्तिस्रस्तु धैवते।
उग्रा च क्षोभिनीति द्वे निषादे वसतः श्रुती ॥ ३६ ॥

आसां श्रुतिजातीनां षड्जगाः षड्जवर्त्तमानाश्चतस्रोजातयस्तीव्रादयः। तत्र षड्जस्य प्रथमा श्रुतिः तीव्राजात्याक्रान्ता दीप्ता। द्वितीया कुमुद्वती-जातिका आयता। तृतीया मन्दाजातिका मृदुः। चतुर्थी छन्दोवतीजातिका मध्या। ऋषभस्य प्रथमा श्रुतिर्दयावतीजातिका करुणा। द्वितीया रञ्जनीजातिका मध्या। तृतीया रतिकाजातिका मृदुः। गान्धारे प्रथमा श्रुतिः रौद्रीजातिका दीप्ता। द्वितीया प्रसारिणीजातिका आयता। मध्यमे प्रथमा श्रुतिः वज्रिका-जातिका दीप्ता। द्वितीया प्रसारिणीजातिका आयता। तृतीया प्रीतिजातिका मृदुः। चतुर्थी मार्जनीजातिका मध्या। पञ्चमे प्रथमा श्रुतिः क्षितिजातिका मृदुः। द्वितीया रक्तिकाजातिका मध्या। तृतीया सन्दीपनीजातिका आयता। चतुर्थी आलापिनीजातिका करुणा। धैवते प्रथमा श्रुतिः मदन्तीजातिका करुणा। द्वितीया रोहिणीजातिका आयता। तृतीया रम्याजातिका मध्या। निषादे प्रथमा श्रुतिः उग्राजातिका दीप्ता। द्वितीया क्षोभिनीजातिका मध्येति। ननु किं श्रुतिजातिनिरूपणेन प्रयोजनम्? उच्यते। तत्तज्जातिकां श्रुतिं श्रुत्वा जनो नामसाम्येन तथातथा विकार उत्पद्यत इति सूचयितुं श्रुतिजाति-निरूपणम्। तत्र दीप्तां श्रुतिमाकर्ण्य मनसो दीप्तत्वमिव भवति। आयतां

श्रुतिमाश्रयत्वं आयतत्वम्। एवं करुणत्व-मृदुत्व-मध्यत्व-तीव्रादित्वादि ज्ञातव्यम्। एवं श्रुतिजातिभ्यः स्वरोत्पत्तिप्रकारं कथयित्वा स्वरभेदान्निरूपयति—

ते मन्द्र-मध्य-ताराख्यस्थानभेदात्त्रिधा मताः।

ते षड्जादयः स्वराः त्रिधा त्रिप्रकाराः। कुतस्त्रिप्रकारत्वम्? अत आह—मन्द्रमध्यतारस्थानभेदात्। तत्त्वतः तात्त्विको भेदो नास्ति किन्तु स्थानकल्पितो भेदः। यथा एक एव देवदत्तः त्रिभूमिप्रासादे प्रथमभूमिकायां द्वितीयभूमिकायां तृतीयभूमिकायाञ्च तिष्ठन् अन्य इव प्रतिभासते तथा स्वरा अपि स्थानविशेषेष्वित्यर्थः। ननु यथा स्थानभेदाद्देवदत्तस्य भेदस्तथा षड्जादीनामपि इति कथमत्रैव तथाकाल्पनिकत्वमङ्गीक्रियते? क्रमप्रत्यभिज्ञानात् स्थानत्रयेऽपि तएव स्वरा इति प्रतीयते। य एव मन्द्रस्थः षड्जः स चायं मध्यस्थाने तारस्थाने चेति प्रतीयत इति सकललोकसाक्षिकप्रत्यभिज्ञानाच्च ज्ञातुं शक्यते। नैवं षड्जर्षभादिषु सप्तसु प्रत्यभिज्ञालेशोऽप्यस्तीति महान् विशेषः। एवं शुद्धान् सप्तस्वरान् निरूप्य द्वादश विकृतान् स्वरान् विभज्य निरूपयति—

त एव विकृतावस्था द्वादश प्रतिपादिताः॥ ३७॥

ते शुद्धसप्तस्वरा एव विकारं प्राप्ता द्वादशसङ्ख्या भवन्ति। तमेव विकारं दर्शयति—

च्युतोऽच्युतो द्विधा षड्जो द्विश्रुतिर्विकृतो भवेत्।

षड्जः द्विधा विकृतो भवतीति च्युतश्चाच्युतश्चेत्युच्यते। च्युत इति यस्यां चतुर्थ्यां श्रुतौ स्थापितः तस्याः सकाशात् प्रच्युतः। अच्युतस्तु तस्यामेव श्रुताववस्थितः। पूर्वश्रुतिहीनतया विकृतो भवति तदा तस्य एवम्विधं विकृतत्वम्। तदेवाह—

साधारणे काकलीत्वे निषादस्य च दृश्यते॥ ३८॥

साधारणे षड्जसाधारणे निषादस्य च काकलीत्वे उभयविधं विकृतत्वम्। "निषादो यदि षड्जस्य श्रुतिमाद्यां समाश्रयेत्। ऋषभस्त्वन्तिमं प्रोक्तां षड्जसाधारणं तदा" इति वक्ष्यमाणे षड्जसाधारणे षड्जः स्वस्थानात् चतुर्थश्रुतेः प्रच्युतस्तृतीयश्रुताववस्थितो विकृतो भवति। "श्रुतिद्वयञ्चेत् षड्जस्य निषादः संश्रयेत्तदा। स काकली" इति वक्ष्यमाणे निषादस्य काकलीत्वे पूर्वश्रुतिद्वय-

विकृतस्वर-तालिका ।

संख्या	नाम	व्यवस्थितिः	अवस्था
१	च्युत-षड्जः	मन्दासंस्थितः	द्विश्रुतिकः
२	अच्युत-षड्जः	छन्दोवतीस्थः	द्विश्रुतिकः
३	विकृतर्षभः	रतिकास्थितः	चतुःश्रुतिकः
४	साधारण-गान्धारः	वज्रिकास्थितः	त्रिश्रुतिकः
५	अन्तर-गान्धारः	प्रसारिणीस्थः	चतुःश्रुतिकः
६	च्युत-मध्यमः	प्रीतिसंस्थितः	द्विश्रुतिकः
७	अच्युत-मध्यमः	मार्जनीस्थितः	द्विश्रुतिकः
८	त्रिश्रुति-पञ्चमः	सन्दीपनीस्थः	त्रिश्रुतिकः
९	कैशिक-पञ्चमः	सन्दीपनीस्थः	चतुःश्रुतिकः
१०	विकृत-धैवतः	रम्यासंस्थितः	चतुःश्रुतिकः
११	कैशिक-निषादः	तीव्रासंस्थितः	त्रिश्रुतिकः
१२	काकली-निषादः	कुमुद्वतीस्थः	चतुःश्रुतिकः

कैशिको निश्रुतः षड्जो विकृतर्षभ एव च ।
षड्जग्रामे प्रयोक्तव्या मध्यमग्रामगस्त्रयः ॥
केवलं मध्यमग्रामे योज्यस्तु च्युतमध्यमः ।
साधारणोऽपि गान्धारस्तथा विकृतपञ्चमौ ॥
विकृतो धैवतश्चैव ज्ञेयास्तूभयचारिणः ।
मिथः सद्भावसापेक्षा मध्यमग्रामगस्त्रयः ॥
साधारणस्तु गान्धारस्तथा कैशिकपञ्चमः ।
च्युतश्च मध्यमस्तद्वन्मिथः सहचराः स्वराः ॥
मिथस्सद्भावसापेक्षौ काकली-न्यऽच्युताख्य-सौ ।
तद्वदन्तरगान्धाराच्युतमध्यमकौ स्वरौ ॥
च्युतमध्यमविद्वेषो भवेत् त्रिश्रुति पञ्चमः ।
मध्यमग्रामसापेक्षो विकृतो धैवतो मतः ॥

हीनत्वात् अच्युतः स्वस्थाने चतुर्थश्रुतौ स्थित एव विकृतो भवति। ननु स्थानस्थितस्य पूर्वश्रुतिद्वयहीनत्वेऽपि ध्वनिविकाराभावात् कथं विकृतत्वम्? उच्यते। यद्यपि पूर्वश्रुतिहीनत्वे तत्स्थानस्थितत्वात् ध्वनिविकारो नास्ति तथापि निषादस्य स्वस्थानस्थितत्वे चतुःश्रुतित्वात् षड्जस्य आयतत्वं भवति। यदा काकलीत्वे निषादः षड्जस्य द्वितीयश्रुतौ तिष्ठति तदा द्विश्रुतित्वात् अनायतत्वं प्रतीयते। तस्माद्‌ध्वन्यैव विकृतः। ऋषभस्य विकृतत्वं कथयति—

साधारणे श्रुतिं षाड्‌जीमृषभः संश्रितो यदा।
चतुःश्रुतित्वमायाति तदैकोविकृतोभवेत् ॥ ३९ ॥

साधारणे षड्जसाधारणे षड्जस्य अन्तिमां श्रुतिमृषभोऽङ्गीकरोति। तदा चतुःश्रुतिः सन् विकृतो भवति। गान्धारस्य द्वौ भेदौ विकृतौ कथयति—

साधारणे त्रिश्रुतिः स्यादन्तरत्वे चतुःश्रुतिः।
गान्धार इति तद्भेदौ द्वौ निःशङ्केन कीर्त्तितौ ॥ ४० ॥

साधारणे मध्यमसाधारणे मध्यमस्य प्रथमां श्रुतिं गान्धारो गृह्णाति। तदा त्रिश्रुतिर्विकृतोभवति। अन्तरस्तु गान्धारो मध्यमस्य आद्यं श्रुतिद्वयं गृह्णाति। तदा चतुःश्रुतिर्विकृतोभवति। मध्यमस्य द्वौ विकृतौ भेदौ कथयति—

मध्यमः षड्जवद्‌द्वेधान्तरसाधारणाश्रयात्।

षड्जो यथा च्युतत्वेनाच्युतत्वेन च द्वेधाविकृतः षड्जसाधारणे निषादस्य च काकलीत्वे तद्वत् मध्यमसाधारणे गान्धारस्य अन्तरत्वे च मध्यमो द्वेधा विकृतो भवति। "मध्यमस्यापि गमयोरेवं साधारणं मतम्।" "मध्यमस्य गान्धारस्त्वन्तरः स्वरः" इति च मध्यमसाधारणं गान्धारस्यान्तरत्वञ्च वक्ष्यते। पञ्चमस्य द्वेधाविकृतत्वं कथयति—

पञ्चमोमध्यमग्रामे त्रिश्रुतिः कैशिके पुनः।
मध्यमस्य श्रुतिं प्राप्य चतुःश्रुतिरिति द्विधा ॥ ४१ ॥

पञ्चमे तृतीयश्रुतिसंस्थिते सति मध्यमग्राम इति वक्ष्यते। तस्मिन् मध्यमग्रामे त्रिश्रुतिः पञ्चमो विकृतो भवति। पुनश्च कैशिके मध्यमसाधारणे मध्यमस्य अन्तिमां श्रुतिं प्राप्य चतुःश्रुतिः सन् विकृतो भवति। धैवतस्य एकधाविकृतत्वं कथयति—

धैवतोमध्यमग्रामे विकृतः स्याच्चतुःश्रुतिः।

मध्यमग्रामे पञ्चमस्य तृतीयश्रुताववस्थितत्वात् अन्तिमा पञ्चमश्रुतिः धैवतं प्रविशति च तदा चतुःश्रुतिर्विकृतो भवति। निषादस्य द्विधाविकृतत्वं कथयति—

कैशिके काकलीत्वे च निषादस्त्रिचतुःश्रुतिः।

प्राप्नोति विकृतौ भेदौ द्वाविति द्वादश स्मृताः॥ ४२॥

कैशिके षड्जसाधारणे निषादः षड्जस्य प्रथमश्रुतौ तिष्ठति। तदा त्रिश्रुतिः सन् विकृतः। यदा तु काकली सन् षड्जस्य श्रुतिद्वयं गृहीत्वा चतुःश्रुतिर्भवति तदापि विकृतः। एवं द्वादश विकृतभेदाः। विकृतानां शुद्धानामप्येकीकरणे एकोनविंशतिभेदा भवन्तीत्याह—

तैःशुद्धैः सप्तभिः सार्द्धं भवन्त्येकोनविंशतिः॥ ४३॥

एतेषां स्वराणां स्वरूपज्ञानार्थं असाधारणानुच्चारयितॄन् कथयति—

मयूर-चातक-च्छाग-क्रौञ्च-कोकिल-दर्दुराः।

गजश्च सप्त षड्जादीन् क्रमादुच्चारयन्त्यमी॥ ४४॥

मयूरः षड्जमुच्चारयति। चातक ऋषभम्। छागोगान्धारम्। क्रौञ्चोमध्यमम्। कोकिलः पञ्चमम्। दर्दुरोधैवतम्। गजोनिषादमिति। स्वराणां चातुर्विध्यं कथयति—

चतुर्विधाः स्वरा वादी सम्वादी च विवाद्यपि।

अनुवादीति—

वादिनो लक्षणं कथयति—

—वादी तु प्रयोगे बहुलस्वरः॥ ४५॥

प्रयोगे जातिरागादौ बहुलः बाहुल्येन य उच्चार्यते स अंशपदपर्य्यायो-वादी। ननु वदतीति वादी वदनञ्च प्राणिधर्म्मः स कथमचेतनानां स्वराणां सम्भवति? सत्यम्। वदनं हि नाम रागप्रतिपादकत्वमत्र विवक्षितम्। ततश्च रागस्य रागत्वं वदन्ति प्रतिपादयन्तीति वादिनः। संवादिलक्षणं कथयति—

श्रुतयोद्वादशाष्टौ वा ययोरन्तरगोचराः।

मिथः सम्वादिनौ तौस्तो—

द्वादश अष्टौ वा श्रुतयः ययोरन्तरे वर्त्तन्ते तौ मिथः परस्परं संवादिनौ भवतः । ननु मतङ्गेन त्रयोदश नवश्रुत्यन्तरत्वेन सम्वादित्वमुक्तं तथाहि "संवादिकस्तु पुनः समश्रुतिकत्वे सति त्रयोदश नवान्तरत्वे चान्योन्यं बोध्यव्यम्" इति । इत्थितेनाप्युक्तं—"मिथः संवादिनौ ज्ञेयौ त्रयोदश नवान्तरौ" इति तत् कथमुच्यते "श्रुतयोद्वादशाष्टौवा ययोरन्तरगोचरः" इति ?—उच्यते । ययोः श्रुत्योः स्वरौ अवस्थितौ ते श्रुती विहाय मध्यमस्था श्रुतयः द्वादशाष्टौ वा यदि भवन्ति तदा तयोः संवादित्वमित्यनेनाभिप्रायेणैवोक्तम् । मतङ्गादिभिस्तु यो यस्य संवादी तस्य अवस्थानश्रुतिमपि मध्ये गणयित्वा त्रयोदशनवान्तरावित्युक्तम् इति न कश्चिद्विसम्वादः । ततः षड्जस्य मध्यमपञ्चमौ सम्वादिनौ । ऋषभस्य धैवतः । गान्धारस्य निषादः । मध्यमस्य षड्जः । पञ्चमस्य षड्जः । धैवतस्य ऋषभः । निषादस्य गान्धार इति । ननु सम्वादित्वेन क उपयोग ?—ब्रूमः । यस्मिन् गीते अंशत्वेन परिकल्पितः षड्जः तत् स्थाने मध्यमः क्रियमाणो रागो न भवेत् यस्मिन् वा अंशत्वेन मूर्च्छनावशान्मध्यमः प्रयुक्तः तत्स्थाने षड्जः प्रयुज्यमानो जातिरागहानं भवति । षड्जपञ्चमयोः स्थाने पञ्चमषड्जौ प्रयुज्यमानौ जातिहानिकरौ भवतः । एवं ऋषभधैवतयोः स्थाने धैवतऋषभौ प्रयुज्यमानौ जातिरागविनाशकरौ भवतः । गान्धारनिषादयोः स्थाने निषादगान्धारौ प्रयुज्यमानौ जातिरागहानिं न कुरुत इति । अथ विवादि लक्षणमाह—

—निगावन्यविवादिनौ ॥ ४६ ॥

निषादगान्धारौ अन्येषां सर्व्वेषां स्वराणां विवादिनौ । पक्षान्तरमाह—

रि-धयोरेव वा स्यातां तौ—

तौ निषादगान्धारौ ऋषभधैवतयोरेव विवादिनाविति । तृतीयपक्षमाह—

—तयोर्वा रि-धावपि ।

तयोर्निषादगान्धारयोः ऋषभधैवतौ विवादिनाविति । मतङ्गेन तु द्विश्रुत्यन्तरितत्वेन विवादित्वमुक्तम् । यदाह "द्विश्रुत्यन्तरौ स्वरौ विवादिनौ" इति । ननु किमिदं विवादित्वम् ? ब्रूमः । वाद्यादिभिः स्वरै र्यद्रागस्य वादित्वं सम्वादित्वमनुवादित्वञ्च प्राप्तं तद्विनाशकत्वं नाम विवादित्वम् । ततश्च ऋषभस्थाने यदा

गान्धारः प्रयुज्यते गान्धारस्थाने वा ऋषभः तदा जातिरागहानिर्भवति। अनुवादिलक्षणं कथयति—

शेषाणामनुवादित्वं—

येषां परस्परविवादित्वं सम्वादित्वञ्च नास्ति तेषामनुवादित्वम्। मतङ्गेन तु एकश्रुत्यन्तरहीनत्वेन अनुवादित्वमुक्तम्। ननु अनुवादी स्वरः किमनुवदति? वद्यादिना रागस्य रागत्वं समुदितं तत्प्रतिपादकत्वं नाम अनुवादित्वम्। ततश्च षड्ज स्थाने ऋषभः प्रयुज्यमानः ऋषभ स्थाने षड्जः प्रयुज्यमानः जातिराग-विनाशकरो न भवति। पञ्चमस्थाने धैवतः प्रयुज्यमानः धैवतस्थाने पञ्चमः प्रयुज्यमानो जातिरागान् नाशयति। षड्जस्थाने धैवतोऽपि प्रयुज्यमान स्तथा पञ्चमस्थाने ऋषभः प्रयुज्यमानः ऋषभस्थाने पञ्चमः प्रयुज्यमानो जातिरागान्नाशयति। मध्यमस्थाने ऋषभः ऋषभस्थाने च मध्यमः तथा धैवतस्थाने मध्यमः मध्यमस्थाने धैवतः प्रयुज्यमानो जातिरागनाशक इति। ऋषभगान्धारयोश्च एक-श्रुत्यन्तरहीनत्वे अनुवादित्वे प्राप्ते द्व्यन्तरत्वाद्विवादित्वम्। एवं षड्जग्रामे वादि-संवाद्यनुवादिविचारः। एवं मध्यमग्रामेऽपि पञ्चमस्य तृतीयश्रुत्यवस्थितत्वात् काचिद्विकृतोऽयमेव विचारोबोद्धव्यः। तत्र षड्जस्य सम्वादी मध्यमः ऋषभस्य धैवतपञ्चमौ। गान्धारस्य निषादः। मध्यमस्य षड्जः। पञ्चमस्य ऋषभः। धैवतस्य ऋषभः। निषादस्य गान्धार इति। विवादित्वं ग्रामद्वयेऽपि समानमेव। षड्जस्य पञ्चम धैवत ऋषभा अनुवादिनः। ऋषभस्य षड्जमध्यमौ। गान्धारनिषादयोः सर्व्वविवादित्वात् अनुवादित्वं नास्ति। मध्यमस्य षड्ज ऋषभ धैवताः। पञ्चमस्य मध्यमधैवतौ। धैवतस्य मध्यमपञ्चमौ इति ज्ञातव्यम्। एतेषां वाद्यादीनां प्रधानगुणभावमाह—

—वादी राजात्र गीयते ॥ ४७ ॥

सम्वादी त्वनुसारित्वादस्यामात्योऽभिधीयते।
विवादी विपरीतत्वाद्धीरैरुक्तोरिपूपमः।
नृपामात्यानुसारित्वादनुवादी तु भृत्यवत् ॥ ४८ ॥

राजा यथा मुख्यस्तथावादी अन्येषां तदनुसारित्वात्। संवादी तु अस्य वादिनः प्रधानपुरुषतुल्यः। कुतः अनुसारित्वात् सहृदत्तेः। स एव अमा सह

ऽसतीत्यमात्यशब्देनाभिधीयते । विवादी तु रिपुतुल्यः विपरीतत्वात् अननुसारित्वादित्यर्थः । अनुवादी सेवकवत् । अपोवादी अमात्यः संवादी तदनुसारित्वात् । ततोऽयमुभयानुसारी भवति । इदानीमन्वयं कथयति—

गीर्वाणकुलसम्भूताः षड्ज-गान्धार-मध्यमाः ।
पञ्चमः पितृवंशोत्थो-रि-धावृषिकुलोद्भवौ ॥ ४९ ॥
निषादोऽसुरवंशोत्थो—

षड्ज-गान्धार-मध्यमास्त्रयो देववंशे समुत्पन्नाः, पञ्चमः पितृवंशे, ऋषभ-धैवतौ ऋषिवंशे, निषादोऽसुरवंशे । इदानीं ब्राह्मणत्वादिवर्णविशेषं कथयति—

—ब्राह्मणाः स-म-पञ्चमाः ।
रि-धौ तु क्षत्रियौ ज्ञेयौ वैश्यजाती नि-गौ मतौ ।
शूद्रावन्तरकाकल्यौ—

षड्ज-मध्यम-पञ्चमाः ब्राह्मणाः, ऋषभ-धैवतौ क्षत्रियौ, निषाद-गान्धारौ वैश्यौ । अन्तर-काकल्यौ शूद्रौ । तयोस्तु लक्षणं मूर्च्छनाप्रकरणे वक्ष्यति । अधुना तु सितादिवर्णविशेषं कथयति—

—स्वरवर्णास्त्विमे क्रमात् ॥ ५० ॥
पद्माभः पिञ्जरः स्वर्णवर्णः कुन्दप्रभोऽसितः ।
पीतः कर्बूर इत्ये—

पद्माभः रक्तवर्णः षड्जः, ऋषभस्तु पिञ्जरः ईषत् पीतवर्णः । गान्धारः स्वर्णवर्णः अतिपीतवर्णः । मध्यमः कुन्दवर्णः शुभ्रः । पञ्चमः असितः कृष्णवर्णः । धैवतः पीतः । निषादः कर्बूरो विचित्रवर्णः । इदानीममूनां स्वराणां जन्मभूमिं प्रतिज्ञाय कथयति—

—षां जन्मभूमिमथ ब्रुवे ॥ ५१ ॥
जम्बु-शाक-कुश-क्रौञ्च-शाल्मली-श्वेतनामसु ।
द्वीपेषु पुष्करे चैते जाताः षड्जादयः क्रमात् ॥ ५२ ॥

जम्बुद्वीपे षड्जस्योत्पत्तिः । शाकद्वीपे ऋषभस्य । कुशद्वीपे गान्धारस्य । क्रौञ्चद्वीपे मध्यमस्य । शाल्मलीद्वीपे पञ्चमस्य । श्वेतद्वीपे धैवतस्य । पुष्करद्वीपे

निषादस्य। नन्विदं द्वीपोत्पत्तिकथनं कुत्रोपयुज्यते ? स्वराणां सप्तत्वनिश्चये इति ब्रूमः। तथाचोक्तं मतङ्गेन "ननु कथं सप्तस्वराः इति नियमः? उच्यते। यथा सप्तधात्वाश्रितत्वेन सप्तैव धातवो रसादयो ज्ञेयाः, तथा चाह सुश्रुतः "रसासृङ्मांसमेदोऽस्थिमज्ज शुक्राणि धातवः" इति, तथा सप्तचक्राश्रितत्वेन सप्तद्वीपाश्रितत्वेन सप्तैव स्वरा इति। ननु काकल्यन्तरयोरपि स्वरान्तरयोः सद्भावात् कथं सप्तैव स्वरा इति नियमः सिद्ध्यति? नवस्वरा इति वक्तव्यम्। नैवम्। अनाश्रयत्वात् तयोः स्वरान्तरत्वं नास्ति विकृतनिषादस्यैव काकलीत्वं विकृतगान्धारस्यैव अन्तरत्वम्। तथाचोक्तं दन्तिलेन—"निषादः काकलीसंज्ञो द्विश्रुत्युत्कर्षणाद्भवेत्। गान्धार स्तद्वदेव स्यादन्तरस्वरसंज्ञकः। अनाश्रयत्वाद् भेदेन स्वरता नोच्यते तयोः। अतोनिषादगान्धारावेतावाप्तैरुदाहृतौ" इति। अधुना स्वराणां दृष्टृन्ऋषीन् कथयति—

वह्निर्वेधाःशशाङ्कश्च लक्ष्मीकान्तश्च नारदः।
ऋषयोदृदृशुः पञ्च षड्जादींस्तुम्बुरुर्धनी ॥ ५३ ॥

षड्जस्य ऋषिर्वह्निः। ऋषभस्य ब्रह्मा। गान्धारस्य चन्द्रः। मध्यमस्य विष्णुः। पञ्चमस्य नारदः। धैवत-निषादयोस्तुम्बुरुः। देवताः कथयति—

वह्निर्ब्रह्मसरस्वत्यः शर्वश्रीशगणेश्वराः।
सहस्रांशुरिति प्रोक्ताः क्रमात् षड्जादिदेवताः ॥ ५४ ॥

छन्दांसि कथयति—

क्रमादनुष्टुप् गायत्री त्रिष्टुप् च बृहती ततः।
पंक्तिरुष्णिक् च जगतीत्याहुश्छन्दांसि सादिषु ॥ ५५ ॥

ननु स्वराणां पद्माभ इत्यादिवर्णनिरूपणमृषिदेवच्छन्दोनिरूपणञ्च कुत्रोपयुज्यते? स्वरोपासनायाम्। इत्येवं हि यदा स्वरादिबीजैः षड्जादयः स्वरा उपास्यन्ते तदा देवताः छन्दांसि च स्मर्त्तव्यानि वर्णाश्च ध्येयाः। अतएव स्वराणां बीजानीत्युक्तानि मतङ्गेन यथा—"वर्गाष्टकन्तु संप्राप्य अकारादिक्षान्तकम्। वर्णमाला समायुक्तमुद्धरेत् स्वरसप्तकम्॥ अष्टमस्य द्वितीयन्तु हरिबीजसमन्वितम्। षड्जाख्यं स्वरन्तस्तु उद्धरेत्तु प्रयत्नतः॥ सप्तमस्य द्वितीयन्तु कामबीजेन संयुतम्। (ऋषभ) द्वितीयन्तं परमं स्वरमुत्तमम्॥ द्वितीयस्य तृतीयन्तु हरिबीज-

समन्वितम् ।) उद्धरेत्तु स्वरं नित्यं सौरभेयं मनोहरम् ॥ षष्ठस्यापि हि वर्गस्य अन्तिमं चादिसंयुतम् । अतिनष्टं विजानीयान्मध्यमस्वरमुत्तमम् ॥ तदादिप्रथमोपेतं सरसं विद्धि शोभनम् । व्योमसंख्यासमायुक्तमोष्ठस्थानसमुद्भवम् ॥ पञ्चमस्य च वर्गस्य चतुर्थश्चापि भूषितम् । कोदण्डहयसम्भूतमुद्धरेत् स्वरमुत्तमम् ॥ इकारान्तञ्च संभिन्नं पञ्चमान्तं समुद्धरेत् । मध्यस्थानसमुद्भूतं स्वरान्तं ध्वनिसंयुतम् । आगमस्थः स्वरोद्धार एवं तावत् प्रदर्श्यते ॥" इति । स्वराणां रसव्यञ्जक नियममाह—

स-री वीरेऽद्भुते रौद्रे धो-वीभत्से भयानके ।
कार्यौ ग-नी तु करुणे हास्यशृङ्गारयोर्म-पौ ॥ ५६ ॥

इति संगीतरत्नाकरे नाद-स्थान-श्रुति-स्वर-प्रकरणम् ।

षड्जर्षभौ वीराद्भुतरौद्रेषु । धैवतो वीभत्सभयानकयोः । गान्धार-निषादौ करुणे । मध्यम-पञ्चमौ हास्यशृङ्गारयोः ।

इति श्रीसिंहभूपालविरचितायां सङ्गीतरत्नाकरटीकायां सङ्गीतसुधाकराख्यायां नाद-स्थान-श्रुति-स्वर-प्रकरणम् ।

ग्राम-मूर्च्छना-क्रम-तान-प्रकरणम्।

ग्रामः स्वरसमूहः स्यात् मूर्च्छनादेः समाश्रयः।

स्वराणां समूहो ग्रामशब्देनोच्यते। ननु कथं स्वरसमूहस्य ग्रामशब्द-वाच्यत्वम्? उच्यते। यतोमूर्च्छनादेः समाश्रयभूतः, अतः स्वरसमूहो ग्रामः। लोकाश्रयभूतो हि ग्राम इत्युच्यते, तदुक्तं मतङ्गेन—"यथा कुटुम्बिनः सर्व्वे एकीभूता वसन्ति हि।" "सर्व्वलोकेषु स ग्रामो यत्र नित्यं व्यवस्थितिः" इति। अथवा स्वरसमूहस्य ग्रामत्वे अव्यवस्थयोच्चारितस्यापि स्वरसमूहस्य ग्रामत्वं स्यादिति तन्निवृत्त्यर्थमुक्तं मूर्च्छनादेः समाश्रय इति। यस्तु मूर्च्छना-तानादीनां आश्रयः स्वरसमूहः स एव ग्रामशब्देनोच्यते। व्यवस्थोच्चारितस्वरोग्राम इत्यर्थः। तथाचोक्तं संगीतसमयसारकारेण—"स्वराणां मूर्च्छना-तान-जाति-जात्यंशकात्मनाम्। व्यवस्थितश्रुतीनां हि समूहो ग्राम इष्यते।" इति। तस्य भेदानाह—

तौ द्वौ—

ननु त्रयोग्रामा इति प्रसिद्धिः कथं द्वावित्युच्यते? अत आह—

—धरातले तत्र स्यात् षड्जग्राम आदिमः॥ १॥

द्वितीयोमध्यमग्रामः—

तत्र तयोर्मध्ये षड्जग्राम आदिमो मुख्यः। द्वितीयो मध्यमग्रामः। अत एव मतङ्गेनोक्तं "उभयोर्ग्रामयोर्मध्ये मुख्यत्वं कस्य गण्यते? षड्जस्यैव हि मुख्यत्वं गण्यते वचनान्मुनेः" इति। तयोर्लक्षणं प्रतिज्ञाय कथयति—

—तयोर्लक्षणमुच्यते।

षड्जग्रामः पञ्चमे स्वचतुर्थश्रुतिसंस्थिते॥ २॥

पञ्चमे स्वरे स्वकीया या चतुर्थी श्रुतिः यस्मिन्ग्रामे स्थापितः तत्स्थे अविकृते षड्जग्रामः। यद्यपि षड्जग्रामे अन्येषामपि षड्जादीनां स्वराणां विकृतत्व

श्रुतिस्वरग्राम-चक्रम् ।

श्रुति-संख्या	श्रुतिनामानि	श्रुतिजातयः	षड्जग्रामस्वराः	मध्यमग्रामस्वराः	गान्धारग्रामस्वराः
१	तीव्रा	दीप्ता	•	•	नि
२	कुमुद्वती	आयता	•	•	•
३	मन्दा	मृदुः	•	•	•
४	छन्दोवती	मध्या	स	स	स
५	दयावती	करुणा	•	•	•
६	रञ्जनी	मध्या	•	•	रि
७	रतिका	मृदुः	रि	रि	•
८	रौद्री	दीप्ता	•	•	•
९	क्रोधा	आयता	ग	ग	•
१०	वज्रिका	दीप्ता	•	•	ग
११	प्रसारिणी	आयता	•	•	•
१२	प्रीतिः	मृदुः	•	•	•
१३	मार्जनी	मध्या	म	म	म
१४	क्षितिः	मृदुः	•	•	•
१५	रक्ता	मध्या	•	•	•
१६	सन्दीपनी	आयता	•	प	प
१७	आलापिनी	करुणा	प	•	•
१८	मदन्ती	करुणा	•	•	•
१९	रोहिणी	आयता	•	•	ध
२०	रम्या	मध्या	ध	ध	•
२१	उग्रा	दीप्ता	•	•	•
२२	क्षोभिनी	मध्या	नि	नि	•

तथापि पञ्चमस्यैव अविकृतत्वकथनं मध्यमग्रामे पञ्चमस्य विकृतत्वात् तद्वैलक्षण्य-प्रतिपादनार्थम्। मध्यमग्रामलक्षणं कथयति—

स्वोपान्त्यश्रुतिसंस्थेऽस्मिन् मध्यमग्राम इष्यते।

स्वस्य उपान्त्या या अन्त्यायाः श्रुतेः समीपे वर्त्तमाना या तृतीया श्रुतिः तत्र संस्थिते पञ्चमे मध्यमग्रामो भवति। यद्यपि धैवतस्य प्रथमा श्रुतिः पञ्चमस्य अन्त्यश्रुतेः समीपवर्त्तिनी भवति तथापि सा स्वकीया न भवतीति तन्निवृत्त्यर्थं स्वेत्युक्तम्। इदमेव लक्षणं प्रकारान्तरेण कथयति—

यद्वा धस्त्रिश्रुतिः षड्जे मध्यमे तु चतुःश्रुतिः॥ ३॥

धः धैवतः षड्जग्रामे त्रिश्रुतिः। मध्यमग्रामे तु पञ्चमस्य अन्तिमां श्रुतिं लब्ध्वा चतुःश्रुतिरित्यर्थः। पूर्वत्र पञ्चमस्वरप्राधान्येन उभयोर्लक्षणमुक्तं इदन्तु धैवतप्राधान्येन। धैवतप्राधान्यनिरूपणात् यत् पूर्वोक्तलक्षणमस्मन्मतमिव भवति तत् परमते न तु स्वमते। अतएव पञ्चमरहितानां कूटतानानां भेदक पञ्चमाभावादेव पौनरुक्त्यम्, वक्ष्यति हि "न धैवताभावेन पौनरुक्त्यम्" इति। गान्धारस्य चितितलेऽनुपयोगेऽपि शास्त्रस्य सर्व्वविषयत्त्वात् तल्लक्षणं कथयति—

रि-मयोःश्रुतिमेकैकां गन्धारश्चेत् समाश्रितः।
प-श्रुतिं धो निषादस्तु ध-श्रुतिं स-श्रुतिं श्रितः॥ ४॥
गान्धारग्राममाचष्ट तदा तं नारदोमुनिः।
प्रवर्त्तते स्वर्गलोके ग्रामोऽसौ न महीतले॥ ५॥

गान्धारः ऋषभस्य अन्तिमां श्रुतिं मध्यमस्य चादिमां श्रुतिमाश्रितः सन् चतुःश्रुतिर्भवति। धैवतस्तु पञ्चमस्य श्रुतिं आश्रयति निषादश्च धैवतस्य अन्तिमां श्रुतिं षड्जस्य चादिमां श्रुतिमाश्रयति चेत् तदा गान्धारग्रामो भवति। नारदकथनं प्रामाण्यार्थं न तु स्वमतस्यान्यथात्वप्रकटनार्थम्। ननु कथं षड्ज-मध्यम-गान्धाराणामेव ग्रामत्वव्यपदेशो नान्येषां स्वराणाम्? इत्यत आह—

षड्जः प्रधानमाद्यत्वादमात्याधिक्यतस्तथा।

ग्रामे स्याद्—

षड्जः सर्व्वेषां स्वराणामाद्यः तस्मात् प्रधानं मुख्यः। अन्यदपि प्राधान्ये

कारणमस्ति तदाह अमात्याधिक्यत इति। अमात्याः सम्वादिनः तेषामाधिक्यं अन्यस्वरापेक्षया। अन्येषां स्वराणामेकैक एव स्वरः संवादी षड्जस्य तु मध्यम पञ्चमौ द्वौ संवादिनौ। मध्यमोऽपि ग्रामे पुरःसरः आद्यः अतः सोऽपि ग्राम-व्यपदेशभाग्भवतीति यावत्। कारणमाह—

--अविलोपित्वात् मध्यमस्तु पुरःसरः ॥ ६ ॥

एतत्कुलप्रसूतत्वाद्गान्धारोऽप्यग्रणीर्दिवि।

षाड़वत्वे औड़वत्वे च मध्यमलोपो नास्ति। तस्मात् सोऽपि प्रधानम्। एतयोः षड्जमध्यमयोः कुले देवकुले उत्पन्नत्वात् गान्धारोऽपि स्वराणां स्वर्गलोके अग्रणीः आद्यग्रामव्यपदेशभाक्। अतएव मतङ्गेन "ननु कथं षड्ज-मध्यम-स्वराभ्यां ग्रामव्यपदेशः? उच्यते। साधारणत्वेन ताभ्यां ग्रामव्यपदेशे असाधारणत्वम्, देवकुलोत्पन्नत्वञ्च।" देवकुलोत्पन्नेनेति मध्यमस्य अविलोपित्व मुक्तं दन्तिलेन "पञ्चमं मध्यमग्रामे षड्जग्रामे तु धैवतम्। अलोपिनं विजानीयात् सर्व्वत्रैव तु मध्यमम्" इति। ग्रामत्रयाधिष्ठातॄन् देवान् कथयति—

क्रमाद्ग्रामत्रये देवा ब्रह्मविष्णुमहेश्वराः ॥ ७ ॥

गाने ऋतुनियमं कथयति—

हेमन्तग्रीष्मवर्षासु गातव्यास्तु यथाक्रमम्।

ऋतुविशेषेष्वपि पूर्व्वाह्णादिकालविशेषं गाने नियमयति—

पूर्व्वाह्णकाले मध्याह्नेऽपराह्णेऽभ्युदयार्थिभिः ॥ ८ ॥

अभ्युदयार्थिभिरित्यनेन फलस्य कथितत्वात् फलनियमे न दोषः। ग्राम-निरूपणप्रयोजनमुक्तं मतङ्गेन "स्वर-श्रुति-मूर्च्छना-तान-जाति-रागाणां व्यवस्थापकत्वं नाम प्रयोजनम्" इति॥ इति ग्रामलक्षणम्॥

इदानीं मूर्च्छना निरूपयति—

क्रमात् स्वराणां सप्तानामारोहश्चावरोहणम्।

मूर्च्छनेत्युच्यते—

सप्तानां स्वराणामारोहश्च अवरोहणञ्च मूर्च्छनेत्युच्यते। आरोहाव-रोहणशब्देन तद्युक्ताः स्वरा उच्यन्ते। ततश्च आरूढ़ा अवरूढ़ाश्च क्रमतः सप्तस्वरा मूर्च्छनाशब्दवाच्याः भवन्ति। मूर्च्छनाशब्दव्युत्पत्तिः कथिता मतङ्गेन—

"मूर्च्छनाशब्दोनिष्पन्नो मूर्च्छा मोहसमुच्छ्रये। मूर्च्छते येन रागो हि मूर्च्छनेत्यभिसंज्ञिता।" इति। स्वराणामेव मूर्च्छनात्वं नत्वारोहावरोहरूपायाः क्रियाया इत्यप्युक्तं तेनैव यथा—"आरोहणावरोहेण क्रमेण स्वरसप्तकम्। मूर्च्छनाशब्दवाच्यं हि विज्ञेयं तद्विचक्षणैः" इति। सप्तानां स्वराणामित्युपलक्षणम्, द्वादशस्वराणामपि मूर्च्छनात्वं मतङ्गेन प्रतिपादितम्। तासां भेदान् कथयति—

—ग्रामद्वये ताः सप्त सप्त च ॥ ९ ॥

षड्जग्रामे सप्त मूर्च्छनाः। मध्यमग्रामे च सप्त मूर्च्छना भवन्ति। तासां नामानि कथयति—

षड्जे तूत्तरमन्द्रादौ रजनी चोत्तरायता।
शुद्धषड्जा मत्सरीकृताश्वक्रान्ताभिरुद्गता ॥ १० ॥
मध्यमे स्यात्तु सौवीरी हारिणाश्वा ततः परम्।
स्यात् कलोपनता शुद्धमध्या मार्गी च पौरवी ॥ ११ ॥
हृष्यकेत्य—

षड्जग्रामे प्रथमा मूर्च्छना उत्तरमन्द्रा, द्वितीया रजनी, तृतीया उत्तरायता, चतुर्थी शुद्धषड्जा, पञ्चमी मत्सरीकृता, षष्ठी अश्वक्रान्ता, सप्तमी अभिरुद्गता। मध्यमग्रामे प्रथमा सौवीरी, द्वितीया हारिणाश्वा, तृतीया कलोपनता, चतुर्थी शुद्धमध्या, पञ्चमी मार्गी, षष्ठी पौरवी, सप्तमी हृष्यकेति। श्रोतृवधानार्थं वैषम्यं द्योतनाय च एतासां लक्षणं प्रतिज्ञाय कथयति—

—ऽथ तासान्तु लक्षणं प्रतिपाद्यते।
मध्यस्थानस्थषड्जेन मूर्च्छनारभ्यतेऽग्रिमा।
अधस्तनैर्निषादाद्यैः षडन्या मूर्च्छनाः क्रमात् ॥ १२ ॥

मध्यम-स्थान-स्थितेन षड्जेन अग्रिमा षड्जग्रामे प्रथमा मूर्च्छना उत्तरमन्द्रा आरभ्यते। षड्जमारभ्य सप्तमस्वरपर्य्यन्तं आरोहः। निषादमारभ्य षड्जपर्य्यन्तश्चावरोहः कार्य्यः। अन्यास्तु षट् रजन्यादयो मूर्च्छना तस्मान्मध्यस्थाने स्थितात् षड्जादधः अपकृष्टस्थाने स्थिता ये मन्द्रनिषादधैवतादयः मन्द्रर्षभपर्य्यन्ताः षट् तानारभ्य कर्त्तव्याः। मध्यमग्राममूर्च्छना लक्षयति—

मध्यमधाममारभ्य सौवीरी मूर्च्छना भवेत्।
षड्न्यास्तदधोधःस्थस्वरानारभ्य तु क्रमात्॥ १३॥

मध्यमस्थानस्थितं मध्यममारभ्य सौवीरी मूर्च्छना भवेत्। अन्यास्तु षट् हारिणाश्वादयः तस्य मध्यमस्थानस्थमध्यमस्य अधोधः अपकृष्टस्थाने स्थिता स्वरा ये गान्धारर्षभादयः मन्द्रपञ्चमपर्य्यन्तास्तानारभ्य कर्त्तव्याः। ततश्च एवं मूर्च्छनास्वरूपा भवन्ति। लिपौ बिन्दुशिरा मन्द्रो ज्ञातव्यः। ऊर्द्ध्वरेखाशिरास्तु तारः। "मन्द्रो बिन्दुशिरा भवेत्। ऊर्द्ध्वरेखाशिरास्तारो लिपौ"—इति वक्ष्यमाणत्वात्। तत्र तु आरोहक्रम एव लिख्यते। अवरोहक्रमस्तु अन्तिमस्वरात् ज्ञातव्यः। स रि ग म प ध नि—उत्तरमन्द्रा॥ १॥ निं स रि ग म प ध—रजनी॥ २॥ धं निं स रि ग म प—उत्तरायता॥ ३॥ पं धं निं स रि ग म—शुद्धषड्जा॥ ४॥ मं पं धं निं स रि ग—मत्सरीकृता॥ ५॥ गं मं पं धं निं स रि—अश्वक्रान्ता॥ ६॥ रिं गं मं पं धं निं स—अभिरुद्गता॥ ७॥ म प ध नि सं रिं गं—सौवीरी॥ १॥ ग म प ध नि स रि—हारिणाश्वा॥ २॥ रि ग म प ध नि सं—कलोपनता॥ ३॥ स रि ग म प ध नि—शुद्धमध्या॥ ४॥ उत्तरमन्द्रायान्तु पञ्चमः चतुःश्रुतिः, अस्यान्तु त्रिश्रुतिरित्यनयोर्भेदः। नि स रि ग म प ध—मार्गी॥ ५॥ अस्या रजन्याश्च पूर्व्ववत् पञ्चमेन भेदः। धं निं स रि ग म प—पौरवी॥ ६॥ अस्या उत्तरायताया पूर्व्ववत् पञ्चमेन भेदः। पं धं निं स रि ग म—हृष्यका॥ ७॥ अस्याः शुद्धषड्जायाश्चापि पूर्व्ववत् पञ्चमेन भेदः। मतान्तरेण एतासां लक्षणमाह—

षड्जस्थानस्थितैर्न्यादैरजन्याद्याः परे विदुः।
हारिणाश्वादिकागाद्यैर्मध्यमस्थानसंस्थितैः॥ १४॥

षड्जस्थाने निषादाद्यैः स्वरैः षड्जस्थानस्थितैः रजन्याद्या भवन्ति। षड्जस्थाने निषादे स्थाप्यमाने रजनी। धैवते स्थाप्यमाने उत्तरायता। पञ्चमे स्थाप्यमाने शुद्धषड्जा। मध्यमे मत्सरीकृता। गान्धारे अश्वक्रान्ता। ऋषभे अभिरुद्गता एवं मध्यमस्य स्थाने स्थाप्यमानैर्गान्धाराद्यैः हारिणाश्वादयोभवन्ति। मध्यमस्थाने गान्धारे स्थाप्यमाने हारिणाश्वा। ऋषभे स्थाप्यमाने कलोपनता। षड्जे स्थाप्यमाने शुद्धमध्या। निषादे मार्गी। धैवते पौरवी। पञ्चमे हृष्यकेति।

ननु षड्जस्थाने मध्यमस्थाने च यदि निषादादयो गान्धारादयश्च स्थापितास्तदा षड्जमध्यमयोः कुत्रावस्थानम् ? तदाह—

षड्जादीन् मध्यमादींश्च तदूर्ध्वं सारयेत् क्रमात् ॥ १५ ॥

षड्जर्षभगान्धारादीन् मध्यमपञ्चमधैवतादींश्च ऊर्ध्वं सारयेत्। उत्कृष्टेषु स्वरेषु स्थापयेत्। यदा निषादः षड्जस्थाने स्थापितस्तदा षड्जः ऋषभस्थाने ऋषभो गान्धारस्थाने इत्यादि। यदा धैवतः षड्जस्थाने तदा निषादः ऋषभस्थाने षड्जो गान्धारस्थाने इत्यादि स्वरमौर्च्छम्। ननु कथमन्यस्य स्वरस्य अन्यस्वरस्थानेऽवस्थानक्रमः? नायं मुख्ये व्यवहारः किन्त्वौपचारिकोऽयं व्यवहारः। अथवा दन्तिलादिभिरङ्गीकृतत्वादेवमुच्यते। दन्तिलो हि स्वेच्छया यस्यां कस्यामपि श्रुतौ षड्जं स्थापयेत् तदपेक्षया च श्रुतिनियमेन अन्यान् स्थापयेदित्युक्तवान्। यदाह—"षड्जत्वेन गृहीतो यः षड्जग्रामध्वनिर्भवेत्। ततस्तूर्ध्वं तृतीयः स्यात् ऋषभो नात्र संशयः॥ ततो द्वितीयो गान्धारश्चतुर्थो मध्यम स्ततः। मध्यमात् पञ्चमस्तद्वत् तृतीयो धैवतस्ततः॥ निषादोऽतो द्वितीयस्तु ततः षड्जश्चतुर्थकः।" इति, विवृतश्चैतत् प्रयोगस्तबकाख्यायां दन्तिलटीकायाम्—"षड्जत्वेन षड्जस्वरभावेन गृहीतः परिकल्पितः बुद्ध्या व्यवस्थापितो यः कश्चिद्ध्वनिविशेषः स षड्जाख्यग्रामे भवेत्तस्माद्ध्वनिविशेषादूर्ध्वं तृतीयः स्यादृषभः" इति। अनेनैवाभिप्रायेण दन्तिलः षड्जग्रामभूर्च्छनानां मध्यमग्रामभूर्च्छनानां किञ्चिद्विकारेणैक्यमुक्तवान्। यदाह—"गान्धारं धैवतीकुर्याद्द्विश्रुत्युत्कर्षणाद्यदि। तद्वशान्मध्यमादींश्च निषादादीन् यथास्थितान्। ततोऽभूद्यावतिथ्येषा षड्जग्रामस्य मूर्च्छना। जायते तावतिथ्येव मध्यमग्राममूर्च्छना॥ श्रुतिद्वयापकर्षेण गान्धारीकृतधैवतम्। पूर्ववन्मध्यमाद्यांश्च भावयेत् षड्जमूर्च्छना" इति। स्वेच्छया षड्जावस्थापनमङ्गीकृत्यैव दन्तिलदक्षप्रजापत्यादयः अवधानं गान्धर्वाङ्गत्वेनाङ्गीचक्रुः। यदाह दन्तिलः—"पदस्थस्वरसङ्घातस्तालेन सुमितस्तथा। प्रयुक्तश्चावधानेन गान्धर्वमभिधीयते।" इति। दक्षप्रजापतिरपि—"अवधानानि गान्धर्वं पश्चात् स्वरपदादयः। अवधानातिरेकेण त्रिविधं नोपपद्यते" इत्याह। अवधानानि नाम अन्येषां स्वराणामुच्चारणमिति यावत्। यद्यपि स्वराः स्वेच्छया नावस्थाप्यन्ते तदा अवधानं नोपयुज्यते। शार्ङ्गदेवेनापि चलवीणायां सारणानिरूपणेनाऽयं पक्षः किञ्चित् स्वीकृत एव "स्वोपान्त्यतन्त्रीमानेयास्तस्यां सप्तस्वराः

बुधैः" इत्युक्तत्वात्। लोके च वैणिकाः स्वेच्छया स्वरानवस्थापयन्तो दृश्यन्ते इत्यासां विस्तरः। मतङ्गेन तु द्वादशस्वरमूर्च्छना उक्ताः। "इदानीं सम्प्रवक्ष्यामि द्वादशस्वरमूर्च्छनाः।" इति। अत्र मूर्च्छनानिर्देशः स्थानत्रितयप्राप्तये इति वचनात् द्वादशस्वरसम्पन्ना मूर्च्छना द्रष्टव्याः। नन्दिकेश्वरेणाप्युक्तम्—"द्वादशस्वरसम्पन्ना ज्ञातव्या मूर्च्छना बुधैः। परिभाषादिसिद्ध्यर्थं तारमन्द्रादिसिद्धये" इति॥ तासैवम्—ध नि स रि ग म प ध नि स रि ग—उत्तरमन्द्रा॥१॥ नि स रि ग म प ध नि स रि ग म—रजनी॥२॥ स रि ग म प ध नि स रि ग म प—उत्तरायता॥३॥ रि ग म प ध नि स रि ग म प ध—शुद्धषड्जा॥४॥ ग म प ध नि स रि ग म प ध नि—मत्सरीकृता॥५॥ म प ध नि स रि ग म प ध नि स—अश्वक्रान्ता॥६॥ प ध नि स रि ग म प ध नि स रि—अभिरुद्गता॥७॥ नि स रि ग म प ध नि स रि ग म—सौवीरी॥१॥ स रि ग म प ध नि स रि ग म प—हारिणाश्वा॥२॥ रि ग म प ध नि स रि ग म प ध—कलोपनता॥३॥ ग म प ध नि स रि ग म प ध नि—शुद्धमध्या॥४॥ म प ध नि स रि ग म प ध नि स—मार्गी॥५॥ प ध नि स रि ग म प ध नि स रि—पौरवी॥६॥ ध नि स रि ग म प ध नि स रि ग—हृष्यका इति॥७॥ चतुर्दशानामपि मूर्च्छनानां चातुर्विध्यं प्रतिपादयति—

चतुर्द्धा ताः पृथक् शुद्धाः काकलीकलितास्तथा।
सान्तरास्तद्द्वयोपेताः षट्पञ्चाशदितीरिताः॥ १६॥

ताश्चतुर्दश मूर्च्छनाः पृथक् प्रत्येकं चतुर्विधाः। शुद्धाः, काकलीसहिताः, सान्तराः, काकल्यन्तरोपेताश्चेति। एवं षट्पञ्चाशद्भवन्ति। काकलीसहिताः सान्तरा इत्युक्तं, तत्र कोऽयं काकली अन्तरो वा इत्यपेक्षायामाह—

श्रुतिद्वयश्चेत् षड्जस्य निषादः संश्रयेत्तदा।
स काकली मध्यमस्य गान्धारस्त्वन्तरः स्वरः॥ १७॥

निषादः षड्जस्य यदि श्रुतिद्वयं संश्रयेत् षड्जस्य द्वितीयश्रुतौ तिष्ठन् चतुःश्रुतिर्भवति तदा काकलीत्युच्यते। गान्धारश्च मध्यमस्य श्रुतिद्वयं गृह्णन् चतुःश्रुतिः सन् अन्तर इत्युच्यते। निषादगान्धारावेव काकल्यन्तरस्वरौ न स्वरान्तराविव्युक्तं प्राक्। मूर्च्छनासङ्ख्यापरिज्ञानार्थं सुगमसुपायमाह—

यस्यां यावतिथौ षड्ज-मध्यमौ ग्रामयोः क्रमात् ।
मूर्च्छना तावतिथ्येव सा निःशङ्केन कीर्त्तिता ॥ १८ ॥

उभयोर्ग्रामयोर्मध्ये षड्ज-मध्यमौ स्वरौ यावतिथौ यावत्संख्यापूरणौ तावतिथी तावत्संख्यापूरणी मूर्च्छना इति। निःशङ्केनेति विरुदविराजितेन शार्ङ्गदेवेन कथितेत्यर्थः। षड्जग्राममूर्च्छनासु यदि षड्जः प्रथमस्तदा प्रथमा मूर्च्छना। यदि षड्जो द्वितीयस्तदा द्वितीया। यदि तृतीयस्तृतीया। यदि चतुर्थश्चतुर्थी। यदि पञ्चमः पञ्चमी। यदि षष्ठः षष्ठी। यदि सप्तमः सप्तमीति। एवं मध्यमग्राममूर्च्छनासु यदि मध्यमः प्रथमस्तदा प्रथमा मूर्च्छना। यदि द्वितीयः द्वितीया मूर्च्छना इत्यादिः। षट्पञ्चाशत्संख्यानां मूर्च्छनानां प्रत्येकं साप्तविध्यं दर्शयति—

प्रथमादिस्वरारम्भादेकैका सप्तधा भवेत् ।

एकैका मूर्च्छना सप्तधा भवति, प्रथम-द्वितीय-तृतीय-तुरीय-पञ्चम-षष्ठ-सप्तम स्वरारम्भात्। ननु द्वितीयादिस्वरारम्भे कथं सप्तस्वरत्वम् ? तदाह—

तासूच्चार्यान्त्यस्वरान्तान् पूर्वानुच्चारयेत्—

तासु मूर्च्छनासु अन्त्यस्वरपर्यन्तमुच्चार्य्य पूर्व्वान् स्वरानुच्चारयेत्। ननु तर्हि क्रमादारोहावरोहाभावात् मूर्च्छनात्वं व्याहन्यते ? इत्याशङ्क्याह—

—क्रमात् ।

ते क्रमास्तेषु संख्या स्याद्दानवत्या शतत्रयम् ॥ १९ ॥

यद्यपि आरोहावरोहयोः क्रमो नास्ति तथापि स्वरक्रमस्य सद्भावान्मूर्च्छनात्वम्। ते मूर्च्छना। भेदस्तु क्रम-शब्देनोच्यन्ते। तेषां सङ्ख्या द्वानवत्यधिकशतत्रयं ज्ञातव्यम्। मतङ्गदत्तिलौ तु मूर्च्छनानामन्यथा चातुर्विध्यमेवोपदिष्टवन्तौ। यदाह मतङ्गः "सप्तस्वरा मूर्च्छना चतुर्व्विधा पूर्णा षाड़वीता औड़वीता साधारणी च" इति। तत्र सप्तभिः स्वरैर्या गीयते सा पूर्णा। षड्भिः स्वरैर्या गीयते सा षाड़वीता। पञ्चभिः स्वरैर्या गीयते सा औड़वीता। काकल्यन्तरैः स्वरैर्या गीयते सा साधारणी। दत्तिलोऽप्याह "स्वरौ यावतिथौ स्यातां ग्रामयोः षड्ज मध्यमौ। मूर्च्छना तावतिथ्येव तद्ग्रामे षाड़वौड़वौ। सर्व्वास्ताः पञ्च षट् पूर्णा साधारणकृताः स्मृता." इति। मूर्च्छनानां षाडवत्वं वक्ष्यमाणषाड़वतान

प्रकारेणोक्तम्। औड़वत्वं वक्ष्यमाणौड़वतानप्रकारेणोक्तम्। * * * * * मूर्च्छना-तानयोश्च भेदः प्रतिपादितो मतङ्गेन। यदाह। "ननु मूर्च्छना-तानयोः कोभेदः? ब्रूमः। आरोहावरोहक्रम-युक्तः स्वरसमूहादयो मूर्च्छनेत्युच्यते, तानस्तु आरोहक्रमेण भवतीति भेदः" इति। मूर्च्छनानां देवताः कथयति—

यक्षरक्षोनारदाब्जभवनागाश्विपाशिनः।
षड्जग्रामे मूर्च्छनानामेताः सुरदैवताः क्रमात्॥ २०॥

यक्षाः, रक्षांसि, नारदः, अब्जभवो ब्रह्मा, नागाःसर्पाः, अश्विनौ दस्रौ, पाशी वरुणः। मध्यमग्राममूर्च्छनानां देवताः कथयति—

ब्रह्मेन्द्रवायुगन्धर्व्वाः सिद्धद्रुहिणभानवः।
स्युरिमा मध्यमग्राम-मूर्च्छनादेवताः क्रमात्॥ २१॥

देवताकथनन्तु तया तया मूर्च्छनया गीतया सा सा देवता प्रीयते। एतदर्थं ज्ञापयितुं नारदमतेन मूर्च्छनानां अन्यथानामानि कथयति—

तासामन्यानि नामानि नारदोमुनिरब्रवीत्।
मूर्च्छनोत्तरवर्णाद्या षड्जग्रामेऽभिरुद्गता॥ २२॥
अश्वक्रान्ता च सौवीरी ह्यष्यका चोत्तरायता।
रजनीति समाख्याता ऋषीणां सप्त मूर्च्छनाः॥ २३॥
आप्यायनी विश्वकृता चन्द्रा हेमा कपर्द्दिनी।
मैत्री चन्द्रावती पित्र्या मध्यमे मूर्च्छनास्त्विमाः॥ २४॥

ऋषीणां समाख्याता इति ऋषिभिः समाख्याता इत्यर्थः। नारदमतेन गान्धारग्राम-मूर्च्छना-नामानि कथयति—

नन्दा विशाला सुमुखी * चित्रा चित्रवती सुखा।
आलापी चेति गान्धारे ग्रामे स्युः सप्त मूर्च्छनाः॥ २५॥

ननु गान्धारग्राममूर्च्छनालक्षणं किमिति नोक्तम्? अत आह—

ताश्च स्वर्गे प्रयोक्तव्या विशेषात्तेन नोदिताः।

---

* "विचित्रा रेवती" इति पाठान्तरम्।

विशेषयति व्यावर्त्तयति सजातीयविजातीयेभ्य इति विशेषो लक्षणम्, ल्यप्‌लोपे पञ्चमी, लक्षणं कृत्वा नोक्ता इत्यर्थः । तानान्निरूपयति—

तानाः स्युर्मूर्च्छनाः शुद्धाः षाड़वौड़विताकृताः ॥ २६ ॥

शुद्धा मूर्च्छना तानाः स्युः । किं विधा मूर्च्छना ? विवक्षितैकस्वरापकर्षेण विवक्षितस्वरद्वयापकर्षेण च षट्स्वराः पञ्चस्वरा चेति कृताः । तमेव विवक्षितं स्वरापकर्षं कथयति—

षड्जगाः सप्त हीनाश्चेत् क्रमात् स-रि-प-सप्तमैः ।
तदाष्टाविंशतिस्ताना: मध्यमे स-रि-गोज्झिता ॥ २७ ॥
सप्तक्रमात् यदा तानाः स्युस्तदा त्वेकविंशतिः ।
एते चैकोनपञ्चाशदुभये षाड़वा मताः ॥ २८ ॥

षड्जग्रामस्था मूर्च्छना यदा षड्जेन हीनाः क्रियन्ते तदा सप्त ताना भवन्ति । यदा ऋषभेन हीना तदा सप्त । यदा पञ्चमेन हीनास्तदा सप्त । यदा सप्तमेन निषादेन हीनास्तदा सप्त । एवं षड्जग्रामे षाड़वा अष्टाविंशति स्ताना भवन्ति । मध्यमग्रामे सप्त मूर्च्छना षड्जोज्झिता यदा भवन्ति तदा सप्त तानाः । यदा ऋषभोज्झितास्तदा सप्त । यदा गान्धारोज्झितास्तदा सप्त । एवं मध्यमग्रामे एकविंशतिः षाड़वास्ताना भवन्ति । ग्रामद्वये मिलिताः षाड़वा स्ताना एकोनपञ्चाशत् । औड़वांस्तानान् निरूपयति—

स-पाभ्यां द्विश्रुतिभ्याञ्च रि-पाभ्यां सप्तवर्जिताः ।
षड्जग्रामे पृथक्ताना एकविंशतिरौड़वाः ॥ २९ ॥
रि-धाभ्यां द्विश्रुतिभ्याञ्च मध्यमग्रामगास्तु ते ।
हीनाश्चतुर्दशैव स्युः पञ्चत्रिंशत्तु ते युताः ।
सर्व्वे चतुरशीतिः स्युर्मिलिताः षाड़वौड़वाः ॥ ३० ॥

षड्जग्राममूर्च्छनाः स-पाभ्यां षड्ज-पञ्चमाभ्यां वर्जिता यदा भवन्ति तदा सप्त औड़वास्तानाः । यदा द्विश्रुतिभ्यां गान्धार-निषादाभ्यां वर्जितास्तदा सप्त । यदा रि-पाभ्यां ऋषभ-पञ्चमाभ्यां हीनास्तदा सप्त । एवं षड्जग्रामे औड़वास्ताना एकविंशतिः । मध्यमग्राम-मूर्च्छना रि-धाभ्यां ऋषभ-धैवताभ्यां

वर्जिता यदा भवन्ति तदा सप्त औड़वास्तानाः। यदा द्विश्रुतिभ्यां गान्धार-निषादाभ्यां हीनास्तदा सप्त। एवं मध्यमग्रामे औड़वास्तानाश्चतुर्द्दश। ग्रामद्वये मिलिता औड़वाः पञ्चत्रिंशत्। सर्व्वेऽपि षाड़वौड़वाश्चतुरशीतिः। तानानां प्रयोगस्तु द्विधा कथितो मतङ्गेन। यदाह—"कथमेतेषां तानानां प्रयोगः कार्य्य इति? द्विविधस्तान-प्रयोगः प्रवेशेन निग्रहेण च। प्रवेशो हि ऋषभापेक्षया षड्जस्याधरीभूतस्य विप्रकर्षः पीड़नं ऋषभापादनमिति विप्रकर्षेण प्रवेशनं मार्द्दवेन यथा तस्य षड्जस्य निषादापेक्षया उत्तरीभूतस्य मार्द्दवं शिथिलीकरणं निषादापादनमिति यावत्। इति द्विविधं प्रवेशनम्। निग्रहस्तु उत्तरस्वरपरित्यागः। असंस्पर्शप्रयोगस्तु यथा सारणी। तथा चाह भरतः। "द्विधा तावत् क्रिया तन्त्र्यां प्रवेशान्निग्रहात्तथा।" तत्र प्रवेशनमधःस्वरप्रकर्षादुत्तर स्वरमार्द्दवाद्वा निग्रहश्चास्पर्शः इति। दत्तिलोऽप्याह—"द्विधा तानक्रिया तन्त्र्यां प्रवेशान्निग्रहात्तथा। प्रवेशश्च विसाहश्यमसंस्पर्शस्तु निग्रहः।" इति। ननु प्रथमायां सप्तम्याञ्च मूर्च्छनायां षड्जे लुप्ते रि ग म प ध नी त्येकमेव रूपं भवतीति तत्र को विशेषः? सत्यं भेदो नास्ति, परन्तु मन्द्रतारकृतो भेदो विद्यत एव। ननु मूर्च्छनास्तावत् जातिरागभाषादिषूपयोगिन्य इति युक्तं तासां कथनम्, तानास्तु कुत्रोपयुज्यन्ते? उच्यते। द्वयोर्ग्रामयोर्जातिरागान्यप्रतिपादनार्थं प्रयोगस्तानानां इत्युक्तं मतङ्गेन। कूटतानान् कथयति—

असम्पूर्णाश्च सम्पूर्णा व्युत्क्रमोच्चारिताः स्वराः।
मूर्च्छनाः कूटतानाः स्युः—

या मूर्च्छना असंपूर्णाः, याश्च सम्पूर्णाः, सा सा व्युत्क्रमेणोच्चारितस्वराः सत्यः कूटताना भवन्ति। प्रतिमूर्च्छनं पूर्णकूटतानसंख्यां प्रतिज्ञाय कथयति—

—तत्संख्यामभिदध्महे॥ ३१॥

पूर्णाः पञ्चसहस्राणि चत्वारिंशद्युतानि तु।
एकैकस्यां मूर्च्छनायां कूटतानाः—

एकैकस्यां मूर्च्छनायां पूर्णकूटतानाः (५०४०) चत्वारिंशदुत्तराणि पञ्चसहस्राणि भवन्ति। यत्तु मतङ्गेन (५०३२) त्रयस्त्रिंशदधिकानि पञ्चसहस्राणि प्रतिमूर्च्छनकूटतान संख्या उक्ताः, यदाह—"कूटतानानां सहस्राणि पञ्च त्रयस्त्रिंशदधिकानि

निष्पद्यन्ते" इति, दन्तिलेनाप्युक्तम्—"पूर्णाः पञ्चसहस्राणि त्रयस्त्रिंशच्च संख्यया । कथयन्ति प्रतिग्रामसमुपायोगमनेऽधुना" इति, तन्निरासार्थमाह—

—सप्त क्रमैः ॥ ३२ ॥

प्रतिमूर्च्छनं प्रस्तारे क्रियमाणे सप्त क्रमा भवन्ति। आदिभिस्तु क्रमान् विहाय कूटतानसंख्यैव निर्दिष्टेत्यविरोधः। प्रतिमूर्च्छनं कूटतानसंख्यामुक्त्वा सर्वासां मूर्च्छनानां कूटतानसंख्यां कथयति—

षट्पञ्चाशन्मूर्च्छनाः स्युः पूर्णाः कूटास्तु योजिताः ।
लक्षद्वयं सहस्राणि द्वाशीतिर्द्वे शते तथा ।
चत्वारिंशच्च संख्याताः—

चत्वारिंशदधिकानि पञ्चसहस्राणि षट्पञ्चाशता गुणनीयानि। एतेन लक्षद्वयं द्वाशीतिः सहस्राणि शतद्वयं चत्वारिंशदधिकमित्येयं संख्या निष्पद्यते ॥ २८२२४० ॥ अपूर्णान् कूटतानान् प्रतिज्ञाय कथयति—

—अथापूर्णान् प्रचक्ष्महे ॥ ३३ ॥

क्रमाणां कूटतानानाञ्च षट्स्वरादयः षड्भेदा भवन्ति। कथं भवन्तीत्यपेक्षायामाह—

एकैकान्त्यान्त्यविरहात् भेदाः षट् षट्स्वरादयः ।

पूर्णाया मूर्च्छना ग्रामद्वये तासां एकैकान्त्यस्वरापकर्षेण षट्स्वरा भेदा भवन्ति। अन्त्यस्वरद्वयापकर्षेण पञ्चस्वराः। अन्त्यस्वरत्रयविरहेण चतुःस्वराः। अन्त्यस्वरचतुष्टयहान्या त्रिस्वराः। अन्त्यस्वरपञ्चकहान्या द्विस्वराः। अन्त्यषट्स्वरापनयनेन एकस्वरा इति। ननु एकस्वराणां प्रस्ताराभावात् भेदा न सन्ति तें किमर्थमत्रोच्यन्ते ? अत आह—

एकस्वरोऽत्र निर्भेदोऽप्युक्तोनष्टादिसिद्धये ॥ ३४ ॥

एकस्वरभेदाः नष्टोद्दिष्टये उक्ताः। एकस्वरपरित्यागेन द्विस्वरादीनामपि निवेशनेन खण्डमेरौ नष्टोद्दिष्टपरिज्ञानस्यावश्यकत्वात् एकस्वरा अयुक्ता इत्यर्थः। ननु तर्हि क्रमाः कूटतानत्वाभावात् किमर्थमत्रोच्यन्ते ? अत आह—

क्रमाश्च कूटतानत्वेऽप्युक्तास्तेपूपयोगिनः ।

यद्यपि कूटताना न भवन्ति तथापि "क्रमस्तत्स्यान्तरे स्थाप्य." इति वक्ष्यमाण प्रतारे तेषु कूटतानेषु उपयोगिनो भवन्ति क्रमैर्विना कूटतानानामप्रस्य ज्ञानत्वात्। षाडवानां कूटतानानां क्रमैः सह संख्यामाह—

षाडवानां विंशत्या सह सप्तशतानि तु ॥ ३५ ॥
औड़वानान्तु विंशत्या सहितं शतमिष्यते।
चतुःस्वराणां कूटानां चतुर्विंशतिरीरिता:।
त्रिस्वरा: षट् द्विस्वरौ द्वावेकस्त्वेकस्वरोमत: ॥ ३६ ॥

षाडवस्य क्रमस्य प्रस्तारे क्रियमाणे (७२०) विंशत्युत्तराणि सप्त शतानि भेदाः सञ्जायन्ते। औड्वानां प्रस्तारे प्रतिमूर्छनं (१२०) विंशत्युत्तरशतं भेदा भवन्ति। चतुःस्वराणां प्रस्तारे (२४) चतुर्विंशतिभेदा भवन्ति। त्रिस्वराणां प्रस्तारे (६) षट् भेदाः। द्विस्वराणां प्रस्तारे (२) द्वौ भेदौ। एकस्वर-प्रस्तारे (१) एकः। एकस्वरादितानानां विशेषान् कथयति—

आर्च्चिकोगाथिकश्चाथ सामिकोऽथ स्वरान्तर:।
एकस्वरादितानानां चतुर्णामभिधा इमा: ॥ ३७ ॥

एकस्वर आर्च्चिक इत्युच्यते। द्विस्वरो गाथिकः। त्रिस्वरः सामिकः। चतुःस्वरः स्वरान्तरः। पञ्चस्वरस्यौडवत्वं षट्स्वरस्य षाड़वत्वञ्च वक्ष्यति। सप्तस्वरः पूर्णः सप्तभ्योऽधिकस्वराभावात्। तथा चाह नारदः—"आर्च्चिकोगाथिकश्चैव सामिकश्च स्वरान्तरः। औड़वः षाड़वश्चैव सम्पूर्णश्चेति सप्तमः। एकस्वरप्रयोगो हि आर्च्चिकस्त्वभिधीयते। गाथिकोद्विस्वरोज्ञेयस्त्रिस्वरश्चैव सामिकः। चतुःस्वरप्रयोगोऽहि स्वरान्तरक उच्यते। औड़वः पञ्चभिश्चैव षाडवः षट्स्वरो-भवेत्। सम्पूर्णः सप्तभिश्चैव विज्ञेयोगीतयोक्तृभिः।" इति। एवं षाड़वादीनां प्रतिक्रमसंख्यामुक्त्वा षाड़वक्रमसंख्यार्थमाह—

उक्ता: शुद्धादिभेदेन नि-ग-युक्ताश्चतुर्व्विधा:।
तयोरेकैकहीनास्ते द्वेधा मूलक्रमा मता: ॥ ३८ ॥

ग्रामद्वये चतुर्द्दश मूर्च्छना अन्त्यैक स्वरापकर्षेण यदा षाड़वाः क्रियन्ते तदा निषादगान्धारयुक्तात् भेदाश्चतुर्विधा भवन्ति। "शुद्धा काकलीकलिताः

तथा सान्तरास्तद्द्वयोपेताः" इति । तयोर्निषाद-गान्धारयोरेकैकहीनास्तु द्वेधा । निषादहीनौ शुद्धौ सान्तरौ गान्धारहीनौ शुद्धौ काकलीकलितौ । चतुर्दशसु के चतुर्दश के च द्वेधा इत्यपेक्षायामाह—

षड्जाद्यौ मध्यमाद्यौ च चत्वारः स्युर्द्विधा द्विधा ।
चतुर्धाऽन्ये दशेत्यष्टाचत्वारिंशदमी क्रमाः ॥ ३९ ॥
सविंशतिः सप्तशती प्रागुक्ता गुणिता क्रमैः ।
चतुस्त्रिंशत्सहस्राणि षष्ट्या पञ्चशतानि च ।
इति षाड्वसंख्या स्यादथ पञ्चस्वरान् ब्रुवे ॥ ४० ॥

ग्रामद्वयमूर्च्छनासु षड्जाद्यौ द्वौ भेदौ निषादहीनत्वात् द्विप्रकारौ शुद्धौ सान्तराविति । मध्यमाद्यौ च द्वौ भेदौ गान्धारहीनत्वात् द्विप्रकारौ शुद्धौ काकलीकलिताविति । अन्ये तु दश भेदाश्चतुर्द्धा शुद्धाः सान्तराः काकली-कलितास्तद्द्वयोपेताश्चेति । एवं अष्टाचत्वारिंशत् षाड्वाः क्रमाः । प्रतिक्रमञ्च विंशत्युत्तराणि सप्तशतानि । तानि अष्टचत्वारिंशता गुणितानि चतुस्त्रिंशत् सहस्राणि षष्ट्यधिकानि पञ्चशतानि च क्रमैः सह षाड्वकूटतानभेदा भवन्ति (३४५६०) । पञ्चस्वरान् क्रमान् परिगणयति—

गाद्यौ धाद्यौ निषादाद्यौ चतुर्भेदाः षडौड़वाः ।
अष्टावन्ये द्विधेत्येवं चत्वारिंशदिमे क्रमाः ॥ ४१ ॥
सविंशतौ शते तैश्च गुणितेऽष्टौ शतानि तु ।
चत्वारि च सहस्राणि संख्याः पञ्चस्वरेष्विति ॥ ४२ ॥

ग्रामद्वये गान्धाराद्यौ द्वौ भेदौ धैवताद्यौ द्वौ निषादाद्यौ द्वौ एवं षट् औड़वाः पञ्चस्वरभेदाः निषादगान्धारयुक्तत्वाच्चतुर्भेदाः । अन्ये अष्टौ भेदाः—चत्वारोनिषादहीनाश्चत्वारश्च गान्धारहीनास्तस्माद्द्विप्रकाराः । एवं चत्वारिंशत् औड़वाः क्रमा भवन्ति । प्रतिक्रमञ्च विंशत्युत्तरशतं भेदा भवन्ति । अतश्च विंशत्युत्तरे शते चत्वारिंशता गुणिते अष्टशताधिकानि चत्वारि सहस्राणि पञ्च-स्वराः कूटतानाः क्रमैः सह भवन्ति (४८००) । चतुःस्वरान् क्रमान् गणयति—

चतुःस्वरेषु स्याद्द्विधा चतुर्धा द्वादशापरे ।

क्रमा द्विधेति द्वात्रिंशच्चतुर्विंशतिताड़िताः।

शतानि सप्ताष्टपञ्चाशत्स्याच्चतुःस्वरसम्मितिः ॥ ४३ ॥

ग्रामद्वये चतुर्दशसु मूर्च्छनाभेदेषु मध्ये निषादाद्यौ द्वौ भेदौ चतुःस्वरौ-निषादगान्धारयुक्तत्वात् चतुर्द्धा। अपरे द्वादशभेदा एकैकयुक्तत्वात् द्विधा। एवं द्वात्रिंशत् चतुःस्वराः क्रमा भवन्ति। प्रतिक्रमं चतुर्विंशतिर्भेदाः। अतश्चतुर्विंशत्या गुणिते द्वात्रिंशदधिके अष्टपञ्चाधिकानि सप्तशतानि चतुःस्वराः कूटतानाः क्रमैः सह भवन्ति (७६८)। त्रिःस्वरान् क्रमान् गणयति—

त्रिस्वरेषु तु माद्यौ द्वावभेदौ द्वादशापरे।

द्विधा षड्विंशतिरिति क्रमास्ते षड्भिराहताः ॥ ४४ ॥

षट्पञ्चाशच्छतञ्च स्युः—

त्रिस्वराणां चतुर्दशानां क्रमाणां मध्यमाद्यौ द्वौ भेदौ निषादगान्धारहीनत्वात् अभेदौ भेदशून्यौ। अपरे द्वादशभेदा एकैकयुक्तत्वात् द्विप्रकाराः। एवं षड्विंशतिस्त्रिस्वराः सम्पद्यन्ते। प्रतिक्रमञ्च षड्भेदाः। ततश्च षड्भिर्गुणितायां षड्विंशत्यां षट्पञ्चाशदुत्तरं शतं त्रिस्वराः कूटतानाः क्रमैः सह भवन्ति (१५६)। द्विस्वरान् क्रमान् संख्याति—

—द्विस्वरेषु पुनर्द्विधा।

रि-ग-ध-न्यादयोऽष्टौ स्युः शुद्धाः षडितरे क्रमाः ॥ ४५ ॥

द्वाविंशतिस्ते तु चतुश्चत्वारिंशद्द्विताड़िताः।

ग्रामद्वये चतुर्दशानां द्विस्वराणां मध्ये ऋषभाद्यौ द्वौ भेदौ गान्धाराद्यौ द्वौ, धैवताद्यौ द्वौ, निषादाद्यौ द्वौ, एवं अष्टौ भेदाः। एकैकयुक्तत्वाद्द्विधा। अपरे तु षड्भेदा उभयहीनत्वात् शुद्धाः सान्तरत्वादिभेदहीनाः। एवं द्विस्वरा द्वाविंशतिः क्रमा भवन्ति। प्रतिक्रमञ्च भेदद्वयम्। अतश्च ते द्वाविंशतिभेदा द्विताड़िता द्वाभ्यां गुणिताः सन्तश्चतुश्चत्वारिंशद्द्विस्वराः कूटताना भवन्ति (४४)। एकस्वरास्तु भेदाभावाच्च चतुर्दश भवन्तीत्याह—

एकस्वरास्त्वभेदत्वान्मौला एव चतुर्दश ॥ ४६ ॥

एवं क्रमैः पुनरत्रैश्च सह लक्षत्रयं द्वाविंशतिसहस्राणि पञ्चशतानि द्वाशी-

तिश्च भेदा भवन्ति (३२२५८२)। एतेषु पृथक् कर्त्तुं पुनरुक्तान् कूटतानान् गणयति—

षड्जादेः शुद्धमध्याया भेदकं पञ्चमं विना ।
चतुःस्वरे क्रमद्वन्द्वेऽष्टाचत्वारिंशदीरिताः ॥ ४७ ॥
तानास्त्रिस्वरयोस्ते ते द्वादश द्विस्वरे द्वयम् ।
एक एकस्वरस्ते त्रिषष्टिरौत्तरमन्द्रकैः ॥ ४८ ॥
पुनरुक्ता मतास्तानै—

मध्यमग्रामे चतुर्थीमूर्च्छना षड्जादिः शुद्धमध्या। तस्याश्चतुःस्वरं क्रमद्वयं शुद्धं सान्तरञ्च। तत्र ग्रामद्वयमूर्च्छनानां भेदकं त्रिचतुःश्रुतित्वेन पञ्चमं विना अष्टाचत्वारिंशद्भेदाः पुनरुक्ताः। त्रिस्वरयोस्तु द्वयोः क्रमयोः शुद्धसान्तरयोर्द्वादशभेदाः पुनरुक्ताः। द्विस्वरयोस्तु निषादगान्धारहीनत्वात् एकस्मिन् ग्रामे भेदद्वयं पुनरुक्तम्। एकस्वरस्त्वेक एव पुनरुक्तः। एवं शुद्धमध्यायास्त्रिषष्टिर्भेदाः। औत्तरमन्द्रकैः षड्जग्रामे प्रथममूर्च्छना उत्तरमन्द्रा षड्जादिभिरेव तत्सम्बन्धिभिः कूटतानैः सह पुनरुक्ताः। अन्यानपि पुनरुक्तान् गणयति—

—र्न्यादिमार्गीक्रमाः पुनः ।
पञ्चस्वरा ये चत्वारस्तत्तानानां चतुःशती ॥ ४९ ॥
अशीत्यभ्यधिका चातुःस्वरे षण्णवतिर्भवेत् ।
द्वादश त्रिस्वरद्वन्द्वे चत्वारो द्विस्वरद्वये ॥ ५० ॥
एक एकस्वरस्तानस्तेषां पञ्चशती त्वियम् ।
त्रिनवत्या युता तानैरभिन्ना रजनीगतैः ॥ ५१ ॥
धैवतादेस्तु पौरव्याश्चत्वारः षट्स्वराः क्रमात् ।
तत्तानानान्तु साशीतिः शताष्टाविंशतिर्मताः ॥ ५२ ॥
औड़वानाञ्चतुर्णां प्रागुक्ता संख्या चतुःस्वरौ ।
त्रिस्वरौ द्विस्वरावेकस्वरः प्रागुक्तसंख्यकाः ॥ ५३ ॥
पञ्चविंशतिसंयुक्ता चतुस्त्रिंशच्छतीत्वियम् ।

तानानां सहस्राकारा स्थात्तानैरौत्तरायतैः ॥ ५४ ॥

मध्यमग्रामे निषादादिः पञ्चमीमूर्च्छना मार्गी। तस्याः पञ्चस्वराश्चत्वारः क्रमा भवन्ति निषादगान्धारयुक्तत्वात्। तेषां भेदा अशीत्यधिकशतचतुष्टयम्। चतुःस्वर-सम्बन्धिनी च चातुःस्वरी संख्या पश्चवति भवति। कूटतानानां पुनरुक्ताश्चतुः-स्वरा अपि निषादगान्धारयुक्तत्वात् चत्वारः क्रमाः। प्रतिक्रमश्च चतुर्विंशति-भेदाः। अतः षण्णवतेः पौनरुक्त्यम्। त्रिस्वरन्तु क्रमद्वयमेव निषादयुक्तत्वात्। तत्र द्वादश भेदाः। द्विःस्वरं क्रमद्वयं निषादयुक्तत्वात्। तत्र चत्वारोभेदाः। एकस्वर एक एव। यद्यपि निषादस्य शुद्धत्वेन काकलित्वेन च द्वैविध्यं सम्भवतीति तथापि एकस्वरस्य क्रमत्वेन अनपनेयत्वाद्भेदाभावः। एवं त्रिनवत्या युता पञ्चशती रजनीगतैस्तानैः पुनरुक्ताः। रजनी षड्जग्रामे द्वितीयमूर्च्छना, धैवतादिः पौरवी (मध्यमग्रामे षष्ठमूर्च्छना), तस्या निषादगान्धारयुक्तत्वात् षट्स्वरा-श्चत्वारः क्रमा भवन्ति। प्रतिक्रमश्च सप्तशतानि विंशत्युत्तराणि। चतुर्णां क्रमाणां अशीत्यभ्यधिकानि अष्टाविंशतिशतानि भेदाः पुनरुक्ताः। सर्व्वत्र भेदकं पञ्चमं विनेत्यनुषङ्गोयोज्यः। तस्या एव पौरव्या औड़वाः पञ्चस्वरा निषादगान्धारयुक्तत्वात् चत्वारः क्रमाः। तेषां प्रागुक्ता संख्या अशीत्यभ्यधिका चतुःशती। चतुःस्वरौ द्वौ क्रमौ निषादयुक्तत्वात्। तयोरष्टाचत्वारिंशद्भेदाः। त्रिःस्वरौ निषादयुक्तत्वात् द्वौ क्रमौ। तयोर्द्वादश भेदाः। द्विस्वरावपि निषाद-युक्तत्वात् द्वौ क्रमौ तयोश्चत्वारोभेदाः। एक स्वरस्त्वेक एव। एवं पञ्चविंशति संयुक्तानि चतुस्त्रिंशच्छतानि सहस्राकाराणि पुनरुक्तानि भवन्ति। कैः सह पुन-रुक्तम्? औत्तरायतैः—उत्तरायता षड्जग्रामे तृतीया मूर्च्छना धैवतादिभि स्तत्सम्बन्धिभिः कूटतानैः सह पुनरुक्त्यमित्यर्थः। एवं शुद्धमध्यादीनां पूर्व्वो-क्तानां पुनरुक्तान् मिलितान् परिगणयति—

इत्येकाशीतिसंयुक्तं सहस्राणां चतुष्टयम्।
तानानां पुनरुक्तानां पूर्णापूर्णैः सह क्रमैः ॥ ५५ ॥
अपनीयेत चेदेषां कूटतानमितिर्भवेत्।

एवं पुनरुक्तानां तानानां सहस्रचतुष्टयं एकाशीत्यभ्यधिकं भवति। पुनरुक्त-कूटतानापनयने पूर्णापूर्ण क्रमापनयने च निष्कृष्टां कूटतानसंख्यां कथयति—

लक्षत्रयं सप्तदशसहस्राणि शतानि च ।

नवत्रिंशद्युतानीति—

पूर्णाः क्रमा द्वानवत्यधिकं शतत्रयम् । षाडवा अष्टचत्वारिंशत् । औडुवा-श्चत्वारिंशत् । चतुःस्वरा द्वात्रिंशत् । त्रिस्वराः षड्विंशतिः । द्विस्वरा द्वाविंशतिः । एकस्वरा एकादश । यद्यप्येकस्वराश्चतुर्दश तथापि षड्जनिषादधैवतानां पुन-रुक्तानां मध्ये गणितत्वात् अवशिष्टा एकादशैव गण्यन्ते । एवं एकसप्तत्यधिकानि पञ्चशतानि क्रमा भवन्ति । पुनरुक्ताश्च एकाशीत्यधिकं सहस्रचतुष्टयम् । एतेषा-मैक्ये द्वापञ्चाशदधिकं षट् चत्वारिंशच्छतञ्च (४६५२) । क्रम-पुनरुक्तसहितकूट-तानसंख्या तु लक्षत्रयं द्वाविंशतिसहस्राणि पञ्चशतानि द्व्यशीतिश्च (३२२५८२) । क्रमपुनरुक्तापनयने तु लक्षत्रयं सप्तदश सहस्राणि नवशतानि त्रिंशच्च पूर्णाः कूटतानाः सम्पन्नाः (३१७९३०) । ननु यथा पञ्चमो ग्रामद्वये भेदकश्चतुःश्रुतिकत्वात् त्रिश्रुतिकत्वाच्च तथा चतुःश्रुतिकत्वात् त्रिश्रुतिकत्वाच्च धैवतः कथं भेदको न भवति ? ब्रूमः । यद्यपि धैवतः षड्जग्रामे त्रिश्रुतिर्मध्यमग्रामे च चतुःश्रुति-स्तथापि स्वस्थानं न परित्यजति केवलन्तु मध्यम ग्रामे पञ्चमान्त्यश्रुतिग्रहण-मात्रम् । ततश्च यदा पञ्चमसहचरित स्तथैव उच्चार्यते तदैव तस्य विकृतत्वप्रतीति-र्नान्यदेति न किञ्चिदेतत् । कूटतानानां बहुत्वात् स्वरूपपरिज्ञानं दुःसम्पादमिति लाघवेनपरिज्ञानोपायं वक्तुं प्रतिजानीते संख्यापरिज्ञानोपायञ्च कथयति—

—ज्ञानोपायोऽत्र कथ्यते ॥ ५६ ॥

अङ्कानेकादिसप्तान्तानूर्द्धमूर्द्ध्वं लिखेत् क्रमात् ।
हते पूर्व्वेण पूर्व्वेण तेषु चाङ्के परे परे ॥ ५७ ॥
एकस्वरादिसंख्या स्यात् क्रमेण प्रतिमूर्च्छनम् ।

एकादिसप्तान्तान् अङ्कान् अर्द्धमूर्द्धं लिखेत् । प्रथममेकाङ्कोलेखनीयः । तस्य ऊर्द्धप्रदेशे द्व्यङ्कः । ततस्त्र्यङ्कः । ततश्चतुरङ्कः । ततः पञ्चमाङ्कः । ततः षडङ्कः । ततः सप्ताङ्क इति । ततः परे तदूर्द्धस्थे अङ्के पूर्व्वेण अधःस्थितेनाङ्केन हते गुणिते सति प्रतिमूर्च्छनं एकस्वर-द्विस्वरादि-संख्या स्यात् । एकेन द्व्यङ्के गुणिते द्वावेव एकेन गुणितं तदेव भवतीति न्यायात् । द्वाभ्यां त्र्यङ्के गुणिते षट् । षड्भिश्चतु-रङ्के गुणिते चतुर्व्विंशतिः । चतुर्विंशत्या पञ्चाङ्के गुणिते विंशत्युत्तरशतम् ।

विंशत्युत्तरेण शतेन षड़ङ्के गुणिते विंशत्युत्तराणि सप्तशतानि भवन्ति। विंशत्युत्तरया सप्तशत्या सप्ताङ्के गुणिते पञ्चसहस्राणि चत्वारिंशदुत्तराणि भवन्ति। एकस्वरादिसंख्याप्रस्तारं कथयति—

क्रमं न्यस्य स्वरः स्थाप्यः पूर्व्वःपूर्व्वः परादधः॥ ५८॥

क्रमं पूर्व्वं न्यस्य स्थापयित्वा क्रमापेक्षया पूर्व्वःपूर्व्वः स्वरः परादधः स्थापनीयः। पूर्व्वःपूर्व्व इति वीप्सया लभ्यमर्थं विशदयति—

स चेदुपरि तत्पूर्व्वः परस्तूपरिवर्त्तिनः।
मूलक्रमात् क्रमात् पृष्ठे शेषाः प्रस्तार ईदृशः॥ ५९॥

स पूर्व्वः स्वर उपरिभागे वर्त्तते चेत्तदा तस्यापि पूर्व्वं लेखनीयः। सोऽपि विद्यते चेत् तत् पूर्व्वः। एवं षड्जपर्य्यन्तं विचारणीयम्। षड्जपर्य्यन्ता अपि पुरस्तात्तिष्ठन्ति चेत् तं स्वरं विहाय द्वितीये स्वरे प्रस्तारश्चिन्तनीयः। तत्रापि षड्जपर्य्यन्ताः स्वराः पुरस्तात्तिष्ठन्ति चेत् अन्यस्मिन् स्वरे प्रस्तारश्चिन्तनीयः। एवं विचार्य्य पूर्व्वस्मिन् स्वरे दत्ते उपरिवर्त्तिनः स्वराः सन्ति चेत् पुरः प्रदेशे तएव देयाः। शेषा अवशिष्टाः स्वरा मूलक्रमक्रमेण पृष्ठे पूर्व्वप्रदेशे देयाः। अवशिष्टेषु स्वरेषु मूलक्रमे यः पूर्व्वः स पूर्व्वं देयः। यस्तु ततोऽनन्तरं स अनन्तरं देयः कर्त्तव्यः। ईदृशोऽयं प्रस्तारोबोद्धव्यः। तत्र दृष्टान्तार्थं चतुःस्वरः प्रस्तारः प्रदर्श्यते—स-रि-ग-मेति पूर्व्वं क्रमः स्थाप्यः। षड्जस्याधस्तात् पूर्व्वं स्वराभावात् स्वरो न स्थाप्यते। ऋषभस्य अधस्तात् तत्पूर्व्वः षड्जः स्थाप्यः। उपरिगौ गान्धार-मध्यमौ पुरोदेयौ। अवशिष्ट ऋषभः पश्चाद्देयः। एवं रि-स-ग-मेति द्वितीयोभेदः। ततोगान्धारस्याधस्तात् रिः, पूर्व्वौ मः, पश्चात् स-गौ। एवं स-ग-रि-मेति तृतीयोभेदः। ततोऽनन्तरं गान्धारस्याधस्तात् तत्पूर्व्व ऋषभो देयो भवति। अपरन्तु सः पुरस्तात् विद्यते तस्मात् पूर्व्वः षड्जो देयः, पुरो रि-मौ, पश्चात् गः, एवं ग-स-रि-मेति चतुर्थो भेदः। तत ऋषभस्याधस्तात् षड्जोदेयः, पुरो मः, पश्चात् रि-गौ, एवं रि-ग-स-मेति पञ्चमो भेदः। ततोगान्धारस्याधस्तात् ऋषभः, पुरः स-मौ, पश्चात् गः, एवं ग-रि-स-मेति षष्ठः। ततोमध्यमस्याधस्तात् मः, पश्चात् स-रि-माः, एवं स-रि-म-गेति सप्तमः। तत ऋषभस्याधस्तात् सः, पुरो म-गौ, पश्चात् रिः, एवं रि-स-म-गेत्यष्टमः। ततो मध्यमस्याधस्तात् रिः, पुरोगः, पश्चात् स-मौ, एवं स-म-रि-गेति नवमः। ततोमध्यमस्याधस्तात् सः, पुरो रि-गौ, पश्चात् सः,

एवं म-स-रि-गेति दशमः। तत ऋषभस्याधस्तात् सः, पुरो गः, पश्चात् रि-मौ, एवं रि-म-स-गेत्येकादशः। ततोऽनन्तरं मध्यमस्याधस्तात् रिः, पुरः स-गौ, पश्चात् मः, एवं म-रि-स-गेति द्वादशः। ततो गान्धारस्याधस्तात् रिः, पश्चात् स-ग-माः, एवं स-ग-म-रीति त्रयोदशः। ततो गान्धारस्याधस्तात् सः, पुरो म-रौ, पश्चात् गः, एवं ग-स-म-रीति चतुर्दशः। ततो मध्यमस्याधस्तात् गः, पुरो रिः, पश्चात् स-मौ, एवं स-म-गरीति पञ्चदशः। ततो मध्यमस्याधस्तात् सः, पुरो ग-रौ, पश्चात् मः, एवं म-स-ग-रीति षोडशः। ततो गान्धारस्याधस्तात् सः, पुरो रिः, पश्चात् ग-मौ, एवं ग-म-स-रीति सप्तदशः। ततो मध्यमस्याधस्तात् गः, पुरः स-रौ, पश्चात् मः, एवं म-ग-स-रीति अष्टादशः। तत ऋषभस्याधस्तात् सः, पश्चात् रि-ग-माः, एवं रि-ग-म-सेत्येकोनविंशः। ततो गान्धारस्याधस्तात् रिः, पुरो म-सौ, पश्चात् गः, एवं ग-रि-म-सेति विंशः। ततो मध्यमस्याधस्तात् गः, पुरः सः, पश्चात् रि मौ, एवं रि-म-ग-सेत्येकविंशः। ततो मध्यमस्याधस्तात् रिः, पुरो ग-सौ, पश्चात् मः, एवं म-रि-ग-सेति द्वाविंशः। ततो गान्धारस्याधस्तात् रिः, पुरः मः, पश्चात् ग-सौ, एवं ग-म-रि-सेति त्रयोविंशः। ततो मध्यमस्याधस्तात् गः, पुरो रि-सौ, पश्चात् मः, एवं म-ग-रि-सेति चतुर्विंशः। ततो विपरीतक्रमसद्भावात् प्रस्तारलक्षणाभावाच्च प्रस्तारो नास्ति। अनेनैव प्रकारेण पञ्चस्वरादिषु प्रस्तारः कर्त्तव्यः। तत्र स-रि-ग-म-पेति पञ्चस्वरप्रस्तारे पान्ताश्चतुर्विंशतिः। ततो मान्ताश्चतुर्विंशतिः। ततो गान्ताश्चतुर्विंशतिः। तत ऋषभान्ताश्चतुर्विंशतिः। ततः सान्ताश्चतुर्विंशतिः। एवं पञ्चस्वरप्रस्तारे विंशत्युत्तरशतम्। एवं षट्स्वरप्रस्तारे सप्तशतानि विंशत्युत्तराणि भेदा भवन्ति। स-रि-ग-म-प-ध-नीति सप्तस्वर प्रस्तारे तु निषादान्ता विंशत्युत्तराणि सप्त शतानि। ततो धान्तानि विंशत्युत्तराणि सप्तशतानि। ततः पान्तानि तावन्ति। ततो मान्तानि तावन्ति। ततो गान्तानि तावन्ति। तत ऋषभान्तानि तावन्ति। ततः सान्तानि तावन्ति। एवं सप्तस्वरप्रस्तारे चत्वारिंशदुत्तराणि पञ्चसहस्राणि भेदा भवन्ति। एवं प्रस्तारमुक्त्वा प्रस्तारणेऽप्यशक्तस्य लघूपायेन भेदपरिज्ञानाय नष्टोद्दिष्टविषयज्ञस्तदुपायभूतं खण्डमेरुं कथयति—

सप्ताद्येकान्तकोष्ठानामधोधः सप्त पङ्क्तयः।

सप्त पङ्क्तयः अधोऽधस्तात् स्थाप्याः। कियतां कोष्ठकानामित्यपेक्षायामाह

सप्ताद्येकान्तकोष्ठानां पङ्क्तयः स्थाप्याः। उत्कृष्टपक्षसंख्याकथनेनार्थतो मध्य-संख्यासिद्धिः। ततश्च सप्तकोष्ठिका प्रथमा पङ्क्तिः कर्त्तव्या। द्वितीया तस्या अधस्तात् षट्कोष्ठिका। तृतीया तस्या अधस्तात् पञ्चकोष्ठिका। चतुर्थी तस्या अधस्तात् चतुःकोष्ठिका। पञ्चमी तस्या अधस्तात् त्रिकोष्ठिका। षष्ठी तस्या अधस्तात् द्विकोष्ठिका। सप्तमी तस्या अधस्तात् एककोष्ठिका। एवं खण्डमेरुसंस्थानमुक्त्वा अङ्कनिवेशनार्थमाह—

तास्वाद्यायामाद्यकोष्ठे लिखेदङ्कं परेषु खम्।
वेद्यतानस्वरमितान् न्यसेत् तेष्वेव लोष्टकान्॥ ६०॥

तासु सप्तसु पङ्क्तिषु मध्ये आद्यायां सप्तकोष्ठिकायां पङ्क्तौ आद्यकोष्ठे एकाङ्कं लिखेत्। परेषु कोष्ठेषु खं शून्यं लिखेत्। तेष्वेव प्रथमपङ्क्तिकोष्ठकेषु लोष्टकान् कर्करान् न्यसेत् स्थापयेत्। कियतः? वेद्यतानस्वरमितान्। वेद्योयस्तानः त्रिस्वरश्चतुःस्वरः पञ्चस्वरः षट्स्वरः सप्तस्वरो वा तत्स्वरसंख्यातान्। यदि चतुःस्वरो जिज्ञासितस्तर्हि आदिमारभ्य चतुर्षु कोष्ठकेषु चतुरो लोष्टकान् न्यसेत्। यदि पञ्चस्वरो जिज्ञासितस्तदा पञ्चेत्यादि ज्ञातव्यम्। लोष्टन्यसनोपयोगं अनुपदमेव वक्ष्यति। द्वितीयपङ्क्तौ अङ्कविन्यासं कथयति—

प्राक्पंक्त्यन्त्याङ्कसंयोगमूर्द्धाधःस्थितपङ्क्तिषु।

ऊर्द्धाधःस्थितपङ्क्तेरधःस्थिता याः पङ्क्तयः तासु प्राक्पंक्त्यन्त्याङ्कसंयोगं लिखेत्। यदि एका प्राक्पङ्क्तिस्तर्हि तस्या अन्त्याङ्को लेख्यः। यदि प्राक्पङ्क्ती द्वे तदा तयोः संयोगो लेख्यः। यदि बह्व्यः प्राक् पंक्तयस्तदा तासां संयोगो लेख्यः। क्व लेख्य? इत्यपेक्षायामाह—

शून्यादधो लिखेदङ्कं तच्चाधोधःस्वकोष्ठकात्।
कोष्टसंख्यागुणं न्यस्येत् खण्डमेरुरयम्मतः॥ ६१॥

तच्च अन्त्याङ्कसंयोगरूपमङ्कं स्वकोष्ठकात् यत्रासावङ्कः स्थापितः तत् स्वकोष्ठकं तस्मात् अधोधः अधराधरकोष्ठकेषु कोष्ठसंख्यागुणितं न्यसेत्। द्वितीयकोष्ठके द्विगुणं तृतीयकोष्ठके त्रिगुणं चतुर्थकोष्ठके चतुर्गुणं पञ्चकोष्ठके पञ्चगुणं षष्टकोष्ठके षड्गुणमिति। ततश्च षट्कोष्ठिकाया द्वितीयपंक्तेः प्रथमकोष्टे प्राक् पंक्तेरेकस्या अन्त्याङ्क एकाङ्को देयः। अधः कोष्ठाभावात् द्विगुणत्वादि नास्ति। तस्यापि पंक्तेर्द्वितीयकोष्ठे द्वयोः प्राक्पंक्त्योरन्त्याङ्क एक एकोऽनयोः संयोगो

द्व्यङ्को देयः। तस्याधः कोष्ठके तं अङ्कं द्विगुणं चतुरङ्कं दद्यात्। तृतीयकोष्ठे प्राक्पंक्तयस्तिस्रः। तासामन्त्याङ्का एक एकश्चतारस्तेषां संयोगे षड्देयाः। द्वितीयाधःकोष्ठके द्विगुणाः षट् द्वादश देयाः। तदधःकोष्ठके त्रिगुणाः षट् अष्टादश देयाः। द्वितीयपङ्क्तेश्चतुर्थकोष्ठकेषु प्राक्पङ्क्तयश्चतस्रः। तासामन्त्याङ्का एक एकश्चत्वारोऽष्टादश। तेषां संयोगे चतुर्विंशतिर्देया। अधोद्वितीयकोष्ठके द्विगुणा अष्टचत्वारिंशत्। तृतीयकोष्ठके त्रिगुणा द्वासप्ततिः। चतुर्थकोष्ठके चतुर्गुणा षण्णवतिः। द्वितीयपङ्क्तेः पञ्चमकोष्ठकेषु प्राक् पंक्तयः पञ्च। तासामन्त्याङ्का एकं एकश्चत्वारोऽष्टादशः षण्णवतिः। तेषां संयोगे विंशत्युत्तरं

१	०	०	०	०	०	०
	१	२	६	२४	१२०	७२०
		४	१२	४८	२४०	१४४०
			१८	७२	३६०	२१६०
				९६	४८०	२८८०
					६००	३६००
						४३२०

खण्डमेरुः ।

शतं देयम्। अधोद्वितीयकोष्ठके द्विगुणं चत्वारिंशदधिकं शतद्वयं, तृतीयकोष्ठके त्रिगुणं षष्ट्यधिकशतत्रयं, चतुर्थकोष्ठके चतुर्गुणं अशीत्यधिकशतचतुष्टयं, पञ्चकोष्ठके पञ्चगुणा षट्शती। द्वितीयपंक्तेः षष्ठकोष्ठकेषु प्राक्पङ्क्तयः षट्। तासामन्त्याङ्का एक एकश्चत्वार अष्टादश षण्णवतिः षट्शती। तेषां संयोगे विंशत्यधिकानि सप्तशतानि देयानि। अधोद्वितीयकोष्ठके द्विगुणानि चत्वारिंशदधिकानि चतुर्दशशतानि, तृतीयकोष्ठके त्रिगुणानि षष्ट्यधिकानि एकविंशति शतानि, चतुर्थकोष्ठके चतुर्गुणानि अशीत्यधिकानि अष्टाविंशतिशतानि। पञ्चकोष्ठके पञ्चगुणानि षट्त्रिंशत् शतानि, षष्ठकोष्ठके षड्गुणानि विंशत्यऽधिकानि त्रिचत्वारिंशच्छतानि। एवं विधोऽयं खण्डमेरुर्ज्ञातव्यः। एवं नष्टोद्दिष्टपरिज्ञानोपायं खण्डमेरुमुक्त्वा उद्दिष्टपरिज्ञानायाह—

स्वरान् मूलक्रमस्यान्त्यात् पूर्व्वं यावतिथः स्वरः ।
उद्दिष्टान्त्यस्तावतिथे कोष्ठेऽधोलोष्टकं क्षिपेत् ॥ ६२ ॥

मूलक्रमस्यान्त्यात् स्वरात् उद्दिष्टस्य अन्त्यः स्वरः पूर्वं गणने सति यावतिथः यावत् संख्यापूरणः तावतिथे तावत् संख्यापूरणे अधःकोष्ठके क्षिपेत् स्थापयेत्। इदं लोष्टचालनं कस्मात् प्रभृति कर्त्तव्यम् ? इत्यपेक्षायामाह—

लोष्टचालनमन्त्यात् स्यात् त्यक्त्वा लब्धं क्रमोभवेत् ।
अन्तिमेन समोऽन्त्योऽपि लब्धस्त्याज्यः सपंक्तिकः ।
लोष्टकान्त्याङ्कसंयोगादुद्दिष्टस्य मितिर्भवेत् ॥ ६३ ॥

अन्त्यादिति ल्यबलोपे पञ्चमी। अन्त्यमारभ्य लोष्टचालनं स्यात्। एवं लोष्टचालने कृते लब्धं लब्धसंख्यकं स्वरं त्यक्त्वा लुप्त्वा तेन हीनः क्रमोभवेदिति कर्त्तव्य इत्यर्थः। तत्रापि क्रमे मूलक्रमःस्यादित्यादिपूर्व्वोक्तप्रकारः कर्त्तव्यः। एवं कृते येषु येष्वङ्केषु लोष्टान्त्या यान्ति तेषामङ्कानां संयोगादुद्दिष्टस्य मानं भवति। तत्र त्रिस्वरकूटतानपरिज्ञाने त्रिकोष्ठ एव खण्डमेरुः। चतुःस्वरपरिज्ञाने तु चतुःकोष्ठकः। पञ्चस्वरपरिज्ञाने पञ्चकोष्ठकः। षट्स्वरपरिज्ञाने षट्कोष्ठकः। सप्तस्वरपरिज्ञाने सप्तकोष्ठक इति ज्ञातव्यम्। स्वरप्रमाणान्येव च लोष्टकानि देयानि। दृष्टान्तार्थं उद्दिष्टपरिज्ञानप्रकारोदर्श्यते। नष्टोद्दिष्टप्रश्ने स-रि-ग-मेति क्रमो लेख्यः। तत्र उद्दिष्टस्य अन्त्यः षड्जमूलक्रमस्य अन्त्यात् मध्यमात् पूर्व्वगणने सति चतुर्थः। तस्माच्चतुर्थकोष्ठकशून्यस्थलोष्टकं अधश्चतुर्थकोष्ठके अष्टादशाङ्कस्थाने क्षिपेत्। एवं उद्दिष्टे च चालनमेवं षड्जो लोप्यः। तत उद्दिष्टान्त्य ऋषभो मूलक्रमस्य अन्त्यात् मध्यमात् तृतीयः। तस्मात् तृतीयकोष्ठस्थं लोष्टकं अधस्तृतीयकोष्ठे चतुरङ्कस्थाने स्थापयेत्। ऋषभो लोप्यः। ततः उद्दिष्टान्त्यो गान्धारः मूलक्रमस्य अन्त्यमात् मध्यमात् द्वितीयः। ततः द्वितीयकोष्ठस्थं लोष्टकं अधः द्वितीय कोष्ठके एकाङ्कस्थाने क्षिपेत्। तत उद्दिष्टान्त्यो मूलक्रमस्यान्त्यात् प्रथमत एव चालनं नास्ति। लोष्टानामङ्कानां संयोगे चतुर्व्विंशतिसङ्ख्या लभ्यते। ततश्च म-ग रि-सेति चतुर्विंशतितमोभेदः सिद्धो भवति। एवं सप्तस्वरप्रस्तारे म-ग-स-रि-ध-नि-पेति किंसंख्यकोभेद इति पृष्टे सति स-रि-ग-म-प-ध नीति क्रमंस्थाप्य उद्दिष्टान्त्यपञ्चमो मूलक्रमस्य अन्त्यान्निषादात् तृतीयः। ततश्च सप्तम पङ्क्तौ अध-

तृतीयकोष्ठके चत्वारिंशदुत्तरचतुर्दशशतस्थाने लोष्टकःस्थाप्यः पञ्चम उभयत्रापि ऋषभोलोप्य स्तत उद्दिष्टान्त्यो निषादः मूलक्रमस्य अन्त्यात् प्रथम एव चालनं नास्ति। षष्ठपङ्क्तौ शून्यस्थान एव लोष्टकं तिष्ठति। निषाद उभयत्र लोप्यः। धैवतेऽपि पूर्ववच्चालनं नास्ति। ततश्च पञ्चमपङ्क्तौ शून्यस्थाने एव लोष्टकावस्थिति-धैवतोलोप्यः। उद्दिष्टान्त्य ऋषभो मूलक्रमस्य अन्त्यान्मध्यमात् तृतीयः। ततश्च चतुर्थपङ्क्तौ तृतीयकोष्ठके द्वादशाङ्क स्थाने लोष्टकं स्थापयेत्। उभयत्र ऋषभो लोप्यः। तत उद्दिष्टान्त्यः षड्जो मूलक्रमस्य अन्त्यान्मध्यात् तृतीयः। ततश्च तृतीयपङ्क्तौ तृतीयकोष्ठके चतुरङ्कस्थाने लोष्टकस्थितिः। तत उद्दिष्टान्त्यो गान्धारो मूलक्रमान्त्यान्मध्यमाद्द्वितीयः। ततश्च द्वितीयपङ्क्तौ द्वितीयकोष्ठके एकाङ्कस्थाने लोष्टकं न्यसेत्। ततः प्रथमपङ्क्तौ चालनं नास्ति। लोष्टाक्रान्ताना-मङ्कानां संयोगे च अष्टपञ्चाशदधिकानि चतुर्दशशतानि भवन्ति। तावत् संख्यको म-ग-स-रि-ध-नि-मेत्ययं भेदोवोद्धव्यः। एवमेव षट्स्वरोद्दिष्टेऽपि उद्दिष्टपरि-ज्ञानप्रकार उह्यः। नष्टपरिज्ञानप्रकारं कथयति—

यैरङ्कैर्नष्टसंख्या स्यान्मौलैकाङ्कसमन्वितैः।

तेषु लोष्टं क्षिपेन्मौलं—

नष्टसंख्या यैरङ्कैर्भवेत् प्रथमपंक्तिस्थैर्मौलैकाङ्कसहितैः तेषु लोष्टं निक्षिपेत्। मौलं सर्वासां पंक्तीनां शून्यसंयुक्तप्रथमकोष्ठस्थं इति लोष्टविशेषणम्। किमर्थ-मेकस्यां पङ्क्तौ कोष्ठद्वये लोष्टकं स्थापयेदित्याह—

—लोष्टस्थानमितं भवेत् ॥ ६४ ॥

नष्टतानस्वरस्थानं—

नष्टतानस्वराणां स्थानं लोष्टस्थानमितं लोष्टकस्थानप्रमाणकम्। यावन्ति लोष्टस्थानानि तावन्त्येव स्वरस्थानानि। ततश्च प्रतिपंक्ति एकैकस्मिन् कोष्ठके लोष्टकं स्थापयित्वा प्रथमपङ्क्तिस्थैकाङ्कं संमिश्य नष्टसंख्या पूरणीया। एवं लोष्टकेषु स्थापितेषु किं वर्त्तते? इत्यत आह—

—ततोयावतिथे पदे।

अधःक्रमादस्ति लोष्टस्वरस्तावतिथोभवेत् ॥ ६५ ॥

क्रमान्तिमस्वरात् पूर्व्वौ—

ततोऽनन्तरं यावतिथे पदे कोष्ठके अधःक्रमात् अधोगणने शून्यस्थानात् लोष्टकं तिष्ठति क्रमस्य अन्तिमस्वरात् तावत् संख्यकः स्वरो बोद्धव्यः।

—लब्धत्यागादि पूर्व्ववत् ॥ ६६ ॥

तत्र यः स्वरो लब्धः स लोप्तव्यः। आदिशब्देन सप्तस्वरप्रस्तारे कीदृगिति प्रश्ने सप्तम्यां पंक्तौ द्वितीयकोष्ठके विंशत्यधिकसप्तशतस्थाने तत् लोष्टकं स्थापयेत्। षष्ठपङ्क्तौ तृतीयकोष्ठके चत्वारिंशदधिकशतद्वयस्थाने पञ्चमपंक्तौ द्वितीयकोष्ठके चतुर्विंशतिस्थाने चतुर्थपंक्तौ तृतीयकोष्ठके द्वादशस्थाने तृतीयपङ्क्तौ द्वितीय-कोष्ठके द्व्यङ्कस्थाने द्वितीयपंक्तौ द्वितीयकोष्ठके एकाङ्कस्थाने प्रथमपंक्तौ च एकाङ्कस्थाने लोष्टकान् स्थापयेत्। एतैरङ्कैः सहस्रसंख्या मौलैकाङ्कसहितैः पूर्य्यते। ततः सप्तमपंक्तौ द्वितीयकोष्ठके लोष्टकं तिष्ठतीति मूलक्रमस्य अन्त्यान्नि-षादात् तृतीयो मध्यमो नष्टस्य षष्ठस्वरत्वेन लेखनीयः। क्रमे मध्यमो लोप्यः। ततः पञ्चमपंक्तौ लोष्टकस्य द्वितीयकोष्ठकावस्थितत्वात् क्रमान्त्यस्वरान्निषादात् द्वितीयपञ्चमस्वरत्वेन लेखनीयः। ततश्चतुर्थपंक्तौ तृतीयकोष्ठके लोष्टकं तिष्ठति। तस्मादन्तिमात् तृतीय ऋषभः नष्टश्चतुर्थः स्वरः। ततस्तृतीयपंक्तौ द्वितीयकोष्ठके लोष्टावस्थानात् अन्तिमो द्वितीयो गान्धारो नष्टतानस्य तृतीयः। द्वितीयपङ्क्तावपि द्वितीयकोष्ठके लोष्टकावस्थिते अक्रमान्तिको द्वितीयः षड्जनष्टतानस्य द्वितीय स्वरो लभ्यते। ततश्चावशिष्टो निषाद आद्यः। एवञ्च नि-स-ग-रि-प-म-धेति सप्तस्वरेषु सहस्रतमोभेदः सिध्यति। एवं षट्स्वरादिषु ज्ञातव्यम्। खण्डमेरुणैव लाघवेन संख्यापरिज्ञानमाह—

तानस्वरमितोर्द्ध्वाधःपंक्तिगान्त्याङ्कमिश्रणात्।
एकस्वरादितानानां संख्या संजायते क्रमात् ॥ ६७ ॥

तानस्वरे प्रमिता या ऊर्द्ध्वाधः पङ्क्तयस्तद्गता ये अन्त्याङ्कास्तेषां मिश्रणात् ऐक्येन एकस्वरादितानानां संख्या जायते। पङ्क्तिद्वयान्त्याङ्कमिश्रणेन द्विस्वर-संख्या द्वौ। पङ्क्तित्रयान्त्याङ्कमिश्रणेन त्रिस्वरसंख्या षट्। पङ्क्तिचतुष्टयान्त्याङ्क-मिश्रणेन चतुःस्वरसंख्या चतुर्विंशतिः। पङ्क्तिपञ्चान्त्याङ्कमिश्रणेन पञ्चस्वरसंख्या विंशत्युत्तरशतम्। पङ्क्तिषट्कान्त्याङ्कमिश्रणेन षट्स्वरसंख्या सप्तशतानि विंशत्यु-

नराणि । सर्व्वासामनन्तराङ्कमेलनेन सप्तस्वरसंख्या पञ्चसहस्राणि चत्वारिंश दुत्तराणि । तानानां नामानि कथयितुं प्रतिजानीते—

अथात्र शुद्धतानानां नामानि व्याहरामहे ।

षड्जग्रामिक-षड्जहीन-सप्त-षाडवतान-नामानि कथयति—

अग्निष्टोमोऽत्यग्निष्टोमोवाजपेयश्च षोड़शी ॥ ६८ ॥
पुण्डरीकोऽश्वमेधश्च राजसूयस्ततः परम् ।
इति स्युः षड्जहीनानां सप्त नामान्यनुक्रमात् ॥ ६९ ॥

षड्जग्रामिक-ऋषभहीन-तान-नामानि कथयति—

स्विष्टकृद्बहुसौवर्णौ गोसवश्च महाव्रतः ।
विश्वजिद् ब्रह्मयज्ञश्च प्राजापत्यस्तु सप्तमः ।
क्रमादृषभहीनानां तानानामभिधा इमाः ॥ ७० ॥

षड्जग्रामे पञ्चमहीन-तान-नामानि कथयति—

अश्वक्रान्तो रथक्रान्तो विष्णुक्रान्तस्ततः परः ।
सूर्य्यक्रान्तोगजक्रान्तोवलभिन्नागपक्षकः ।
इति पञ्चमहीनानां संज्ञाः सप्त क्रमान्मताः ॥ ७१ ॥

षड्जग्रामे निषादहीन-तान-नामान्याह—

चातुर्मास्योऽथ संस्थाख्यः शस्त्रश्चोक्थयश्चतुर्थकः ।
सौत्रामणी तथा चित्रा सप्तमस्तूद्भिदाह्वयः ।
संज्ञा निषादहीनानां षाडवानामिमाः क्रमात् ॥ ७२ ॥

इतिषाड्जग्रामिकाष्टाविंशतिषाडवताननामानि ।

इति षाड्जग्रामिकाष्टाविंशति-षाडवतान-नामानि । इदानीं मध्यम-ग्रामिक-षड्जहीन-षाडवतान-नामान्याचष्टे—

सावित्री चार्द्धसावित्री सर्व्वतोभद्रसंज्ञकाः ।
आदित्यानामयनश्च गवामयननामकः ॥ ७३ ॥
सर्पानामयनः षष्ठः सप्तमः कौणपायनः ।

नामानि षड्जहीनानां तानानामिति मेनिरे ॥ ७४ ॥

मध्यमग्रामिकर्षभहीन-षाड़व-तान-नामानि कथयति—

अग्निचिद्द्वादशाहश्चोपांशुः सोमाभिधस्ततः।

अश्वप्रतिग्रहोबर्हिरथाभ्युदयसंज्ञकः।

ऋषभेन विहीनानामिति नामानि मेनिरे ॥ ७५ ॥

मध्यमग्रामिक-गान्धारहीन-षाडवतान-नामान्याह—

सर्व्वस्वदक्षिणो दीक्षा सोमाख्यःसमिदाह्वयः।

स्वाहाकारस्तनूनपात्ततोगोदोहनोमतः।

इति गान्धारहीनानां क्रमात् संज्ञाः प्रचक्षते ॥ ७६ ॥

इति मध्यमग्रामिकैकविंशतिषाड़वताननामानि।

इति मध्यमग्रामिकैकविंशति षाडवताननामानि। अधुना षाड्जग्रामिकः षड्जपञ्चमहीनौड़व-सप्ततान-नामानि कथयति—

इडा पुरुषमेधश्च श्येनो वज्र इषुस्ततः।

अङ्गिराः कङ्क इत्येताः स-प-हीनाभिधाः क्रमात् ॥ ७७

षाड्जग्रामिक-निषादगान्धारहीनौड़व-तान-नामानि कथयति—

ज्योतिष्टोमस्ततोदर्शो नन्द्याख्यः पौर्णमासिकः।

अश्वप्रतिग्रहोरात्रिः सौरभः सप्तमः स्मृतः।

एता निषाद-गान्धार-हीनानामभिधाः क्रमात् ॥ ७८ ॥

षाड्जग्रामिक-पञ्चमर्षभहीनौड़व-तान-नामान्याह—

सौभाग्यकृच्च शारीरी शान्तिकृत् पुष्टिकृत्तथा।

वैनतेयोच्चाटनौ च वशीकरणसंज्ञकः।

पञ्चमर्षभहीनानां तानानामभिधा इमाः ॥ ७९ ॥

इति षाड्जग्रामिकैकविंशत्यौड़वताननामानि।

इति षाड्जग्रामिकैकविंशत्यौड़वताननामानि। मध्यमग्रामिक-धैवतर्षभ-हीनौड़व-तान-नामानि कथयति—

त्रैलोक्यमोहनो वीरः कन्दर्पबलशातनः ।

शङ्खचूडो गजच्छायो रौद्राख्यो विष्णुविक्रमः ।

तानानां रि-ध-हीनानां नामान्येतान्यनुक्रमात् ॥ ८० ॥

मध्यमग्रामिक-निषाद-गान्धारहीनौड़व-तान-नामान्याह—

भैरवः कामदाख्यश्चावभृथोऽष्टकपालकः ।

स्विष्टकृच्च वषट्कारो मोक्षदः सप्तमो मतः ।

संज्ञा निषाद-गान्धार-हीनानामिति सम्मताः ॥ ८१ ॥

इति मध्यमग्रामिक चतुर्दशौड़वताननामानि ।

इति माध्यमग्रामिकचतुर्दशौड़वताननामानि । तान-संज्ञानिरूपणे प्रयोजनमाह—

यद्यन्नामा यस्तानस्तस्य तत्फलमिष्यते ।

यस्य तानस्य यस्य अग्निष्टोमादे र्नाम तस्य सम्यक् प्रयोगे तस्य अग्निष्टोमादेः फलं इष्यते मन्यते पूर्वाचार्यैः । मूर्च्छनातानानां प्रयोजनमाह—

गान्धर्वे मूर्च्छनास्तानाः श्रेयसे श्रुतिचोदिताः ।

गाने स्थानस्य लाभेन ते कूटाश्चोपयोगिनः ॥ ८२ ॥

इति सङ्गीतरत्नाकरे ग्राम मूर्च्छना-क्रम शुद्धतान कूटतान प्रकरणम् ।

मूर्च्छनास्तानाश्च गान्धर्वे मार्गगाने श्रुतिचोदिताः श्रुत्या विहिताः । श्रेयसे अभ्युदयाय निःश्रेयसार्थम् । अतश्च शुद्धमूर्च्छनातानादिप्रयोगस्य धर्मत्वमपि सूच्यते । यतोऽभ्युदयश्रेयसंसिद्धिः स धर्म इत्यङ्गीकारात् । गाने देशीगाने ते शुद्धमूर्च्छनास्तानाः कूटतानाश्च स्थानलाभेन रञ्जकस्थानविशेषलाभेन उपयोगिनो भवन्ति । अथवा मन्द्रमध्यतारादिस्थान प्राप्तये उपयोगिनोभवन्ति । सङ्गीत-समयसारेऽप्युक्तं "ननु तानानां यज्ञानाञ्च कथमेकत्व व्यवहारः? उच्यते । एकस्मिन्नपि ताने उच्चारिते अग्निष्टोमादियागानामेकैकस्य फलोपलब्धेर्गायकानां यज्ञतानादेव सिध्यत्यतो नाऽसङ्गतम् ।

इति श्रीसिंहभूपालविरचितायां सङ्गीतरत्नाकरटीकायां सङ्गीतसुधाकराख्यायां ग्राम मूर्च्छना-क्रम-शुद्धतान-कूटतान-प्रकरणम् ।

साधारण प्रकरणम् ।

साधारणं भवेद्द्वेधा स्वरजातिविशेषणात् ।

इदानीं साधारणलक्षणं कथयति—तत्रान्यतरत्वमेव साधारणसामान्यलक्षणमिति मन्वानोविशेषणद्वयेनेव विभज्य निरूपयति—साधारणं द्वेधा द्विप्रकारं भवेत् स्वरजात्योर्विशेषणात् । तत्रैकं स्वरसधारणमेकं जातिसाधारणमिति । तत्र स्वरसाधारणस्य भेदानाह—

स्वरसाधारणं तत्र चतुर्धा परिकीर्त्तितम् ॥ १ ॥

काकल्यन्तरषड्जैश्च मध्यमेन विशेषणात् ।

स्वरसाधारणं चतुर्द्धा चतुःप्रकारम् । काकलीसाधारणं, अन्तरसाधारणं, षड्जसाधारणं मध्यमसाधारणञ्चेति । लक्ष्यमानलक्षणस्य कथं समानशब्दपर्य्याय साधारणशब्दवाच्यत्वम् ? अत आह—

साधारणं काकलीहि भवेत् षड्जनिषादयोः ॥ २ ॥

साधारण्यमतस्तस्य यत् तत् साधारणं विदुः ।

काकलीस्वरः षड्ज-निषादयोः साधारणस्तुल्यावस्थेति भवति निषादस्य षड्जस्य च श्रुतिद्वयग्रहणात् । अतः कारणात् तस्य काकलिनः उभयोर्निषाद षड्जयोर्यत्साधारण्यं तत्साधारणं विदुः सङ्गीतज्ञाः । साधारणशब्दस्य भावे ष्यण् प्रत्यये साधारणस्य भावः साधारण्यमिति । काकलियुक्तं साधारणशब्दप्रवृत्तिप्रकारं अन्तरेऽप्यतिदिशति—

अन्तरस्यापि ग-मयोरेवं साधारणं मतम् ॥ ३ ॥

अन्तरस्यापि अन्तरस्वरो हि गान्धार-मध्यमयोः साधारणः । गान्धारस्य मध्यमस्य च श्रुतिद्वयग्रहणात् । अस्य अन्तरस्य गान्धारमध्यमयोर्यत्साधारण्यं तत्साधारणमित्यर्थः । काकल्यन्तरयोः प्रयोगनियममाह—

प्रयोज्यौ षड्जमुच्चार्य्य काकली-धैवतौ क्रमात् ।

एवं मध्यममुच्चार्य प्रयुञ्जीतान्तरर्षभौ ॥ ४ ॥

षड्जमुच्चार्य काकलिधैवतौ प्रयोज्यौ। क्रमादिति अवरोहक्रमात्। ततश्च पूर्वं काकली पश्चाद्धैवतः प्रयोक्तव्यः। एवं मध्यममुच्चार्य अन्तरर्षभौ अवरोहक्रमेण प्रयोक्तव्यौ। तितयोर्विकल्पेन अन्यथाप्रयोगनियमं कथयति—

षड्जकाकलिनौ यद्वोच्चार्य षड्जं पुनर्व्रजेत्।
तत्पराण्यतमच्चैवं मध्यमश्चान्तरस्वरम् ॥ ५ ॥
प्रयुज्य मध्यमोग्राह्यस्तत्पराण्यतमोऽथवा।

षड्जं काकलिनञ्चोच्चार्य ततः पुनः षड्जं व्रजेत् उच्चारयेत्। तत्पराण्यतमच्च तस्मात् षड्जात् परे ये ऋषभ-गान्धार-मध्यम-पञ्चम-धैवतास्तेष्वन्यतममेवमुच्चारयेत्। एवं मध्यमं अन्तरस्वरञ्च प्रयोज्य उच्चार्य पुनरपि मध्यमो ग्राह्यस्तस्मान्मध्यमात् परे ये पञ्चम-धैवत-निषाद-षड्जर्षभास्तेष्वन्यतमश्च ग्राह्यः।

अल्पप्रयोगः सर्वत्र काकली चान्तरस्वरः ॥ ६ ॥

काकल्यन्तरस्वरयोः सर्वत्र जातिरागादावल्पप्रयोगः। काकलिसाधारणलक्षणं अन्तरसाधारणलक्षणञ्च काकल्यन्तरस्वरलक्षणेनैवोक्तं मूर्च्छनाप्रकरणे "श्रुतिद्वयञ्चेत् षड्जस्य" इत्यादिना। अतः षड्जसाधारणं मध्यमसाधारणञ्च लक्षयति—

निषादोयदि षड्जस्य श्रुतिमाद्यां समाश्रयेत्।
ऋषभस्त्वन्तिमां प्रोक्तं षड्जसाधारणं तदा।
मध्यमस्यापि ग पयोरेवं साधारणं मतम् ॥ ७ ॥

निषादोयदि षड्जस्य आद्यां श्रुतिं समाश्रयति ऋषभश्च अन्तिमां श्रुतिं तदा षड्जसाधारणम्। एवं गान्धारो यदा मध्यमस्य आद्यश्रुतिं समाश्रयति पञ्चमश्च अन्तिमां श्रुतिं तदा मध्यमसाधारणम्। षड्जसाधारणे निषादस्त्रिश्रुतिः, ऋषभश्चतुःश्रुतिः। मध्यमसाधारणे गान्धारस्त्रिश्रुतिः, पञ्चमश्चतुःश्रुतिः। साधारणे ग्रामयोर्नियमयति—

साधारणं मध्यमस्य मध्यमग्रामगं ध्रुवम्।
साधारणो कैशिके ति केग्रामवद्गणत्वतः।

त एव कैश्चिदुच्येते ग्रामसाधारणे बुधैः ॥ ८ ॥

मध्यमसाधारणं मध्यमग्राम एव । साधारणयोर्मध्ये मध्यमग्रामे मध्यमसाधारणमेव । ततश्च षड्जग्राम एव षड्जसाधारणमिति गम्यते । ते द्वे साधारणे कैशिके इत्युच्येते । केशाग्रवदणुत्वात इति कैशिकशब्दस्य प्रवृत्तिनिमित्तं दर्शितम् । तएव षड्जमध्यमसाधारणे कैश्चिदाचार्यैर्ग्रामसाधारणे इत्युच्येते । जातिसाधारणं लक्षयति—

एकग्रामोद्भवास्वेकांशासु जातिषु यद्भवेत् ।

समानं गानमार्यास्तज्जातिसाधारणं जगुः ॥ ९ ॥

समानग्रामोद्भवासु एकांशस्वरासु जातिषु यत् समानं गानं भवेत् आर्याः आचार्या भरतादयस्तु तज्जातिसाधारणं जगुः । रागादिषु मतभेदेन अन्यथा जातिसाधारणं लक्षयति—

जातिसाधारणं केचिद्रागानेव प्रचक्षते ॥ १० ॥

इति सङ्गीतरत्नाकरे साधारणप्रकरणम् ।

केचित् रागा एव शुद्ध कैशिक मध्यमादयः जातिसाधारणमित्याहुः ।

इति श्रीसिंहभूपालविरचितायां सङ्गीतरत्नाकरटीकायां सङ्गीतसुधाकराख्यायां साधारणप्रकरणम् ।

वर्णालङ्कार प्रकरणम् ।

गानक्रियोच्यते वर्णः स चतुर्द्धा निरूपितः ।
स्थाय्यारोह्यवरोही च सञ्चारीत्यथ लक्षणम् ॥ १ ॥

वर्णं लक्षयति गानेति । स्वराणां वक्ष्यमाणप्रकारेण गानक्रिया गानकरणं उच्चारणमिति यावत् । तत् वर्णशब्देनोच्यते । स वर्णश्चतुर्द्धा भवति । स्थायी, आरोही, अवरोही, सञ्चारी चेति । तत्र स्थायिवर्णलक्षणमाह—

स्थित्वा स्थित्वा प्रयोगः स्यादेकस्यैव स्वरस्य यः ।
स्थायी वर्णः स विज्ञेयः परावन्वर्थनामकौ ।
एतत्संमिश्रणाद्वर्णः सञ्चारी परिकीर्त्तितः ॥ २ ॥

एकस्यैव स्वरस्य स्थित्वा स्थित्वा विलम्ब्य विलम्ब्य प्रयोगः उच्चारणं स्थायिवर्णो विज्ञेयः । यथा षड्जस्य सा सा सा सा । मध्यमस्य मा मा मा मा इति । परौ आरोहिवर्णावरोहिवर्णौ अन्वर्थनामकौ अर्थमनुगतमन्वर्थं नाम ययोस्तौ तावन्वर्थनामकौ नामार्थ एव तयोर्लक्षणमित्यर्थः । यत्र स्वराणामारोहः स आरोहि वर्णः । यत्रावरोहः स अवरोहिवर्ण इति । एतेषां त्रयाणां संमिश्रणात् परस्परलक्षणसञ्चारात् सञ्चारी वर्ण उक्तः । मतङ्गेन त्वेवं सञ्चारिवर्णलक्षणमुक्तम् । यथा "यत्र ताने सञ्चरन्ति स्वरा अन्त्यान्त्यसंहिताः । एकैकशोऽद्वियोवा स सञ्चारी वर्ण उच्यते ॥ यथा मालवकैशिके सा सा स नि म म नि म प भि रि रि पा प नि ध न्येवमादि ।" वर्णानुक्त्वा तदनुगतालङ्कारलक्षणमाह—

विशिष्टवर्णसन्दर्भमलङ्कारं प्रचक्षते ।

केन चिल्लक्षणविशेषेण विशिष्टवर्णसन्दर्भं वर्णसमुदायं अलङ्कारं प्रचक्षते भरताद्यः । मतङ्गेनापि अलङ्कारस्य लक्षणव्युत्पत्ती कथिते । यथा "अलङ्कारशब्देन किमुच्यते ? व्युत्पत्ति र्वा तस्य कीदृशी ? उच्यते । अलङ्कारशब्देन मण्डनमुच्यते । यथा कटककेयूरादिना अलङ्कारेण नारी पुरुषो वा मण्डितः शोभा-

कावहते—तथा एतैरलङ्कारैः प्रसन्नादिभिरलङ्कृता वर्णा गातृश्रोत्रोः सुखावहा भवन्ति। व्युत्पत्तिरपि डुकृञ् करणे इत्यस्माद्धातोरलं शब्दपूर्व्वात् घञ् प्रत्यये अलङ्कार इति रूपम्। तस्य बहुभेदत्वेऽपि किञ्चित् कथनार्थं प्रतिजानीते—

तस्य भेदा बहुविधा * तत्र स्थायिगतान् ब्रुवे ॥ १ ॥

स्थायिवर्णालङ्कारान् लक्षयति—

येषामाद्यन्तयोरेकस्वरस्ते स्थायिवर्णकाः ॥ २ ॥

आदावन्ते च येषां एकएव स्वरस्ते स्थायिवर्णालङ्काराः। तान् परिगणयति—

प्रसन्नादिः प्रसन्नान्तः प्रसन्नाद्यन्तसंज्ञकः।

ततः प्रसन्नमध्यः स्यात् पञ्चमः क्रमरेचितः।

प्रस्तारोऽथ प्रसादः स्यात् सप्तैते स्थायिनि स्थिताः ॥ ३ ॥

एते सप्त स्थायिनि वर्णे स्थिताः। स्थाय्यलङ्कारा इत्यर्थः। अलङ्कारप्रकरणोपयोगिनीं परिभाषामाह—

मन्द्रः प्रकरणेऽत्र स्यान्मूर्च्छनाप्रथमस्वरः।

स एव द्विगुणस्तारः—

अत्र अस्मिन्नलङ्कारप्रकरणे मूर्च्छनायाः प्रथमस्वरो मन्द्रशब्देनोच्यते। स एव मूर्च्छनाप्रथमस्वरो द्विगुणस्तारशब्देनोच्यते। यदा मूर्च्छनाप्रथमस्वरो मन्द्रोभवति तदा स एव मध्यस्तारशब्देनोच्यते। यदा तु मूर्च्छनाप्रथमस्वरो मध्यस्तदा स एव तारस्तारशब्देनोच्यते। विकल्पेन अन्यथा मन्द्रतारादिशब्दवाच्यत्वमाह—

—पूर्व्वः पूर्व्वोऽथवा भवेत् ॥ ४ ॥

मन्द्रः परः परस्तारः—

पूर्व्वस्थानस्थस्वरो मन्द्रः परस्थानस्थस्तार इति। यदा मन्द्रस्थानस्थपूर्व्वस्तदा मध्यमस्थानस्थस्तारः। यदा मध्यस्थानस्थः पूर्व्वस्तदा तारस्थानस्थस्तारः। तत्र मूर्च्छनादिस्वरेणैव पूर्व्वेण भवितव्यमिति नियमो नास्तीति पूर्व्वसूत्रात् तस्माद्भेदः। मन्द्रतारपर्य्यायमाह—

—प्रसन्नं मृदुरित्यपि।

---

* "भेदास्तु बहुधा" इति वा पाठः।

मन्द्रस्तारस्तु दीप्तः स्यात्—

प्रसन्न-मृदु-मन्द्र-शब्दैर्मन्द्रोऽभिधीयते । दीप्ततारशब्दाभ्यां तारः । मन्द्र-तारयोर्लिपिविशेषं कथयति—

—मन्द्रोविन्दुशिरा भवेत् ।

ऊर्द्धरेखाशिरास्तारोलिपौ त्रिवचनात् * प्लुतः ॥ ५ ॥

लिपौ मन्द्रस्वरोविन्दुशिराः शिरसि विन्दुसहितोलेखितव्यः । दीप्तस्तु शिरसि ऊर्द्धरेखया सहितः । त्रिवचनात् त्रिर्व्वचनात् स्वरः प्लुत इत्युच्यते । स स सेत्युच्चारणीय इत्यर्थः । प्रसन्नादिं लक्षयति—

मन्द्रद्वयात् परे तारे प्रसन्नादिरुदीरितः ।

सं सं सा ॥ १ ॥

मन्द्रस्वरद्वयमुच्चार्य्य यदि सकृत् तारस्वर उच्चार्य्यते तदा प्रसन्नादिरलङ्कारः ।

तद्वैलोम्ये प्रसन्नान्तः—

सा सं सं ॥ २ ॥

तस्य प्रसन्नादेर्विपरीतत्वे पूर्व्वं सकृत् तारः पश्चात् द्विमन्द्रश्चेत्तदा प्रसन्नान्तः ।

—प्रसन्नद्वयमध्यगे ॥ ६ ॥

दीप्ते प्रसन्नाद्यन्तः स्यात्—

सं सा सं ॥ ३ ॥

यदि पूर्व्वोमन्द्रः पश्चाद्दीप्तः पुनरपि मन्द्रस्तदा प्रसन्नाद्यः ।

—तारयोर्मध्यगे पुनः ।

मन्द्रे प्रसन्नमध्याख्यमलङ्कारं विदोविदुः ॥ ७ ॥

सा सं सा ॥ ४ ॥

पूर्व्वस्तारः पश्चान्मन्द्रः पुनरपि तारस्तदा प्रसन्नमध्यः । क्रमरेचितं लक्षयति—

आद्यन्तोमूर्च्छनादिश्चेत् स्वरोमध्ये द्वितीयकः ।

सैकाकलाथ चेन्मध्ये स्यात्तृतीयचतुर्थकौ ॥ ८ ॥

* "त्रिपठनात्" इति वा पाठः ।

सा द्वितीया पञ्चमाद्यास्तयोऽन्तश्चेत् कलापरा।
एवं कलात्रयेणोक्तोऽलङ्कारः क्रमरेचितः॥ ८॥

सं रि सं मं गम सं सं पधनि सां॥ ५॥

मूर्च्छनायाः प्रथमस्वर आदावन्ते च तिष्ठति चेत् द्वितीयस्वरोमध्ये एवमेका कला। द्वितीयकलायान्तु मूर्च्छनाप्रथमस्वर एवाद्यन्तः। मध्ये तृतीयचतुर्थौ। तृतीयायान्तु कलायां प्रथमस्वर एवाद्यन्तः। मध्ये पञ्चमषष्ठसप्तमाः स्वराः। एवं कलात्रयेण क्रमरेचितोऽलङ्कारो भवति।

दीप्तान्तश्चेत् प्रतिकलं प्रस्तारः सोऽभिधीयते।

सं रि स सं ग म स सं प ध नि सा॥ ६॥

क्रमरेचितस्य तिसृष्वपि कलासु अन्तिमो दीप्तोभवति चेत् तदा प्रस्ताराख्यो-ऽलङ्कारः।

तारमन्द्रविपर्य्यासात् तत्प्रसादं प्रचक्षते॥ १०॥

सरिसं स ग म सं स प ध नि सं॥ ७॥

इति स्थायिगतालङ्कारः॥ ०॥

प्रस्तार-तारमन्द्रविपर्य्यासात् प्रसादालङ्कारः। क्रमरेचितस्य कलात्रये पूर्वस्तारः अन्तिमस्तु मन्द्र एवेति। इति स्थायिगतालङ्कारः॥

आरोह्यलङ्कारान् परिगणयति—

स्यातां विस्तीर्णनिष्कर्षौ बिन्दुरभ्युच्चयः* परः।
हसितः प्रेङ्खिताक्षिप्तसन्धिप्रच्छादनास्तथा॥ ११॥
उद्गीतोद्वाहितौ तद्वत्त्रिवर्णोवेणिरित्यमी।
द्वादशारोहिवर्णस्यालङ्काराः परिकीर्त्तिताः॥ १२॥

विस्तीर्णालङ्कारं लक्षयति—

मूर्च्छनादेः स्वराद्यत्र क्रमेणारोहणं भवेत्।
स्थित्वा स्थित्वा स्वरैर्दीर्घैः स विस्तीर्णोऽभिधीयते॥ १३॥

---

* "बिन्दुरभ्युच्छ्रयः" इति पाठान्तरम्।

सा री गा मा पा धा नी ॥ १ ॥

मूर्च्छनायाः प्रथमस्वरान् दीर्घैः स्वरैः स्थित्वा स्थित्वा विलम्ब्य विलम्ब्य क्रमेण यत्र आरोहणं भवेत् स विस्तीर्णालङ्कारः। स्वराणां दीर्घत्वात् विलम्बितत्वाच्च क्रमाद्भेदः ।

ह्रस्वैः स्वरैः सनिष्कर्षो द्विर्द्विरुक्तैर्निरन्तरैः ।

सस रिरि गग मम पप धध निनि ॥ २ ॥

त्रिश्चतुर्व्वास्वरोच्चारो गात्रवर्णमिमं विदुः ॥ १४ ॥

ससस रिरिरि गगग ममम पपप धधध निनिनि ॥

सससस रिरिरिरि गगगग मममम पपपप धधधध निनिनिनि ॥ २ ॥

ह्रस्वैः स्वरैर्द्विर्द्विरुक्तैः क्रमेणोच्चारितैर्निष्कर्षालङ्कारः। स्वराणां त्रिश्चतुर्व्वा उच्चारे गात्रवर्णालङ्कारः। मतान्तरेण गात्रवर्णस्य निष्कर्षान्तर्भावमाह—

निष्कर्षस्यैव भेदौ द्वौ केचिदेतौ बभाषिरे ।

एतौ द्वौ भेदौ त्रिचतुःस्वरोच्चाररूपौ ।

प्लुतं ह्रस्वं प्लुतं ह्रस्वं प्लुतं ह्रस्वं प्लुतं स्वरम् ।

कुर्व्वन् क्रमाद्यदारोहेत्तदा बिन्दुरयं मतः ॥ १५ ॥

सासासारि गागागाम पापापाध नीनीनी ॥ ३ ॥

प्रथमस्वरं त्रिरुच्चार्य्य द्वितीयस्वरं सकृत्, तृतीयस्वरं त्रिः, चतुर्थस्वरं सकृत्, पञ्चमस्वरं त्रिः, षष्ठस्वरं सकृत्, सप्तमस्वरं त्रिरुच्चारयेत् तदा बिन्द्वाख्योऽलङ्कारः।

एकान्तरस्वरारोहमाहुरभ्युच्चयं* बुधाः ॥ १६ ॥

स ग प नि ॥ ४ ॥

एकान्तरस्वरारोहणेन अभ्युच्चयाख्योऽलङ्कारः।

यत्रैकान्तरवृद्धाभिरावृत्तिभिरुदीरिताः।

आरुह्यन्ते स्वराः प्राहुर्हसितं तं गिर्वप्रियः ॥ १७ ॥

---

* पूर्व्वपदत्रापि अभ्युच्छ्रयमिति पाठान्तरम्।

सरिरि गगग मममम पपपपप धधधधधध
निनिनिनिनिनिनि ॥ ५ ॥

यत्र स्वराणामेकोत्तरवृद्ध्या आवृत्तिः, प्रथमस्वरः सकृत्, द्वितीयो द्विः, तृतीयस्त्रिः, चतुर्थश्चतुः, पञ्चमः पञ्चकृत्वः, षष्ठः षट्कृत्वः, सप्तमः सप्तकृत्वः, उच्चार्यते तमलङ्कारं शिवप्रियः शार्ङ्गदेवो ह्रसितमिति प्राह ॥

स्वरद्वयं समुच्चार्य्य पूर्व्वपूर्व्वयुतं परम्।
यदान्दोलितमारोहेत् प्रेङ्खितोऽसौ क्रमोऽथवा ॥ १८ ॥

सरि रिग गम मप पध धनि ॥ ६ ॥

पूर्व्वं स्वरद्वयमुच्चार्य परपूर्व्वयुतं पूर्व्वापेक्षया परो द्वितीयः स्वरस्तद्युतं परं तृतीयं आरोहेत्। पुनरपि तृतीयं चतुर्थं चतुर्थयुतं पञ्चमं पञ्चमयुतं षष्ठं षष्ठयुतं सप्तमं आन्दोलनं यदा आरोहति, तदा, असावलङ्कारः प्रेङ्खितनामा, अथवा, क्रमनामा भवति। आक्षिप्तं लक्षयति—

एकान्तरं स्वरयुगं तादृक् पूर्व्वयुतं परम्।
क्रमादारोहति यदा तदाक्षिप्तं प्रचक्षते ॥ १९ ॥

सगा गपा पनी ॥ ७ ॥

पूर्व्वोक्तरीत्या यदा एकान्तरस्वरयुगमारोहति—प्रथम सहितं तृतीयं तृतीय सहितं पञ्चमं पञ्चमसहितं सप्तमं यदा आरोहति—तदा आक्षिप्तालङ्कारः। सन्धिप्रच्छादनं लक्षयति--

त्रिस्वराद्याकलान्ये च पूर्व्वपूर्व्वान्तिमादिमे।
कले त्रिस्वरे यत्र सन्धिप्रच्छादनस्तु सः ॥ २० ॥

सरिगा गमपा पधनी ॥ ८ ॥

आद्या कला त्रिस्वरा अन्ये द्वेकले पूर्व्वपूर्व्वान्तिमादिमे पूर्व्वस्याः पूर्व्वस्याः कलायाः योऽन्तिमस्वरः स आदिमो ययोः ते तथाविधे त्रिस्वरे यस्मिन् स त्रिकलः सन्धिप्रच्छादनः। उद्गीतं कथयति—

यदाद्याद्यस्त्रिराहत्तः कलयोस्त्रिस्वरात्मनोः।

तदोद्गीतो —

ससससरिगा ममममपधा ॥ ९ ॥

त्रिस्वरयोः कलयोर्यदा आद्यस्वरस्त्रिरावर्त्तते तदा उद्गीताख्योऽलङ्कारः। एकस्मिन्नलङ्कारे मूर्च्छनायाः षडेव स्वरा व्याप्यन्ते। सप्तमस्य समाप्तिर्नास्ति। अधुना उद्वाहितं वर्णयति—

—मध्यमेन ताद्दृशोद्वाहितोमतः ॥ ११ ॥

सरिरिरिगा मपपपधा ॥ १० ॥

त्रिस्वरयोः कलयोर्मध्यमेन स्वरेण तादृशस्वरावृत्तेन उद्वाहिताख्योऽलङ्कारः। त्रिवर्णं लक्षयति—

अन्त्यस्य तु त्रिरावृत्तौ त्रिवर्णं वर्णयन्त्यमुम् ॥ १२ ॥

सरिगगगा मपधधधा ॥ ११ ॥

त्रिस्वरयोः कलयोरन्त्यस्य त्रिरावृत्तौ त्रिवर्णाख्योऽलङ्कारः। पृथग्वेणि माचष्टे—

त्रयाणान्तु त्रिरावृत्तौ पृथग्वेणिरुदीरितः ॥ १३ ॥

ससस रिरिरि गगग ममम पपप धधध ॥ १२ ॥

इत्यारोह्यलङ्कारः ॥

त्रिस्वरयोः त्रयाणामपि स्वराणां त्रिरावृत्तौ पृथग्वेणिरलङ्कारः। एतेषु त्रिष्वलङ्कारेषु सप्तस्वरावृत्तिर्नास्ति॥ इत्यारोह्यलङ्कारः॥

अवरोह्यलङ्कारं लक्षयति—

अवरोहक्रमादेते द्वादशाप्यवरोहिणः ॥ १४ ॥

इत्यवरोह्यलङ्कारः ॥

एतदेव अवरोहक्रमेण अवरोह्यलङ्कारा भवन्ति॥ इत्यवरोह्यलङ्कारः॥

सञ्चार्यलङ्कारान् परिगणयति—

मन्द्रादिर्मन्द्रमध्याद्य मन्द्रान्तः स्यादतः परम् ।
प्रस्तारश्च प्रसादोऽथ व्यावृत्तस्खलितावपि ॥ १५ ॥

* परिवर्त्ताक्षेपबिन्दूद्वाहितोर्म्मिसमास्तथा।
प्रेङ्खनिष्कूजितश्येनक्रमोद्घट्टितरञ्जिताः॥ १६॥
सन्निवृत्तप्रवृत्तोऽथ वेणुश्च ललितस्वरः।
हुङ्कारोह्लादमानश्च ततः स्यादवलोकितः।
स्युः सञ्चारिण्यलङ्काराः पञ्चविंशतिरित्यमी॥ १७॥

मन्द्रादादयः पञ्चविंशतिः सञ्चार्यलङ्काराः। तत्र मन्द्रादिं लक्षयति—

त्रिस्वराद्याकलैकैकमन्द्रत्यागेन चापराः।
त्रिस्वराश्चेत् कला मन्द्राद्यामन्द्रादिस्तदा भवेत्॥ १८॥

सगरी रिमगा गपमा मधपा पनिधा॥ १॥

आद्या कला त्रिस्वरा प्रथमतृतीयद्वितीयस्वरयुक्ता अन्या अपि मन्द्राद्याः कलाः एकैकमन्द्रत्यागेन यदि भवन्ति तदा मन्द्रादिरलङ्कारः॥ मन्द्रमध्य-मन्द्रान्तौ लक्षयति—

ताः कला मन्द्रमध्यान्ताः क्रमाच्चेदपरा तदा॥ १६॥

मन्द्रमध्योयथा—

गसरी मरिगा पगमा धमपा निपधा॥ २॥

मन्द्रान्तोयथा—

रिगसा गमरी मपगा पधमा धनिपा॥ ३॥

तास्वेव पञ्चसु कलासु मन्द्रोमध्ये भवति चेन्मध्यश्च आदौ तदा मन्द्रमध्योऽल-ङ्कारः। तास्वेव मन्द्रोऽन्ते भवति चेत् अन्तिमश्च आदौ तदा मन्द्रान्तोऽलङ्कारः। प्रस्तारालङ्कारं कथयति—

त्यक्तान्तरं स्वरयुगं त्यक्तादारभ्यते पुनः।
युगं तादृक् समारोहेत्तदा प्रस्तार उच्यते॥ २०॥

सगा रिमा गपा मधा पनी॥ ४॥

त्यक्तान्तरं स्वरयुगं प्रथमतृतीयस्वरमारुह्य त्यक्ताद्द्वितीयस्वरादारभ्यते

---

* "परिवर्त्तोत्क्षेप" इति पाठान्तरम्।

तादृक् त्यक्तान्तरं स्वरयुगं द्वितीयचतुर्थस्वरयुगं एवं तृतीयपञ्चमस्वरयुगं चतुर्थ षष्ठस्वरयुगं पञ्चमसप्तमस्वरयुगञ्च यद्यारोहति तदा प्रस्ताराख्योऽलङ्कारः ॥ प्रसादं लक्षयति—

पूर्व्वः पूर्व्वः परस्योर्द्धाधोवर्त्ती क्रियते स्वरः ।
यदा तदा प्रसादः स्यादित्याह श्रीकरणेश्वरः ॥ २१ ॥
सरिसा रिगरी गमगा मपमा पधपा धनिधा ॥ ५ ॥

पूर्व्वः पूर्व्वःस्वरः परस्य द्वितीयस्वरस्य ऊर्द्धाधोवर्त्ती आद्यन्तवर्त्ती यदि क्रियते तदा प्रसादाख्योऽलङ्कारः ॥ व्यावृत्तमाख्याति—

चतुःस्वरा कला तत्राद्यात् तृतीयं द्वितीयकात् ।
तुर्य्यं गत्वादिमं गच्छेदेवमेकैकहानतः ।
चतुःस्वरा परा यत्र स व्यावृत्तः स्मृतोबुधैः ॥ २२ ॥
सागरिमासा रीमगपारी गापमधागा माधपनीमा ॥ ६ ॥

एकस्मिन् कला चतुःस्वरा तस्याः प्रथमतृतीयद्वितीयचतुर्थाद्याः स्वरा उच्चार्याः । प्रथमस्वरपरित्यागेन अन्यदेवमेव कलात्रयं यत्र सः व्यावृत्ताख्योऽलङ्कारः ॥ स्खलितं लक्षयति—

कलां प्रयुज्य मन्द्रादेर्द्विरुक्तोर्द्ध्वस्वरान्विताम् ।
अवरोहेत चेदेष स्खलिताख्यस्तदा भवेत् ॥ २३ ॥
सगरिममरिगस रिमगपपगमरि गपमधधमपग
मधपनिनिपधम ॥ ७ ॥

मन्द्रादेरलङ्कारस्य प्रथमस्ततोऽद्वितीय स्वरयुक्तां त्रिस्वरां कलां प्रयुज्य ऊर्द्ध्वं स्वरं चतुर्थं स्वरं द्विरुच्चार्य्य सकलावरोहेण चेदुच्चार्य्यते तदा अष्टस्वरकलः स्खलिताख्योऽलङ्कारः ॥ परिवर्त्तकमलङ्कारं लक्षयति—

स्वरं द्वितीयमुज्झित्वा त्रिस्वराद्याकला यदि ।
त्यक्तादारभ्य तादृक्षोऽन्यास्तदा परिवर्त्तकः ॥ २४ ॥
सगमा रिमपा गपधा मधनी ॥ ८ ॥

द्वितीयस्वरमुज्झित्वा प्रथमतृतीयचतुर्थस्वरैः त्रिस्वरा प्रथमा कला व्यक्ताद्-द्वितीयस्वरादारभ्य एवमेव अन्याः कलाः यत्र सः परिवर्त्ताख्योऽलङ्कारः॥ आक्षेपमाविष्करोति—

त्रिस्वराश्चेत् कलाः पूर्व्वपूर्व्वत्यागोर्द्ध्वसंक्रमैः॥ २५॥

तदाक्षेपो *—

सरिगा रिगमा गमपा मपधा पधनी॥ ९॥

त्रिस्वराः कलाः पूर्व्वपूर्व्वत्यागेन ऊर्द्ध्वस्वरव्याप्त्या च यदि क्रियन्ते तदा आक्षेपालङ्कारः॥ बिन्दुं लक्षयति—

—ऽथ बिन्दुः स † यत्र प्लुतमधःस्वरम्।

कृत्वाग्निवत् परं स्पृष्ट्वाधः स्पर्शेनाखिलाः कलाः॥ २६॥

सासासारिसा रीरीरीगरी गागागामगा मामामापमा

पापापाधपा धाधाधानिधा॥ १०॥

अधःस्वरं पूर्व्वस्वरं प्लुतं कृत्वा तिरस्कार्य्य परं द्वितीयं अग्निवत् सकृत् स्पृष्ट्वा आद्यः सकृदुच्चारणीयः। एवं द्वितीयस्वराद्याः पञ्चस्वराः कला यत्र, स बिन्द्वाख्योऽलङ्कारः॥ उद्वाहितं लक्षयति—

कलायां त्रीन् स्वरान् गीत्वावरुह्यैकं पराः कलाः।

यत्रैकैकोज्झिता गीतास्तद्वदुद्वाहितस्तु सः॥ २७॥

सरिगरि रिगमग गमपम मपधप पधनिध॥ ११॥

त्रीन् स्वरान् गीत्वा एकं स्वरमवरोहेत् पूर्व्वस्वरपरित्यागेन एवमेव द्वितीय स्वराद्या अन्याः कलास्तदा उद्वाहिताख्योऽलङ्कारः॥ ऊर्म्मिं निरूपयति—

मूर्च्छनादेः स्वरात् तूर्य्यं प्लुतीकृत्याद्यमेत्य च।

तूर्य्यगाने कलैकैकहानाद्यतापरास्तथा॥ २८॥

---

* तदोत्क्षेपो इति वा पाठभेदः।

† "स" इत्यत्र "स्यात्" इति पाठोऽपि दृश्यते।

स ऊर्म्मिः स्यात्—

समामामासमा रिपापापारिपा गधाधाधागधा
मनीनीनीमनी ॥ १२ ॥

मूर्च्छनादिस्वरात् तुरीयं चतुर्थं स्वरं प्लुतीकृत्य त्रिरुच्चार्य्य आद्यं सकृत्-गीत्वा पुनरपि चतुर्थं स्वरं सकृत् गायेत् प्रथमस्वरपरित्यागेन च एवमेव अन्याः कलाः यत्र, स ऊर्म्म्यलङ्कारः ॥ समं लक्षयति—

—स तु समः कला यत्र चतुःस्वराः ।
तुल्यारोहावरोहैकैकहानादपरास्तथा ॥ २९ ॥

सरिगम मगरिस रिगमप पमगरि गमपध धपमग मपधनि
निधपम ॥ १३ ॥

यस्मिन् कलायां चत्वारः स्वराः क्रमेण आरुह्यन्ते अवरुह्यन्ते च अन्या अपि कलाः प्रथमैकैकस्वरपरित्यागेन, स समाख्योऽलङ्कारः ॥ प्रेङ्खं लक्षयति—

कला गतागतवती द्विस्वरैकैकहानतः ।
यत्रान्यास्ताहशः स स्यात् प्रेङ्खो—

सरीरिसा रिगागरी गमामगा मपापमा पधाधपा धनीनिधा ॥१४॥

द्विस्वराः कला आरुह्यन्ते अवरुह्यन्ते चास्मिन् गतागते आरोहावरोहौ तद्वती प्रथमैकैकस्वरपरित्यागाच्च अन्याः कलाः यत्र, स प्रेङ्खालङ्कारः ॥ निष्कूजितं लक्षयति—

—निष्कूजितः पुनः ॥ ३० ॥
प्रसादस्य कलां गीत्वा तत् कलादेस्तृतीयकम् ।
गत्वाद्यगानाद्भवति—

सरिसागसा रिगरीमरी गमगापगा मपमाधमा पधपानिपा ॥१५॥

प्रसादालङ्कारस्य कलां प्रथमद्वितीयस्वरयुक्तां गीत्वा आदिस्वरात् तृतीयं गत आद्यं यदि गायेत् तदा निष्कूजितालङ्कारः ॥ श्येनं कथयति—

—श्येनः सस्वादियुग्मकैः ॥ ३१ ॥

क्रमात् सरिगमाद्यैः स्यात्—

सप रिध गनि मस ॥ १६ ॥

सम्वादिनां युग्मचतुष्टयेन षड्जर्षभगान्धारमध्यमादिना क्रमेणालङ्कारः। अत्र षड्जपञ्चमयोर्ऋषभधैवतयोर्गान्धारनिषादयोर्मध्यमधैवतयोश्च युग्मचतुष्टयम्॥ क्रमाख्यमलङ्कारं स्पष्टयति—

—कलाद्वित्रिचतुःस्वराः।

आद्यस्वराद्यास्तिस्रः स्युर्द्वितीयाद्यादयस्तथा ॥ ३२ ॥

यत्रासौ क्रम इत्युक्तः—

सरिसरिगसरिगम रिगरिगमरिगमप गमगमपगमपध

मपमपधमपधनि ॥ १७ ॥

प्रथमस्वरमारभ्य तिस्रः कला गेयाः। एका द्विस्वरा एका त्रिस्वरा एका चतुःस्वरा। एवं द्वितीयतृतीयचतुर्थस्वरमारभ्य तिस्रःकला यत्र गीयन्ते स क्रमाख्योऽलङ्कारः॥ उद्घाटितं लक्षयति—

—स तूद्घाटित उच्यते ॥ ३३ ॥

यत्र स्वरद्वयं गीत्वा पञ्चमाच्चतुरः स्वरान्।

अवरोहेत् कलां गायेत् तथैकैकोज्झनात् पराः ॥ ३४ ॥

सरीपमगरी रिगाधपमगा गमानिधपमा ॥ १८ ॥

स्वरद्वयं गीत्वा पञ्चमस्वरात् चतुःस्वरानवरोहेत्। एवं द्विस्वरमारभ्य कलात्रयं यत्र, स उद्घाटिताख्योऽलङ्कारः॥ रञ्जितं निरूपयति—

द्विरुक्ता यदि मन्द्रान्ता मन्द्रादेः स्युः कलास्तदा।

रञ्जितो—

सगरिसगरिसा रिमगरिमगरी गपमगपमगा मधपमधपमा

पनिधपनिधपा ॥ १९ ॥

मन्द्रादेः प्रथमतृतीयद्वितीयस्वरयुक्तस्य कला द्विरुच्चार्यते अन्ते च मन्द्रः मूर्च्छनाप्रथमस्वरो निक्षिप्यते तदा रञ्जिताख्योऽलङ्कारः॥ सन्निवृत्तप्रवृत्तकालक्षणं कथयति—

—ऽथ भवेदेष सन्निवृत्तप्रवृत्तकः ॥ ३५ ॥

यत्राद्यपञ्चमौ गीत्वा तूर्यात्त्रीनवरोहति ।

क्रमात् कला सा यत्रान्यास्तद्वदेकैकहानतः ॥ ३६ ॥

सपामगरी रिधापमगा गानीधपमा ॥ २० ॥

यत्र प्रथमं पञ्चमञ्च स्वरं गीत्वा तूर्यात् स्वरात् त्रीन् स्वरानवरोहेण गायेत् एवमेका कला प्रथमैकस्वरैः परित्यागाच्चान्यकलाद्वयं, स सन्निवृत्तप्रवृत्ताख्योऽलङ्कारः ॥ वेणुं लक्षयति—

यत्राद्यः स्वाद्विर्द्वितीयचतुर्थकतृतीयकाः ।

सकृत् कलान्यास्त्वेकैकहानाद्वेणुरसौ मतः ॥ ३७ ॥

सासारिमगा रीरीगपमा गागामधपा मामापनिधा ॥ २१ ॥

यस्मिन्नाद्यस्वरो द्विर्गीयते द्वितीयचतुर्थतृतीयकाः सकृद्गीयन्ते सैका कला। प्रथमैकस्वरैः परित्यागाच्च अन्याः कलाः, स वेणुरलङ्कारः ॥ ललितस्वरं कथयति—

गीत्वाद्यौ द्वौ चतुर्थञ्च यस्मान्ताववरोहति ।

सा कलान्याश्च तादृश्योयत्रासौ ललितस्वरः ॥ ३८ ॥

सारिमारिसा रीगपागरी गानिधामगा मापनीपमा ॥ २२ ॥

प्रथमस्वरद्वयं गीत्वा तदनन्तरं चतुर्थं गीत्वा तौ प्रथमद्वितीयाववरोहेत् । सा एका कला भवति । अन्याश्च द्वितीयतृतीयचतुर्थस्वराद्यास्तिस्रः, स ललितस्वराख्योऽलङ्कारः ॥ हुङ्कारं कथयति—

आदिमेन कला यत्र द्विस्वराद्या गतागतैः ।

स्वरैरेकोत्तरं वृद्धैः स हुङ्कारोनिगद्यते ॥ ३९ ॥

सरिसा सरिगरिसा सरिगमगरिसा सरिगमपमगरिसा

सरिगमपधपमगरिसा सरिगमपधनिधपमगरिसा ॥ २३ ॥

आदिमेन प्रथमेन स्वरेण स्वद्विस्वरकला गतागतैः आरोहावरोहैः ततस्त्रिस्वरा ततश्चतुःस्वरा ततःपञ्चस्वरा षट्स्वरा सप्तस्वरा आरोहावरोहैर्यत्र गीयन्ते स हुङ्काराख्योऽलङ्कारः ॥ ह्रादमानं कथयति—

ह्रादमाने प्रसन्नान्ता मन्द्रादेस्तु कला मताः ॥ ४० ॥

सगरिस रिमगरि गपमग मधपम पनिधप ॥ २४ ॥

मन्द्रादेः प्रथमद्वितीयतृतीयस्वरयुक्तस्य प्रसन्नान्ताः प्रथमस्वरान्ताः कला यदि गीयन्ते तदा ह्रादमानाख्योऽलङ्कारः ॥ अवलोकितं कथयति—

यदारोहेऽवरोहे च स्वद्वितीयं परित्यजेत्।

चतुःस्वरा समकला तदा स्यादवलोकितः ॥ ४१ ॥

सगमामरिसा रिमपापगरी गपधाधमगा मधनीनिपमा ॥ २५ ॥

यत्र चतुस्वरा समालङ्कारस्य कला आरोहे अवरोहे च द्वितीयस्वरं परित्यजति तदा अवलोकिताख्योऽलङ्कारः ॥

एवं * सञ्चार्य्यलङ्कारा आरोहेण प्रदर्शिता।

एतानेवावरोहेण प्राह श्रीकरणाग्रणीः ॥ ४२ ॥

इति सञ्चार्य्यलङ्काराः ॥

एवमनेन प्रकारेण सञ्चार्यलङ्कारा आरोहेण कथिता। एतान् श्रीकरणाग्रणीः शार्ङ्गदेवः अवरोहेण प्राह ॥ इति सञ्चार्यलङ्काराः ॥

गीतज्ञोपदर्शितानेव प्रसिद्धानन्यान् सप्तालङ्कारानाह—

अन्येऽपि सप्तालङ्कारा गीतज्ञैरुपदर्शिताः।

तारमन्द्रप्रसन्नश्च मन्द्रतारप्रसन्नकः ॥ ४३ ॥

आवर्त्तकः सम्प्रदानोविधूतोऽप्युपलोलकः।

उल्लासितश्चेति तेषामधुना लक्ष्म कथ्यते ॥ ४४ ॥

लाघवार्थं सर्व्वेषां साधारणं लक्षणमाह—

कलास्तेषां द्वितीयाद्याः पूर्व्वैकैकप्रहाणतः।

एतेषां प्रथमकलालक्षणमेव वक्ष्यति—द्वितीयस्वराद्या एकैकस्वरपरित्यागात् कला ज्ञातव्या ॥ तारमन्द्रप्रसन्नमलङ्कारं विशदयति—

अष्टमस्वरपर्य्यन्तमारुह्याद्यं व्रजेद्यदि।

---

* "एते" इति बहुलपन्थपाठः।

तारमन्द्रप्रसन्नोऽयमलङ्कारस्तदोच्यते ॥ ४५ ॥

सं रि ग म प ध नि स सां ॥ १ ॥

प्रथमस्वरमारभ्य अष्टमस्वरानारोहेण गीत्वा प्रथमस्वरं यदि गायेत् तदा तारमन्द्रप्रसन्नाख्योऽलङ्कारः ॥ मन्द्रतारप्रसन्नं स्पष्टयति—

मन्द्रादष्टममुत् पत्य सप्तकस्यावरोहणे ।

मन्द्रतारप्रसन्नाख्यमाह माहेश्वरोत्तमः ॥ ४६ ॥

सां सा नि ध प म ग रि सां ॥ २ ॥

मन्द्रादष्टमस्वरं गीत्वा यदि सप्तमाद्याः सप्तस्वरा अवरोहेण गीयन्ते तदा मन्द्रतारप्रसन्नाख्योऽलङ्कारः ॥ आवर्तकमाचष्टे—

आद्यं द्वितीयमाद्यञ्च द्विर्द्विर्गीत्वा द्वितीयकम् ।

सकृदाद्यं यत्कलायां गायेदावर्त्तकस्तु सः ॥ ४७ ॥

सस रिरि ससरिस रिरि गग रिरिगरि गग मम गगमग

मम पप ममपम पप धध पपधप धध निनि धधनिध ॥ ३ ॥

आद्यस्वरं द्वितीयं पुनराद्यञ्च द्विवारं गीत्वा पुनर्द्वितीयमाद्यञ्च यदि सकृद्गायेत् तदा आवर्त्तकाख्योऽलङ्कारः ॥ सम्प्रदानं लक्षयति—

एतस्यैव कलान्त्यौ द्वौ स्वरौ सन्त्यज्य गीयते ।

यदा तदा सम्प्रदानमलङ्कारं विदुर्बुधाः ॥ ४८ ॥

ससरिरिसस रिरिगगरिरि गगममगग ममपपमम

पपधधपप धधनिनिधध ॥ ४ ॥

एतस्य आवर्त्तकस्य अन्त्यं स्वरद्वयं विहाय यदा अन्याः कला गीयन्ते तदा सम्प्रदानाख्योऽलङ्कारः ॥ विधूतालङ्कारं कथयति—

युग्ममेकान्तरितयोस्त्यक्त्वाद्यमेवमेव चेत् ।

द्विर्द्विः प्रयुज्येत तदा विधूतो बुधसम्मतः ॥ ४९ ॥

सगसग रिमरिम गपगप मधमध पनिपनि ॥ ५ ॥

एकान्तरितं स्वरद्वयं द्विर्गायेत् त्यक्त्वमारभ्य एकान्तरितं स्वरद्वयं द्विर्गायेत् । एवं चतुःस्वरःपञ्चकलो विधूताख्योऽलङ्कारः ॥ उपलोलं निरूपयति—

कलायामाद्ययोर्युग्मं चेत्तृतीयद्वितीययोः ।

द्विर्द्विः प्रयुज्यते तज्ज्ञैरुपलोलस्तदोच्यते ॥ ५० ॥

सरिसरिगरिगरि रिगरिगमगमग गमगमपमपम

मपमपधपधप पधपधनिधनिध ॥ ६ ॥

प्रथमस्वरयोर्युग्मं द्विर्गीत्वा तृतीयद्वितीयस्वरयोर्युग्मं द्विर्गीयते यदा तदा उपलोलाख्योऽलङ्कारः ॥ उल्लासितं लक्षयति—

द्विर्गीत्वाद्यं तृतीयञ्च प्रथमञ्च तृतीयकम् ।

सकृद्गायेद्यत्कलायां तमुल्लासितमूचिरे ॥ ५१ ॥

ससगसगा रिरिमरिमा गगपगपा ममधमधा पपनिपनी ॥ ७ ॥

इति सप्तालङ्काराः ॥

यत्कलायां प्रथमस्वरं द्विर्गीत्वा तृतीयं प्रथमं पुन स्तृतीयञ्च सकृद्गीयते तं उल्लासितं ऊचिरे सङ्गीताचार्य्यैः ॥ इति सप्तालङ्काराः ॥ समस्तालङ्कारकथनमशक्य- मित्याह—

इति प्रसिद्धालङ्कारास्त्रिषष्टिरुदिता मया ।

अनन्तत्वात्तु ते शास्त्रे न सामस्त्येन कीर्त्तिताः ॥ ५२ ॥

अलङ्कारप्रयोजनमाह—

रक्तिलाभः स्वरज्ञानं वर्णानाञ्च विचित्रता ।

इति प्रयोजनान्याहुरलङ्कारनिरूपणे ॥ ५३ ॥

इति सङ्गीतरत्नाकरे वर्णालङ्कारप्रकरणम् ।

स्वराणां रञ्जकत्वज्ञानं स्वरूपज्ञानञ्च स्थाय्यादिवर्णानां वैचित्रञ्च अलङ्कार- निरूपणे प्रयोजनम् ॥

इति श्रीसिंहभूपालविरचितायां सङ्गीतरत्नाकरटीकायां सङ्गीतसुधाकराख्यायां वर्णालङ्कारप्रकरणम् ।

जातिप्रकरणम् ।

शुद्धाः स्युर्जातयः सप्त—

जातीर्निरूपयति शुद्धा इति । शुद्धाः सप्त जातयो भवन्ति । तासां किन्नामेत्यपेक्षायामाह--

—ताः षड्जादिस्वराभिधाः ।

षड्जादयः सप्त स्वरास्तेषां नाम्नि कारणभूताः । तासां तान्येव स्वरसम्बन्धीनि नामानि कथयति—

षाड्ज्यार्षभी च गान्धारी मध्यमा पञ्चमी तथा ।
धैवती चाथ नैषादी—

तासां शुद्धलक्षणं प्रतिज्ञाय कथयति—

—शुद्धतालक्ष्म कथ्यते ॥ १ ॥
यासान्नामस्वरो न्यासोऽपन्यासोऽंशोग्रहस्तथा ।
तारन्यासविहीनास्ताः पूर्णाः शुद्धाभिधा मताः ॥ २ ॥

यासां जातीनां नामस्वर एव न्यासः अपन्यासः अंशः ग्रहश्च भवति । न्यासस्वरस्य तारो न भवति । ताः शुद्धा ज्ञातव्याः । न्यासादिलक्षणं वक्ष्यति ॥

विकृता जातीः कथयति—

विकृता न्यासवर्ज्जैतल्लक्ष्महीना भवन्त्यमूः ॥ ३ ॥

न्यासं विना उक्तलक्षणहीना विकृताः । न्यासलक्षणहीनत्वं तारन्यासत्वं तत् किं विकृतानां न सम्भवति ? न । तदुक्तं मतङ्गेन "याः शुद्धास्तासु नामकार्य्यो न्यासो नियमेन मन्द्रो भवति । या विकृतास्तासां नामकारी मन्द्रो भवतीत्यनियमः । तत्र शुद्धानां जातीनां शुद्धत्वं विकृतत्वञ्च रूपद्वयमस्ति । षड्जकैशिक्यादीनामेकादशजातीनान्तु विकृतत्वमेव न शुद्धत्वमिति ।" जातिशब्दव्युत्पत्तिरप्युक्ता मतङ्गेन "श्रुतिस्वरग्रामसमूहाज्जायन्त इति जातयः । यद्वा-

षड्जादिभ्योजायन्त इति जातयः। अथवा जायते रसप्रीतिर्याभ्य इति जातयः। यद्वा सकलस्य रागादेर्जन्महेतुत्वाज्जातयः। अथवा यथा नराणां ब्राह्मणत्वादयोजातयः शुद्धा विकृताश्च एवमेता अपीति जातयः।" इति॥ विकृतभेदान् गणयति—

सम्पूर्णत्वग्रहांशापन्यासेष्वेकैकवर्ज्जनात्।
भवन्ति भेदाश्चत्वारोद्वयोस्त्यागे तु षण्मताः॥ ४॥
त्यागे त्रयाणाञ्चत्वार एकस्त्यक्ते चतुष्टये।
भेदाः पञ्चदशैवैते षाड्ज्याः सद्भिर्निरूपिताः॥ ५॥
तत्राष्टौ पूर्णताहीनाः सप्त त्वितरवर्जिताः।

शुद्धजातीनां चत्वारि लक्षणानि—नामस्वरग्रहत्वं, नामस्वरांशत्वं, नामस्वरापन्यासत्वं, सम्पूर्णत्वं सप्तस्वरत्वञ्चेति। तत्र सम्पूर्णत्वपरित्यागेनैकोविकृत भेदः, ग्रहपरित्यागेनैकः, अंशपरित्यागेनैकः, न्यासपरित्यागेनैकः, एवमेकैकपरित्यागे चत्वारोभेदाः॥ सम्पूर्णत्वग्रहपरित्यागेनैकः, सम्पूर्णत्वांशपरित्यागेनैकः, सम्पूर्णत्वापन्यासपरित्यागेनैकः, ग्रहांशपरित्यागेनैकः, ग्रहापन्यासपरित्यागेनैकः, अंशापन्यासपरित्यागेनैकः। एवं लक्षणद्वयपरित्यागेन षड्भेदा विकृता भवन्ति। सम्पूर्णत्वग्रहांशपरित्यागेनैकः, सम्पूर्णत्वग्रहापन्यासपरित्यागेनैकः, सम्पूर्णत्वांशापन्यासपरित्यागेनकः, ग्रहांशापन्यासपरित्यागेनैकः। एवं लक्षणत्रयपरित्यागे चत्वारोविकृताभेदा भवन्ति। लक्षणचतुष्टयपरित्यागे एक एव भेदः। एवं षाड्ज्याः पञ्चदशभेदा भवन्ति। तेषु पूर्णताहीना अष्टौ। इतरलक्षणहीनाः सप्त। षाड्ज्या। षाड्वत्वेनैव असम्पूर्णत्वम्॥ अन्येषां षाड्वत्वेनौड़वत्वेनैव च भेदाधिक्यं कथयितुमाह—

द्विधाः स्युः पूर्णताहीनाः षाड़वौड़वभेदतः॥ ६॥
अतोऽष्टावधिकास्त्वार्षभ्यादिष्वौड़वजातिषु।
अतस्त्रयोविंशतिधा भेदाः प्रत्येकमीरिताः॥ ७॥

पूर्णताहीना भेदाः षट्स्वरत्वेन पञ्चस्वरत्वेन च द्विविधाः। अत आर्षभ्यादिषु षट्सु जातिषु अष्टौ भेदा अधिका विकृता भवन्ति। प्रत्येकं तासां त्रयो-

विंशतिर्विकृता भेदाः । एतासां मिलितविकृतभेदास्त्रिसङ्ख्याधिकं शतं भवन्ति । विकृतसंसर्गाज्जाता एकादश जातीर्नित्यविकृताः कथयति—

विकृतानान्तु संसर्गाज्जाता एकादश स्मृताः ।
स्यात् षड्जकैशिकी षड्जोदीच्यवा षड्जमध्यमा ॥ ८ ॥
गान्धारोदीच्यवा रक्तगान्धारी कैशिकी तथा ।
मध्यमोदीच्यवा कार्म्मारवी गान्धारपञ्चमी ।
तथान्ध्री नन्दयन्तीति—

एतासां विकृतानां एकादशजातीनां कारणभूता जातीः कथयति—

—तद्धेतूनधुना ब्रुवे ॥ ९ ॥
षाड्जीगान्धारिकायोगाज्जायते षड्जकैशिकी ।
षाड्जिकामध्यमाभ्यान्तु जायते षड्जमध्यमा ।
गान्धारीपञ्चमीभ्यान्तु जाता गान्धारपञ्चमी ॥ १० ॥
गान्धार्य्यार्षभिकाभ्यान्तु जातिरान्ध्री प्रजायते ।
षाड्जीगान्धारिका तद्वद्धैवती मिलितास्त्रिमाः ॥ ११ ॥
षड्जोदीच्यवतीं जातिं कुर्य्युः कार्म्मारवीं पुनः ।
उत्पादयन्ति नैषादीपञ्चम्यार्षभिकायुताः ॥ १२ ॥
नन्दयन्ती तु गान्धारीपञ्चम्यार्षभिकान्विताः ।
गान्धारी धैवती षाड्जी मध्यमेतियुतास्त्रिमाः ॥ १३ ॥
गान्धारोदीच्यवां कुर्य्युर्मध्यमोदीच्यवां पुनः ।
एता एव विना षाड्ज्या पञ्चम्या सह कुर्व्वते ॥ १४ ॥
कुर्य्युस्ता रक्तगान्धारीं नैषादी च न धैवती । *
आर्षभीं धैवतीं त्यक्त्वा पञ्चम्यः कैशिकी भवेत् ॥ १५ ॥

षाड्जीगान्धारिकाभ्यां षड्जकैशिकी जायते । षाड्जीमध्यमाभ्यां षड्ज

---

* "अधैवत्यः सनैषाद्योरक्तगान्धारिकां त्विमाः" इति पाठान्तरम् ।

मध्यमा। गान्धारीपञ्चमीभ्यां गान्धारपञ्चमी। गान्धार्यार्षभीभ्यामान्ध्री। षाड्जीगान्धारीधैवतीभ्यः षड्जोदीच्यवती। नैषादीपञ्चम्यार्षभीभ्यः कार्म्मारवी। गान्धारपाञ्चम्यार्षभीभ्यो नन्दयन्ती। गान्धारीधैवतीषाड्जीमाध्यमीभ्यः गान्धारोदीच्यवा। गान्धारीधैवतीमाध्यमीपाञ्चमीभ्यः मध्यमोदीच्यवा। गान्धारी नैषादीमाध्यमीपाञ्चमीभ्यः रक्तगान्धारी। षाड्जीगान्धारीमध्यमापाञ्चमी नैषादीभ्यः कैशिकी॥ एतेषां कियत्यः कस्मिन् ग्रामे? इत्यपेक्षया आह—

चतस्रः षड्जग्रामिन्योनैषादी धैवती तथा।
आर्षभी चेति सप्तैताः षड्जग्रामस्य जातयः॥ १६॥
शेषास्तु मध्यमग्रामे—

एतासां जातीनां मध्ये षाड्जी षड्जकैशिकी षड्जमध्यमा षड्जोदीच्यवा नैषादी धैवती आर्षभी—एताः सप्त षड्जग्रामोत्पन्नाः। शेषा एकादश मध्यमग्रामोत्पन्नाः॥ जातीनां पूर्णत्वषाड्वत्वौड़वत्वानि प्रतिज्ञाय कथयति—

—पूर्णत्वाद्यथ नोच्यते।
कार्म्मारव्यथ गान्धारपञ्चमी षड्जकैशिकी॥ १७॥
मध्यमोदीच्यवेत्येता नित्यपूर्णाः प्रकीर्त्तिताः।
षाड्जी तु नन्दयन्त्यान्ध्री गान्धारोदीच्यवेत्यमूः॥ १८॥
सम्पूर्णाः षाड़वाः प्राह चतस्रः काश्यपोमुनिः।
दशावशिष्टाः सम्पूर्णषाड़वौड़विता मताः॥ १९॥

कार्म्मारवी-गान्धारपञ्चमी-षड्जकैशिकी-मध्यमोदीच्यवतीनां पूर्णत्वमेव षाड़वत्वमौड़वत्वञ्च नास्ति। षाड्जी-नन्दयन्त्यान्ध्री-गान्धारोदीच्यवानां सम्पूर्णत्व षाड़वत्वञ्च विद्यते औड़वत्वं नास्ति। अवशिष्टानां दशानां सम्पूर्णत्वं षाड्वत्वमौड़वत्वञ्च॥

पञ्चमीमध्यमाषड्जमध्यमाख्यासु जातिषु।
स्वरसाधारणं प्रोक्तं मुनिभिर्भरतादिभिः॥ २०॥

पञ्चमी-मध्यमा-षड्जमध्यमासु जातिषु स्वरसाधारणं प्रयोक्तव्यमित्युक्तं भरतादिभिः॥

अंशेषु स-म-पेष्वेतत् यथास्वं नियमाद्भवेत् ।
एतदल्पनि-गास्वाहुः कम्बलाश्वतरादयः ।
अल्पद्विश्रुतिके रागभाषादावपि तन्मतम् ॥ २१ ॥

षड्ज-मध्यम-पञ्चमेषु अंशेषु एतत् स्वरसाधारणं नियमात् कर्त्तव्यम् । कथम् ? यथास्वं स्वकीयं स्थानमनतिक्रम्य । यदा षड्जोऽंशस्वरस्तदा षड्ज-साधारणम् । यदा मध्यमपञ्चमौ तदा मध्यम-साधारणमिति । एतत् स्वरसाधारणं अल्पनिषाद-गान्धारासु जातिषु भवतीति कम्बलाश्वतरादय आहुः । अल्पनिषादगान्धारे रागभाषादावपि स्वरसाधारणं प्रयोक्तव्यमिति तेषां कम्बलादीनां मतम् ॥

नि-गयोरंशयोः षड्जमध्यमायान्न तद्भवेत् ।
विकृता एव तत्रापि स्वरसाधारणाश्रयाः ॥ २२ ॥

यदा षड्जमध्यमायां निषादगान्धारावंशौ तदा तत् स्वरसाधारणं न प्रयोक्तव्यम् । प्रायन्तु विकृता एव स्वरसाधारणयोगिन्यः ॥ अंशान् संख्याति—

एकांशा नन्दयन्ती च मध्यमोदीच्यवा तथा ।
गान्धारपञ्चमीत्येतास्त्रिष्वोद्व्यंशास्तु धैवती ॥ २३ ॥
गान्धारोदीच्यवा चाथ पञ्चमीत्युदिता इमाः ।
नैषाद्यार्षभिकाषड्जकैशिक्यस्त्र्यंशिका मताः ॥ २४ ॥
आन्ध्रीकाश्मीरवीषड्जोदीच्यवाश्चतुरंशिकाः ।
पञ्चांशा रक्तगान्धारी गान्धारी मध्यमा तथा ॥ २५ ॥
षाड्जीत्येतास्ततस्त्वंशाः षडंशैकैव कैशिकी ।
सप्तांशा सूरिभिः षड्जमध्यमा परिकीर्त्तिता ।
इति त्रिषष्टिरंशाः स्युर्जातिष्वष्टादशस्विमे ॥ २६ ॥

नन्दयन्ती-मध्यमोदीच्यवा-गान्धारपञ्चमीषु एक एकोऽंशः । धैवतीगान्धारो-दीच्यवापञ्चमीषु द्वावंशौ । नैषाद्यार्षभिकाषड्जकैशिकीषु त्रयस्त्रयोऽंशाः । आन्ध्री-काश्मीरवी-षड्जोदीच्यवासु चत्वारोऽंशाः । रक्तगान्धारी-गान्धारी-मध्यमा-षाड्जीषु पञ्चांशाः । कैशिकी षडंशा । षड्जमध्यमा सप्तांशा । एवमष्टादशसु जातिषु त्रिषष्टिरंशा भवन्ति । इयन्तु संख्या जातीनां सम्पूर्णत्वे ।

षाड़वत्वे तु सप्तचत्वारिंशदंशाः। तदुक्तं मतङ्गेन। "षोक्त्या सप्ताधिकास्ते च चत्वारिंशच्च षाड़वे।" अस्यार्थः—षाड़वविधौ क्रियमाणे सप्तचत्वारिंशदंशा भवन्ति। कथम्? चतसृणां जातीनां नित्यपूर्णानां नवांशाः पातनीयाः। त्रिषष्टिमध्ये म रि प ध नि प स ग प एते षड्जमध्यमा षाड्जी षड्जोदीच्यवतीकैशिकी रक्तगान्धारीत्यासां सप्तांशा अपवादभूताः पातनीयाः। ते च—ग नि ग ध प ध प। एवं षोड़शेषु त्रिषष्टिमध्ये उत्कृष्टेषु षाड़वविधौ सप्तचत्वारिंशदंशा अवशिष्यन्ते। औड़वास्त्रिंशदंशाः। तदुक्तं मतङ्गेन"—त्रिंशदौड़विते भवेत्।" अस्यार्थः पूर्ववत्। षोड़शेषु पातितेषु नित्यपूर्ण-षाड़वानां द्वादश पातनीयाः—स ग म प ध रि ग प नि प स म। अन्ये च अपवादभूताः पञ्च (—स ध ग नि ध)। एवं त्रिंशदौड़विते अंशा भवन्ति। तथाचाह—भरतः। "पञ्चस्वरमौड़वितं ज्ञेयम् दशविधप्रयोगज्ञैः। त्रिंशत्प्रकारविहितं पूर्वोक्तलक्षणं चास्य" इति। अपकृष्टध्रुवासु जातीनां चतुःस्वरप्रयोगोऽप्युक्तो भरतेन। यदाह—"षट्स्वरस्य प्रयोगोऽस्ति तथा पञ्चस्वरस्य तु। चतुःस्वरप्रयोगोऽपि ह्यपकृष्टध्रुवासु च।" इति॥ त्रयोदशविधं जातिलक्षणं विभजते—

ग्रहांशतारमन्द्राश्च न्यासापन्यासकौ तथा।
अपि संन्यासविन्यासौ बहुत्वञ्चाल्पता ततः॥ २७॥
एतान्यन्तरमार्गेण सह लक्ष्माणि जातिषु।
षाड़वौड़विते क्वापीत्येवमाहुस्त्रयोदश॥ २८॥

षाड़वौड़विते क्वापीति याः कार्मारव्यादयश्चतस्रो नित्यपूर्णाः ता विहायेत्यर्थः॥ ग्रहलक्षणं कथयति—

गीतादिनिहितस्तत्र स्वरो ग्रह इतीरितः।
तत्रांशग्रहयोरन्यतरोक्तावुभयग्रहः॥ २९॥

गीतस्य जात्यादेरादौ यः स्वरः प्रयुज्यते स ग्रह इत्युच्यते। तत्र यः स्वरोऽंशः स एव ग्रह इति नियमात् अंशग्रहयोरेकोक्तावुभयं लभ्यते। नन्वेवं तर्हि ग्रहांशयोः कोभेदः? उच्यते। अंशोवाद्येव परं ग्रहस्तु वाद्यादि भेदभिन्नश्चतुर्विधः। अंशश्च रागजनकत्वात् प्रधानः ग्रहस्तु अप्रधान इति तयोर्भेदः॥ अंशलक्षणं कथयति—

योरक्तिव्यञ्जको गेये यत्तस्माद्यनुवादिनौ ।
विदार्य्यां वहुलौ यस्मात्तारमन्द्रव्यवस्थितिः ॥ ३० ॥
यः स्वयं यस्य सम्वादी वानुवादी स्वरोऽपरः ।
न्यासापन्यासविन्याससंन्यासग्रहतां गतः ॥ ३१ ॥
प्रयोगे वहुलः सः स्यात् वाद्यऽंशो योग्यतावशात् ।

यो गीते रञ्जकत्वं व्यनक्ति यस्य सम्वादी अनुवादी च विदार्य्यां वहुलः। (ननु विदारीशब्देन किमुच्यते ? गीतखण्डः। सा विदारी द्विविधा—गीतविदारी पदविदारीचेति। सा विशेषेण तालाध्याये निरूपयिष्यते)। यमवधिं कृत्वा मन्द्रतारव्यवस्था, यो वा यस्य सम्वादी अनुवादी वा न्यासत्वमपन्यासत्वं विन्यासत्वं संन्यासत्वं वा ग्रहत्वञ्च प्राप्नोति, यस्य जात्यादिप्रयोगे वाहुल्यं, स वादी अंशश्च इत्युच्यते। योग्यतावशात् प्राधान्यात् वादीशब्दवाच्यत्वम्। अन्यैर्लक्षणैरंशशब्दवाच्यत्वमिति। प्रयोगवाहुल्यमेव मुख्यं लक्षणमंशस्येत्याह—

वहुलत्वं प्रयोगेषु व्यापकं त्वंशलक्षणम् ॥ ३२ ॥

ननु कथमस्यांशशब्दवाच्यत्वमंशशब्देन भाग इत्युच्यते ? अयमपि जातिरागादिविभागकारित्वादंशशब्देनोच्यते कारणे कार्य्यवदुपचारः। तारलक्षणं कथयति—

मध्यमे सप्तकेऽंशः स्यात् तस्मात्तारस्थितात् परान् ।
स्वरांश्चतुरश्चारोहेदेष तारावधिः परः ।
अर्व्वाक् तु कामचारः स्यात् तारे लुप्तोऽपि गण्यते ॥ ३३ ॥

मध्यमसप्तकस्थितो योऽंशस्वरः तस्मादेव तारस्थितात् चतुःस्वरपर्य्यन्तमारोहणं कर्त्तव्यम्। अयमारोहः परोऽवधिरुक्तः। ततः परमारोहणं न कर्त्तव्यम्। अर्व्वाक् तु स्वेच्छया तारगतिः। तारे लुप्तोऽपि स्वरो ग्राह्यः। भरतेन चतुर्थ पञ्चम-सप्तम-स्वरपर्य्यन्तं तारगतिरुक्ता। यदाह—"अंशात् तारगतिर्व्विद्यादाचतुर्थस्वरादिह। आपञ्चमात् सप्तमाद्वा नातः परमिहेष्यते" इति॥

आतारषड्जमारोहोनन्दयन्त्यां प्रकीर्त्तितः ॥ ३४ ॥

मन्द्रयन्त्या तारषड्ज पर्यन्तमेवारोहणं कर्त्तव्यम्। पूर्वोक्तस्यायमपवादः। मन्द्रं निरूपयति—

मध्यस्थानस्थितादंशादामन्द्रस्थांशमाव्रजेत्।
आमन्द्रन्यासमथवा तदधस्थ-रि-धावपि ॥ ३५ ॥
एषा मन्द्रगतेः सीमा ततोऽर्व्वाक् कामचारिता।

मध्यस्थानस्थितादंशस्वरान्मन्द्रांशस्वरपर्य्यन्तमवरोहणं कर्त्तव्यम्। मन्द्रन्यासस्वरपर्य्यन्तं वा मन्द्रस्थानस्थर्षभधैवतपर्य्यन्तं वेति पक्षत्रयम्। एषा मन्द्रगतेः परा काष्ठा उक्ता। अर्व्वाक् तु स्वेच्छया मन्द्रगतिः। न्यासलक्षणं कथयति—

गीते समाप्तिकृन्न्यास एकविंशतिधा च सः।

यस्तु गीतसमापकः गीतस्य जात्यादेः अन्ते तिष्ठति स न्यास इत्युच्यते। न्यस्यते त्यज्यते यस्मिन् येन वा गीतमिति न्यासः। स एकविंशतिप्रकारो भवति॥ एकविंशतिप्रकारमेव विशदयति—

षाड्ज्यादीनान्तु सप्तानां न्यासःस्यान्नामकृत्स्वरः।
द्वौ नामकारिणौ षड्जमध्यमायान्तु तौ मतौ ॥ ३६ ॥
उदीच्यवात्रयं मान्तं नि-प-गान्ता तु कैशिकी।
कार्म्मारवी पञ्चमान्ता गान्ताः पञ्चापराः स्मृताः ॥ ३७ ॥

सप्तानां षाड्ज्यादीनां नामस्वराः सप्तन्यासाः। षड्जमध्यमायां षड्ज-मध्यमौ न्यासौ। षड्जोदीच्यवा-गान्धारोदीच्यवा-मध्यमोदीच्यवानां मध्यमो न्यासः। कैशिक्यां निषाद-पञ्चम-गान्धाराः। कार्म्मारव्यां पञ्चमः। अवशिष्टानां पञ्चानां गान्धारो न्यासः। एवमेकविंशतिन्यासः। अपन्यासं लक्षयति—

अपन्यासः स्वरः सः स्याद्योविदारीसमापकः ॥ ३८ ॥

यः स्वरः विदार्याः गीतावयवस्य समापकः सः अपन्यासः। मतङ्गेनाप्युक्तं— "यत्र समाप्तमिव गीतं ध्वनौ भासते सोऽपन्यासः। स च विदारीमध्ये भवति।" गीतशरीरमध्य इत्यर्थ इति॥ अपन्यासान् परिगणयति—

कार्म्मारव्याञ्च नैषाद्यामान्ध्रीमध्यमयोस्तथा।
आर्षभ्याञ्च स्वरा येऽशास्तेऽपन्यासाः प्रकीर्त्तिताः ॥ ३९ ॥

उदीच्यवानान्वितयेऽपन्यासौ षड्जधैवतौ ।
मध्यमोरक्तगान्धार्य्यां गान्धार्य्यां षड्जपञ्चमौ ॥ ४० ॥
स-नि-पाः षड्जकौशिक्यां पञ्चम्यां नि-रि-पाः स्मृताः ।
रि-पौ गान्धारपञ्चम्यां षाड्ज्यां गान्धारपञ्चमौ ॥ ४१ ॥
धैवत्यां रि-म-धाः प्रोक्ता नन्दयन्त्यां मपौ मतौ ।
रिवर्जा षट् च कैशिक्यां सप्तापीत्यूचिरे परे ॥ ४२ ॥
सप्तस्वरापन्यासान्तु भाष्यन्ते षड्जमध्यमाम् ।
अत्र येऽशा अपन्यासास्ते स्युरेकोनविंशतिः ॥ ४३ ॥
सप्तत्रिंशत्परे ते च षट्पञ्चाशत्तु संयुताः ।
कैशिक्यां सप्तपक्षे तान् सप्तपञ्चाशतं विदुः ॥ ४४ ॥

कार्म्मारवीनैषाद्यान्ध्रीमध्यमार्षभीणामंशा एवापन्यासाः । षड्जोदीच्यवा-गान्धारोदीच्यवामध्यमोदीच्यवानां षड्जधैवतावपन्यासौ । रक्तगान्धार्य्यां मध्यमः । गान्धार्य्यां षड्जपञ्चमौ । षड्जकैशिक्यां षड्जपञ्चमनिषादाः । पञ्चम्यां निषा-दर्षभपञ्चमाः । गान्धारपञ्चम्यां ऋषभपञ्चमौ । षाड्ज्यां गान्धारपञ्चमौ । धैवत्यां ऋषभमध्यमधैवताः । नन्दयन्त्यां मध्यमपञ्चमौ । कैशिक्यां रिवर्ज्जाः षट् । सप्तापीति केषाञ्चिन्मतम् । षड्जमध्यमायां सप्तस्वराः । अत्र अंशा एव येऽपन्यासास्ते एकोन-विंशतिः । अन्ये सप्तत्रिंशन्मिलिताः षट्पञ्चाशत् । यदि कैशिक्यां सप्त अपन्यासा-स्तदा सप्तपञ्चाशदपन्यासस्वरा भवन्ति ॥ संन्यासं लक्षयति—

अंशाविवादी गीतस्याद्यविदारीसमाप्तिकृत् ।
संन्यासो—

यः स्वरः अंशेन सह अविवादी सन् विदार्य्यं समापयति सः संन्यासः । मतङ्गे-नाप्युक्तम्—"अंशस्य विवादी यो न भवति प्रथमविदार्य्यन्ते यदि प्रयुक्तो भवति तदा संन्यासः" इति ॥ विन्यासं लक्षयति—

—ऽशाविवादेव विन्यासः स तु कथ्यते ॥ ४५ ॥
यो विदारीभागरूपपदप्रान्तेऽवतिष्ठते ॥ ४६ ॥

अंशेन सह अविवादी च यः स्वरः विदार्यंशरूपाणां पादानां प्रान्ते तिष्ठति स विन्यासः स्वरः । मतङ्गेनापि "एष एव स्वरः संन्यासस्वरः यदा अन्ते विन्यासः स्यात् तदा विन्यासः । अंशस्य सम्वाद्यनुवादी भवति पदविदार्यन्ते भवति" इत्युक्तम् ॥ बहुलत्वं कथयति—

अलङ्घनात् तथाभ्यासाद्बहुत्वं द्विविधं मतम् ।
पर्य्यायांशे स्थितन्तच्च वादीसम्वादिनोरपि ॥ ४७ ॥

अन्यस्वरादभ्यासाच्च बहुलत्वम् । द्विविधत्वञ्च बहुलत्वं वादीसम्वादिनोः पर्य्यायः । अलङ्घनाद् यस्य बहुलत्वं स वादी यस्य अभ्यासात् सः सम्वादीत्यर्थः । अल्पत्वं लक्षयति—

अल्पत्वञ्च द्विधा प्रोक्तमनभ्यासाच्च लङ्घनात् ।
अनभ्यासस्त्वनंशेषु प्रायोलोप्येष्वपीष्यते ॥ ४८ ॥

अल्पत्वमपि अनभ्यासाल्लङ्घनाच्च द्विप्रकारम् । अनभ्यासस्त्वंशस्वरादन्येषु स्वरेषु कश्चिल्लोपैर्ष्वेवापि दृश्यते । भरतादिभिर्लङ्घनादप्यल्पत्वमुक्तम् । तत्र किमिदं लङ्घनम् ? इत्यपेक्षायामाह—

ईषत्स्पर्शो लङ्घनं स्यात् प्रायस्तल्लोप्यगोचरम् ।
उशन्ति तदनंशेऽपि क्वचिद् गीतविशारदाः ॥ ४९ ॥

सकृदुच्चारणं लङ्घनम् । तत् प्रायोलोप्येषु स्वरेषु भवेत् । अंशस्वरादन्येष्वपि स्वरेषु लङ्घनं भवतीति केषाञ्चिन्मतम् ॥ अन्तरमार्गं लक्षयति—

न्यासादिस्थानमुज्झित्वा मध्ये मध्येऽल्पतायुजाम् ।
स्वराणां या विचित्रत्वकारिण्यंशादिसङ्गतिः ॥ ५० ॥
अनभ्यासैः क्वचित् क्वापि लङ्घनैरेव केवलैः ।
सता सान्तरमार्गः स्यात् प्रायोविकृतजातिषु ॥ ५१ ॥

यद्यांशन्यासापन्यासविन्याससंन्यासस्थानं परित्यज्य मध्ये अल्पानां स्वराणां भागविशेषकारिणी क्वचिदनभ्यासैः क्वचित् केवलैर्लङ्घनैरेव या विहिता, अंशादिभिः सह संगतिः सा अन्तरमार्ग इत्युच्यते । सा प्रायशः विकृतादिष्वेव भवति ॥ षाडवं लक्षयति—

षड्वन्ति प्रयोगं ये स्वरास्ते षाड्वा मताः ।

षट्स्वरन्तेषु जातत्वात् गीतं षाड्वमुच्यते ॥ ५२ ॥

षट् मिलित्वा ये प्रयोगं जात्यादि अवन्ति रक्षन्ति ते षाड्वाः स्वराः । षड्वेषु जातं षाड्वम् । जातार्थे अण् प्रत्ययः ॥ औड्वं लक्षयति—

वान्ति यान्त्युड्वोऽत्रेति व्योमोक्तमुडवं बुधैः ।

पञ्चमं तच्च भूतेषु पञ्चसंख्या तदुद्भवा ॥ ५३ ॥

औड्वी साऽस्ति येषाञ्च स्वरास्ते त्वौड्वामताः ।

ते संजाता यत्र गीते तदौड्वितमुच्यते ।

तत्सम्बन्धादौड्वञ्च पञ्चस्वरमिदं विदुः ॥ ५४ ॥

उड्वः नक्षत्राणि वान्ति यान्ति यस्मिन्नित्युड्वं व्योमः तच्च भूतेषु पञ्चमम् । तेन पञ्चसंख्या लक्ष्यन्ते । औड्वीसंख्या विद्यन्ते येषां स्वराणां ते औड्वाः पञ्चस्वराः । ते जाता यत्र तत् गानं औड्वितमुच्यते । जातार्थे इत प्रत्ययः । तत्सम्बन्धात् पञ्चस्वरमौड्वं विदुर्भरताद्याः ॥

क्रमादल्पाल्पतरते षाड्वौड्वकारिणोः ।

सम्पूर्णत्वदशायांस्तः पञ्चम्यान्तु विपर्य्ययः ॥ ५५ ॥

षाड्वौड्वकारिणौ यौ स्वरौ तयोः सम्पूर्णत्वदशायां क्रमादल्पाल्पतरते ज्ञातव्ये । यस्य लोपेन षाड्वं तस्य स्वरस्य सम्पूर्णत्वदशायामल्पत्वम् । यस्य च लोपेनौड्वत्वं तस्य सम्पूर्णत्वदशायां स्वल्पतरत्वम् । पञ्चम्यान्तु विपर्य्ययः—यस्य लोपेन षाड्वं तस्याल्पतरत्वम् ॥

वचनं विधिरप्राप्ता-विह्वाल्पत्ववक्रत्वयोः ।

परिसंख्याद्वयोः प्राप्तावेकस्यातिशयाय तत् ॥ ५६ ॥

"क्रमादल्पाल्पतरते" इत्यनेन न्यायेन अल्पत्ववक्रत्वयोरप्राप्तौ तस्यां यद्वचनं स विधिः । अप्राप्तप्रापकत्वात् । द्वयोः प्राप्तौ एकस्य वचनं परिसंख्या । तद्वचनं एकस्य अतिशयाय । विधिपरिसंख्ययोर्लक्षणमुक्तं भट्टाचार्य्यैः—"विधिरत्यन्तमप्राप्ते नियमः पाक्षिके सति । तत्र चान्यत्र च प्राप्तौ परिसंख्येति गीयते" इति । अथैतासां जातीनां लक्षणानि कर्त्तुं प्रतिजानीते—

अथ प्रत्येकमेतासां जातीनां लक्ष्म कथ्यते ॥ ५७ ॥

षाड्जीलक्षणं कथयति—

षाड्ज्यामंशस्वराः पञ्च निषादर्षभवर्जिताः।
नि-लोपात् षाड़वं प्रोक्तं पूर्णत्वे काकली क्वचित् ॥ ५८ ॥
स-गयोः स-धयोश्चात्र सङ्गतिर्बहुलस्तु गः।
गान्धारेऽंशे न नेर्लोपो मूर्च्छना धैवतादिका ॥ ५९ ॥
त्रिधा तालः पञ्चपाणिरत्र चैककलादिकः।
क्रमान्मार्गाश्चित्रवृत्तिर्दक्षिणा गीतयः पुनः ॥ ६० ॥
मागधी सम्भाविता च पृथुलेति क्रमादिमाः।
नैष्क्रामिक्या ध्रुवायाश्च प्रथमे प्रेक्षणे स्मृता।
विनियोगो द्वादशात्र कला * अष्ट-गुरुः कला ॥ ६१ ॥

अस्यां षाड्ज्यां षड्जो न्यासः, गान्धारपञ्चमावपन्यासौ, वराटी दृश्यते। प्रस्तारः—

सा	सा	सा	सा	पा	निध	पा	धनि	१
तं	०	भ	व	ल	ला०	०	ट०	
री	गम	गा	गा	सा	रिग	धस	धा	२
न	य०	ना	०	म्बु	जा०	००	धि	
रिग	सा	री	गा	सा	सा	सा	सा	३
कं०	०	०	०	०	०	०	०	

* "अष्टलघुः" इति पाठान्तरं केषाञ्चिन्मतम्। लघुरत्र न वर्णपरः।

धा	धा	निध	निसं	निध	पा	सां	सां	
न	ग	सु०	००	नु०	प्र	णा	य	४
नी	धा	पा	धनि	री	गा	सा	गा	
के	०	लि	००	स	मु	०	द्र	५
सा	धां	धनि	पां	सा	सा	सा	सा	
त्रं	०	००	०	०	०	०	०	६
सा	सा	गा	सा	मा	मा	मा	मा	
स	र	स	क्ष	त	ति	ल	क	७
सा	पस	मा	धनि	निध	पा	गा	रिग	
पं	००	का	००	नु०	ले	०	प०	८
गा	गा	गा	गा	सा	सा	सा	सा	
नं	०	०	०	०	०	०	०	९
धां	सा	री	गरि	सा	मा	मा	मा	
प्र	णा	मा	००	मि	का	०	म	१०
धा	नी	पा	धनि	री	गा	री	सा	
दे	०	हें	००	ध	ना	०	न	११
रिग	सा	री	गा	सा	सा	सा	सा	
लं०	०	०	०	०	०	०	०	१२

षाड्ज्यां षड्जगान्धारमध्यमपञ्चमधैवतांशाः। नैषादस्य विकल्पेन अंशत्वम्। "गान्धारेऽंशे न नैलोंप" इति वक्ष्यमाणत्वात्। * * *। निषादलोपेन षाड़वम्। स निषादः पूर्णत्वे काकली। षड्जगान्धारयोः षड्जधैवतयोश्च सङ्गतिः। गान्धारस्य बाहुल्यम्। गान्धारो यदा अंशस्तदा निलोपात् षाड़वं नास्ति। धैवतादिः मूर्च्छना। पञ्चपाणिः षट्पितापुत्रक एककलो द्विकलश्चतुष्कलश्च अत्र तालः। यदा एककलस्तदा चित्रोमार्गः। यदा द्विकलस्तदा वार्त्तिकः। यदा चतुष्कलस्तदा दक्षिणोमार्गः। चित्रे मार्गे मागधी गीतिः। वार्त्तिके सम्भाविता। दक्षिणे पृथुला। प्रथमे प्रेक्षणे नैष्क्रामिकाध्रुवायां विनियोगः। द्वादशकलाः। कलायामष्टौ गुरवः। आर्षभीं लक्षयति—

आर्षभ्यान्तु त्रयोऽंशाः स्युर्निषादर्षभधैवताः।
द्विश्रुत्योः सङ्गतिः शेषैर्लङ्घनं पञ्चमस्य च॥ ६२॥
षाड़वं षड्जलोपेन स-प-लोपादिहौड़वम्।
मूर्च्छना पञ्चमादिश्च तालश्चच्चत्पुटोमतः।
अष्टौकला भवन्तीह विनियोगस्तु पूर्व्ववत्॥ ६३॥

अस्यामार्षभ्यामृषभोन्यासः। अंशा एवापन्यासाः। देशीमधुकर्य्यौ दृश्यते। प्रस्तारः—

री	गा	सा	रिग	मा	रिम	गा	रिरि	
गु	ण	लो ० ०	च	ना ० ०			० धि	१
री	री	निध	निध	गा	रिम	मा	पणि	
क	म	न ० ० ०		न्त	म ०	म	र ०	२
मा	धा	नी	धा	पा	पा	सा	गा	
म	ज	र	म	०	०	च्च	य	३

नी	धनि	री	गरि	स	धं	गरि	रीरी	
म	जे०	०	००	०	०	००	यं०	४
री	मा	गरि	सधं	सस	रिस	रिग	मम	
प्र	ण	००	मा०	००	००	मि०	दिव्य	५
निध	पा	री	री	रिप	गरि	सध	सा	
म०	णि	द	०	पं०	णा०	००	म	६
रिस	रिस	रिग	रिग	मा	मा	मा	गरि	
स०	नि०	के०	००	०	०	तं	००	७
पा	नौ	री	मा	गरि	सध	गरि	गरि	
भ	व	म	मे	००	००	००	यं०	८

आर्षभ्यां निषादर्षभधैवतास्त्रयोऽंशाः । गान्धारनिषादयोरन्यैः स्वरैः सह सङ्गतिः । पञ्चमस्येपत्स्पर्शः । षड्जाभावे षाड़वम् । षड्जपञ्चमाभावे औड़वम् । पञ्चमादिर्मूर्च्छना । चञ्चत्पुटस्तालः । अष्टौ कलाः । (पूर्ववत् षाड्ज्यामिव विनियोगः) ॥ गान्धारीं लक्षयति—

पञ्चांशाः रि-धवर्ज्जाः स्युर्गान्धार्य्यां सङ्गतिः पुनः ।
न्यासांशाभ्यां तदन्येषां धैवताद्दृषभं व्रजेत् ॥ ६४ ॥
रि-लोप—रि-ध-लोपाभ्यां षाड़वौड़विते क्रमात् ।
पञ्चमः षाड़वेऽपी नि-स-मध्यम-पञ्चमाः ॥ ६५ ॥
अंशा द्विषन्त्यौड़वितं कलाः षोड़श कीर्त्तिताः ।
मूर्च्छना धैवतादिःस्यात् तालश्चञ्चत्पुटोमतः ।
विनियोगोध्रुवागाने तृतीयप्रेक्षणे भवेत् ॥ ६६ ॥

अस्यां गान्धार्यां गान्धारो न्यासः । षड्जपञ्चमावपन्यासौ । गान्धारपञ्चमावेलावल्योर्दृश्यन्ते । प्रस्तारः—

गा	गा	सा	नी	सा	गा	गा	गा	
ए	०	०	०	तं	०	०	०	१
गा	गम	पा	पा	धप	मा	निध	निसं	
र	ज०	नि	व	धू०	०	मु०	ख०	२
निध	पनि	मा	मपरि	गा	गा	गा	गा	
वि०	००	०	भ्र००	म	०	दं	०	३
गा	गम	पा	पा	धप	मा	निध	निसं	
नि	ग्रा०	म	य	व०	रो	००	रु०	४
निध	पनि	मा	मपरि	गा	गा	गा	गा	
त०	व०	मु	ख००	वि	ला	०	स	५
गा	सा	गा	गा	गा	गम	गा	गा	
व	पु	स्वा	रु	०	म०	म	ल	६
गा	गम	पा	पा	धप	मा	निध	निसं	
स्र	दु०	कि	र	णा०	०	००	००	७
निध	पनि	मा	मपरि	गा	गा	गा	गा	
म०	स्र०	त	भ००	त्रं	०	०	०	८

री	गा	मा	पध	री	गा	सा	सा	९
र	ज	त	गि०	रि	शि	ख	र	
नी	नी	नी	नी	नी	नी	नी	नी	१०
म	णि	स	क	ल	शं	०	ख	
गा	गम	पा	पा	धप	मा	निध	निसं	११
व	र०	यु	व	ति०	दं	००	त०	
निध	पनि	मा	मपरि	गा	गा	गा	गा	१२
प०	००	क्लि	नि००	भं	०	०	०	
नी	नी	पा	नी	गा	मा	गा	सा	१३
प्र	ण	मा	०	मि	प्र	ण	य	
गा	सा	गा	गा	गा	गम	गा	गा	१४
र	ति	क	ल	ह	र०	व	तु	
गा	पा	गा	मा	निध	निसं	निध	पनि	१५
द	०	०	०	००	००	००	००	
मा	परिग	गा	गा	गा	गा	गा	गा	१६
श	शि००	०	०	०	०	नं	०	

गान्धार्यां षड्ज-गान्धार-मध्यम-पञ्चम-निषादाः विकल्पेनांशाः। न्यासांश-स्वराभ्यामन्यैः सह सङ्गतिः। धैवतादृषभपर्य्यन्तमारोहणं कर्त्तव्यम्। ऋषभलोपात् षाड़वम्। ऋषभधैवतलोपादौड़वम्। पञ्चमेऽंशे षाड़वं नास्ति। निषाद-

षड्ज-मध्यम-पञ्चमेष्वंशेष्वौड़वं नास्ति। षोड़श कलाः। धैवतादिर्मूर्च्छना। चञ्चत्पुटस्तालः। (ध्रुवायां तृतीयप्रेक्षणे विनियोगः)। मध्यमां लक्षयति—

पञ्चांशा मध्यमायां स्युरगान्धार-निषादकाः।
षड्जमध्यमवाहुल्यागान्धारोऽल्पोऽत्र षाड़वम्।
ग-लोपान्नि-ग-लोपेन त्वौड़वं स्यात् कलाष्टकः॥ ६७॥
ऋषभादिर्मूर्च्छना स्यात् तालश्चञ्चत्पुटो मतः।
विनियोगोध्रुवागाने द्वितीये प्रेक्षणे भवेत्॥ ६८॥

अस्यां मध्यमायां मध्यमोन्यासः। अंशा एवापन्यासाः। चोक्त-षाड़वदेष्वौषाल्पोद्दृश्यन्ते॥ प्रस्तारः—

मा	मा	मा	मा	पा	धनि	नी	धप	
पा	०	०	तु	भ	व०	मू	००	१
मा	पम	मा	सा	मा	गा	री	री	
ई	जा०	०	०	न	नं	०	०	२
पा	मा	रिम	गम	मा	मा	मा	मा	
कि	री	ट०	००	०	०	०	०	३
मा	निध	निस	निध	पम	पध	मा	मा	
म	णि०	द०	००	पं०	००	णां	०	४
नी	नी	री	री	नी	री	री	पा	
गौ	०	री	०	क	र	प	०	५

नीं	मप	मा	मा	सा	सा	सा	सा	
ल्ल	वां०	०	०	गु	लि०	०	सु	६
गां	नौ़	सां	गां	धप	मा	धनि	सां	
ते	०	०	०	००	०	जि०	तं	७
दा	सां	पा	निधप	मा	मा	मा	मा	
सु	कि	र	०००	गां	०	०	०	८

मध्यमायां षड्जर्षभमध्यमपञ्चमधैवताः विकल्पेनांशाः । षड्जमध्यमौ बहुलौ । गान्धारोऽल्पः । गान्धारलोपात् षाड़वम् । निषादगान्धारलोपादौड़वम् । अष्टौ कलाः । ऋषभादिर्मूर्च्छना । चच्चत्पुटस्तालः । (ध्रुवायां द्वितीये प्रेक्षणे विनियोगः ।) पञ्चमीं लक्षयति—

> रिपावंशौ तु पञ्चम्यां स-ग-माः स्वल्पका मताः ।
> रि-मयोः सङ्गतिर्गच्छेत् पूर्णत्वे गान्निषादकम् ॥ ६८ ॥
> क्रमाद्दृगेन नि-गाभ्याञ्च षाड़वौड़वता मता ।
> ऋषभोऽग्रस्त्वौड़वितं विद्ध्यष्टौ कला मताः ।
> मूर्च्छनादिस्तु पूर्ववत् प्रेक्षणात्तु तृतीयकम् ॥ ७० ॥

अस्यां पञ्चम्यां पञ्चमोन्यासः । ऋषभपञ्चमनिषादा अपन्यासाः । चोक्तपञ्चमादेर्गीधाल्योद्दृश्यन्ते । प्रस्तार:—

पा	धनि	नी	नी	मा	नी	मा	पा	
ह	र०	मू	०	ईं	जा	०	न	१
गा	गा	सा	सा	मां	मां	पां	पां	
नं	म	हे	०	श	म	म	र	२

पं	पं	धं	नी	नी	नी	गा	सा	
प	ति	वा	०	ङ्ग	स्तं	०	भ	३
पा	पा	धा	नी	निध	पा	पा	.पा	
न	म	नं	०	तं०	०	०	०	४
पा	पा	री	री	री	री	री	री	
प्र	ण	मा	०	मि	पु	रु	ष	५
मं	निंग	सा	सध	नी	नी	नी	नी	
मु	ख०	प	ड्म०	०	ल	०	च्छौ	६
सां	सां	सां	मा	पा	पा	पा	पा	
ह	र	मं	०	वि	का	०	प	७
धा	मा	धा	नी	पा	पा	पा	पा	
ति	म	जे	०	यं	०	०	०	८

पञ्चम्यामृषभपञ्चमावंशौ। षड्जगान्धारमध्यमा ध्वल्पाः। ऋषभमध्यमयोः सङ्गतिः। पूर्ववत् गान्धारान्निषादपर्यन्तमारोहणम्। गान्धारलोपेन षाड्वम्। निषादगान्धारलोपेनौड्वम्। ऋषभेऽंशे औड्वत्वं नास्ति। ऋषभादिर्मूर्च्छना चञ्चत्पुटस्तालः। (ध्रुवायां तृतीये प्रेक्षणे विनियोगः)॥ धैवतीं लक्षयति—

स्याद्धैवत्यां रि-धावंशौ लङ्घ्यावारोहिणौ स-पौ।
प-लोपात् षाड्वं प्रोक्तमौड्वं स-प-लोपतः॥ ७१॥
ऋषभादिर्मूर्च्छना स्यात् तालोमार्गश्च गीतयः।
विनियोगश्च षाड्जीवत् कला द्वादश कीर्त्तिताः॥ ७२॥

अस्यां धैवत्यां धैवते न्यासः । ऋषभमध्यमधैवता अपन्यासाः । षोढ्कैशिकदेशीसिंहल्योदृश्यन्ते । प्रस्तारः—

धा	धा	निध	पध	मा	मा	मा	मा	
त	रु	णा०	००	म	लें	०	दु	१
धा	धा	निध	निस	सा	सा	सा	सा	
म	णि	भू०	००	षि	ता	०	म	२
सध	धा	पा	मध	धा	निध	धनि	धा	
ल०	शि	रो	००	०	००	जं०	०	३
सा	सा	रिग	रिग	सा	रिग	सा	सा	
भु	ज	गा०	००	धि	पै०	०	क	४
धं	धं	नीं	पं	धं	पं	मं	मं	
कुं	०	ड	ल	वि	ला	०	स	५
धं	धं	पं	मधं	धा	निधं	धनिं	धं	
कृ	त	शो	००	०	००	भं०	०	६
धा	धा	निसं	निसं	निध	पा	पा	पा	
न	ग	सू०	००	नु०	ल	०	च्छी	७
रिग	सा	सा	सा	नी	नी	नी	नी	
दे०	हा	०	०	ई	मि	०	श्रि	८

सा	रिग	रिग	सा	नी	सा	धा	धा	
त	श०	री०	०	०	०	रं	०	९
री	गरि	मग	मा	मा	मा	मा	मा	
प्र	ण०	मा०	०	मि	भू	०	त	१०
नी	नी	धा	धा	पा	रिग	सा	रिग	
गौ	०	तो	०	प	हा०	०	र०	११
पा	धा	सा	मा	धा	नी	धा	धा	
प	रि	तु	०	०	०	ष्टं	०	१२

धैवत्यामृषभधैवतावंशौ। आरोहिवर्ज्यस्यौ षड्जपञ्चमौ लङ्घ्यौ ईषत्स्पर्श योग्यौ। पञ्चमलोपात् षाड़वम्। षड्जपञ्चमलोपादौड़वम्। ऋषभादि-मूर्च्छना। (अत्र षाड्जीवत् ताल-मार्ग-गीति-विनियोगाः।) नैषादीं लक्षयति —

नैषाद्यां नि-रि-गा अंशा अनंशा लङ्घला: स्मृता: ।
षाड़वौड़वलङ्घ्या: स्यु: पूर्व्ववत् विनियोजनम् ॥ ७३ ॥
चञ्चत्पुट: षोड़शाऽत्र कला गादिश्च मूर्च्छना ॥ ७४ ॥

अस्यां नैषाद्यां निषादोन्यास:। अंशा एवापन्यासा:। षोड-साधारितदेशीवेलावल्योऽस्यन्ते ॥ प्रस्तार:—

नी	नी	नी	नी	सां	धा	नी	नी	
तं	०	सु	र	वं	०	दि	त	१

पा	मा	सा	धां	नीं	नीं	नीं	नीं	
म	हि	ष	म	हा	०	सु	र	२
सा	सा	गा	गा	नी	नी	धा	नी	
म	थ	न	सु	मा	०	प	ति	३
सां	सां	धा	नी	नी	नी	नी	नी	
भो	०	ग	यु	तं	०	०	०	४
सा	सा	गा	गा	मां	मां	मां	मां	
न	ग	सु	त	का	०	मि	नी	५
नीं	पां	धां	धां	मां	मां	मां	मा	
दि	०	व्य	वि	शे	०	ष	क	६
रीं	गां	सां	सां	रीं	गां	नी	नी	
सू	०	च	क	शु	भ	न	ख	७
नी	नी	पा	धनि	नी	नी	नी	नी	
द	०	पं	ण०	कं	०	०	०	८
सा	सा	गा	सा	मा	मा	मा	मा	
अ	हि	मु	ख	म	णि	ख	चि	९
मां	मां	मां	मां	नीं	धां	मां	मां	
तो	०	ज्ज	ल	नू	०	पु	र	१०

धा	धा	नी	नी	री	गा	मा	मा	
वा	ल	०	भू	जं	ग	०	म	११
मां	मां	मां	पां	धां	नीं	नीं	नीं	
र	व	क	लि	०	तं	०	०	१२
पां	पां	नीं	नीं	री	री	री	री	
द्रु	त	म	भि	व्र	जा	०	मि	१३
री	मा	मा	मा	री	गा	सा	सा	
श	र	ण	म	निं	०	दि	त	१४
धा	मा	री	गा	सा	धा	नी	नी	
पा	०	द	यु	ग	पं	०	क	१५
पां	मां	रीं	गां	नी	नी	नी	नी	
ज	वि	ला	०	सं	०	०	०	१६

नैषाद्यां निषादर्षभगान्धारा विकल्पेनांशाः। षड्जमध्यमपञ्चमधैवता बहुलाः। पञ्चमलोपात् षाडवम्। षड्जपञ्चमलोपादौडुवम्। (षड्जपञ्चमौ-लङ्घ्यौ। प्रथमे प्रेक्षणे नैष्क्रामिकाध्रुवायां विनियोगः)। चञ्चत्पुटस्तालः। षोडशकलाः। गान्धारादिर्मूर्च्छना॥ षड्जकैशिकीं लक्षयति—

अंशाः स्युः षड्जकैशिक्यां षड्जगान्धारपञ्चमाः।
ऋषभे मध्यमेऽल्पत्वं ध-निषादौ मनाक्बहू ॥ ७५ ॥
चञ्चत्पुटः षोडशास्याः कलाःस्युर्विनियोजनम्।
प्रावेशिक्यां ध्रुवायां स्यात् प्रेक्षणे तु द्वितीयके ॥ ७६ ॥

अस्यां षड्जकैशिक्यां गान्धारोन्यासः। षड्जनिषादपञ्चमा अपन्यासाः। गान्धार-पञ्चम-हिन्दोल-देशी-वेलावल्योर्दृश्यन्ते। प्रस्तारः—

सा	सा	पां	मां	गरि	मग	मा	मा	१
दे	०	०	०	००	००	०	०	
मा	मा	मा	मा	सां	सां	सां	सां	२
व	०	०	०	०	०	०	०	
धा	धा	पा	पा	धा	धा	री	रिम	३
अ	स	क	ल	श	शि	ति	ल०	
री	री	नी	नी	नी	नी	नी	नी	४
कं	०	०	०	०	०	०	०	
धा	धा	पा	धनि	मा	मा	पा	पा	५
द्वि	र	द	ग०	तिं	०	०	०	
धा	धा	पा	धनि	धा	धा	पा	पा	६
नि	पु	ण	म०	तिं	०	०	०	
सा	सा	सा	सा	सा	सा	सा	सा	७
सु	०	ग्ध	मु	खां	०	०	वु	
धा	धा	पा	धा	धनि	धा	धा	धा	८
रु	रु	दि	०	व्य०	का	०	न्ति	

सा	सा	सा	रिग	सा	रिग	धा	धा	
ह	र	मं	००	वु	दो०	०	द	९
मा	धा	पा	पा	धा	धा	नी	नी	
धि	नि	ना	०	दं	०	०	०	१०
री	री	गा	सा	सां	सां	सां	गां	
अ	च	ल	व	र	सू	०	नु	११
धां	रिसं	रीं	संरिं	रीं	सां	सां	सां	
दे	००	हा	००	ब्र	मि	०	श्रि	१२
सा	सरि	री	सरि	री	सा	सा	सा	
त	श्र०	री	००	रं	०	०	०	१३
मा	मा	मा	मा	निध	पध	मा	मा	
प्र	ण	मा	०	मि०	तम	हं	०	१४
नी	नी	पा	पम	पा	पम	पध	रिग	
अ	नु	प	म०	मु	ख०	क०	म०	१५
गा	गा	गा	गा	गा	गा	गा	गा	
लं	०	०	०	०	०	०	०	१६

षड्जकैशिक्यां षड्जगान्धारपञ्चमा अंशाः। ऋषभमध्यमयोरल्पत्वम्। धैवतनिषादयोः किञ्चिद्बहुत्वम्। चच्चत्पुटस्तालः। षोडश कलाः। प्रावेशिक्यां ध्रुवायां द्वितीयप्रेक्षणे विनियोगः॥ षड्जोदीच्यवां लक्षयति—

अंशाः स-म-नि-धाः षड्जोदीच्यवायां प्रकीर्त्तिताः।
मिथश्च सङ्गतास्ते स्युर्मन्द्रगान्धारभूरिता ॥ ७७ ॥
षड्जर्षभौ भूरितरौ*रिलोपात् षाडवम्मतम्।
औडवं रि-धलोपेन धैवतेंऽशे न षाडवम् ॥ ७८ ॥
षाड्जीवन्नीतितालादि गान्धारादिश्च मूर्च्छना।
द्वितीयप्रेक्षणे गाने ध्रुवायां विनियोजनम् ॥ ७९ ॥

अस्यां षड्जोदीच्यवायां मध्यमोन्यासः। षड्जधैवतावपन्यासौ॥ प्रस्तारः—

सा	सा	सा	सा	मं	मं	गं	गं	१
शै	०	०	०	ले	०	०	०	
गा	मा	पा	मा	गा	मा	मा	धा	२
ग्र	०	सू	०	०	०	०	नु	
सा	सा	मा	गा	पा	पा	नी	धा	३
शै	०	ले	०	ग्र	सू	०	नु	
धा	नी	सा	सा	धा	नी	पा	मा	४
प्र	ण	य	०	प्र	सं	०	ग	
गं	सा	सा	सा	सा	सा	सा	गा	५
स	वि	ला	०	स	खे	०	ल	

* "भूरितारौ" इति पाठान्तरम्। एतत्पाठस्य कल्लिनाथकृतायां सङ्गीतरत्नाकरटीकायामेवं व्याख्यानमस्ति। यथा—"षड्जर्षभौ भूरितारौ भूरितारस्थानं ययोस्तौ तारस्थानयोस्तयोर्बाहुल्यं कर्त्तव्यमित्यर्थः"।

धा	धा	पा	धा	पा	नी	धा	धा	६
न	वि	नो	०	०	०	द	०	
सा	गं।	गं।	गं।	गं।	गं।	सा	सा	७
अ	०	वि	०	क	०	०	०	
नी	धा	पा	धा	पा	धा	धा	धा	८
मु	०	खें	०	०	०	०	दु	
सां	सां	मा	गा	पा	पा	नी	धा	९
अ	धि	क	०	मु	खें	०	दु	
धा	नी	सा	सा	धा	नी	पा	मा	१०
न	य	नं	०	न	मा	०	मि	
गं।	सा	सा	सा	सा	सा	सा	गं।	११
दे	०	वा	०	सु	रे	०	श	
धा	धा	पा	धा	मां	मां	मां	मां	१२
त	व	रु	चि	रं	०	०	०	

षड्जोदीच्यवायां षड्जमध्यमनिषादधैवता अंशाः। अंशानामेव परस्परं सङ्गतिः। मन्द्रगान्धारबाहुल्यम्। षड्जर्षभयोरतिबाहुल्यम्। ऋषभलोपात् षाडवम्। ऋषभधैवतलोपादौडुवम्। यदा धैवतोऽंशस्तदा षाडवं नास्ति। (गीतितालादि षाड्जीवत्।) गान्धारादिर्मूर्च्छना। ध्रुवायां द्वितीयप्रेक्षणे विनियोजनम्॥ एतस्याः कलायामभिधेयनियमं कथयति—

शैलेश्वराभ्यां प्रथमा द्वितीया तु ग-सू-नुना।

तैः पञ्चभिस्तृतीया स्यात् सप्तमीत्व-धि-काक्षरैः ।
मु-खे-न्दुनाष्टमीतस्यां षड्भिस्तु नवमी कला ॥ ८० ॥

प्रथमकला शिवधाचकाक्षरद्वयेन कर्त्तव्या । द्वितीया गणेशवाचकपदेन । तृतीयाकला तु शिवगणेशवाचकपदाक्षरपञ्चकेन । सप्तमी तु त्व-धि-काक्षरैः । अष्टमी मु-खे-न्दुना । षड्भिरक्षरैर्नवमी ॥ षड्जमध्यमां लक्षयति—

अंशाः सप्तस्वराः षड्जमध्यमायां मिथश्च ते ।
संगच्छन्ते निरल्पोऽंशात् गाइते वादितां विना ॥ ८१ ॥
नि-लोप—नि-ग-लोपाभ्यां षाड्वौड्विते मते ।
षाड्वौड्वयोः स्यातां द्विश्रुती तु विरोधिनौ ॥ ८२ ॥
गीति-ताल-कलादीनि षाड्जीवन्मुर्च्छना पुनः ।
मध्यमादिरिह ज्ञेया पूर्व्वावत् विनियोजनम् ॥ ८३ ॥

अस्यां षड्जमध्यमायां षड्जमध्यमौ न्यासौ । सप्तस्वरा अपन्यासाः ॥ प्रस्तारः—

मा	गा	सग	पा	धप	मा	निध	निम	
र	ज	नि०	व	धू०	०	मु०	ख०	१
मा	मा	सा	रिग	मग	निध	पध	पा	
वि	ला	०	स०	लो०	००	००	च	२
मा	गा	री	गा	मा	मा	सा	सा	
नं	०	०	०	०	०	०	०	३
मम	गम	मा	मा	निध	पध	पम	गमम	
प्रवि	००	क	सि	त०	कु०	मु०	द००	४

धा पध परि रिग मग रिग सधस सा
ट लृ० फे० णा० सं० ० ० ० ० ० नि ५

निध सा री मगम मा मा मा मा
भं० ० ० ० ० ० ० ० ० ० ६

मंा मंा मंगंमं मंधं धंपं पंधं पंमं गंमंगं
का ० मि० ० ज० न० न० य० न० ० ७

धा पध परि रिग मग रिग सधस सा
ह्व द० या० भि० नं० ० ० ० ० ० दि ८

मा मा धनि धस धप मप पा पा
तं ० ० ० ० ० ० ० ० ० ० ० ९

मंा मंगंमं मंा निंधं पंधं पंमंगं गंा मंा
प्र णा० ० मा ० ० मि० दे० ० वं ० १०

धा पध परि रिग मग रिग सधस सा
कु मु० दा० धि० वा० ० ० ० ० ० सि ११

निध सा री मगम मा मा मा मा
नं० ० ० ० ० ० ० ० ० ० १२

षड्जमध्यमायां सप्तापि स्वरा अंशाः। अंशानामेव परस्परं सङ्गतिः। निषादोऽल्पः। यदा गान्धारोंऽशः निषादाल्पत्वं नास्ति। यदा च निषादोंऽशादी तदापि तदल्पत्वं नास्ति। निषादलोपेन षाड़वम्। निषादगान्धारलोपेनौड़वम्।

षाड़वौड़वयोः क्रियमानयोः निषाद-गान्धारयोर्विवादित्वम्। गीतिताल कलादयः षाड्जीवत्। मध्यमादिर्मूर्च्छना। षड्जोदीच्यवावद्विनियोगः॥ गान्धारोदीच्यवां लक्षयति—

गान्धारोदीच्यवायान्तु द्वावंशौ षड्ज-मध्यमौ।
रि-लोपात् षाड़वं ज्ञेयं पूर्णत्वेऽंशेतराल्पता॥ ८४॥
अल्पा नि-ध-प-गान्धाराः षाड़वत्वे प्रकीर्त्तिताः।
रि-धयोः सङ्गतिर्ज्ञेया कलाः षोड़श कीर्त्तिताः।
विनियोगो ध्रुवागाने चतुर्थप्रेक्षणे मतः॥ ८५॥

अस्यां गान्धारोदीच्यवायां मध्यमोन्यासः। षड्जधैवतावपन्यासौ॥ प्रस्तारः—

सा	सा	पा	मा	पा	धप	पा	मा	१
सौ	०	०	०	०	००	०	०	
धा	मा	मा	मा	सा	सा	सा	सा	२
म्य	०	०	०	०	०	०	०	
धा	नी	सा	सा	मा	मा	धा	पा	३
गौ	०	री	०	मु	खां	०	वु	
नी	नी	नी	नी	नी	नी	नी	नी	४
रु	ह	दि	०	व्य	ति	ल़	क	
मा	मा	धा	निस	नी	नी	नी	नी	५
प	रि	चुं	००	वि	ता	०	चिं	

मा	पा	मा	परिग	गा	गा	सा	सा	६
त	सु	पा	०००	दं	०	०	०	

गा	मग	पा	पध	मा	धनि	पा	पा	७
प्र	वि०	क	सि०	त	हे०	०	म	

री	गा	सा	सध	नी	नी	धा	धा	८
क	म	ल	नि०	भं	०	०	०	

गा	रिग	सा	सनि	गा	रिग	सा	सा	९
अ	ति०	रु	चि०	र	कां०	०	ति	

सा	सा	सा	सा	मनि	धनि	नी	नी	१०
न	ख	द	०	र्पं०	णा०	०	म	

मा	पा	मा	परिग	गा	गा	सा	सा	११
ल	नि	के	०००	तं	०	०	०	

गा	सा	गा	सा	मा	पा	मा	परिग	१२
म	न	सि	ज	श	री	र	०००	

गा	मा	गा	सा	गा	गा	गा	सा	१३
ता	०	०	ड	नं	०	०	०	

नी	नी	पा	धा	नी	गा	गा	गा	१४
प्र	ण	मा	०	मि	गौ	०	री	

नी	नी	धा	पा	धा	पा	मा	पा	१५
च	र	णा	यु	ग	म	तु	प	
धा	पा	सा	सा	मा	मा	मा	मा	१६
मं	०	०	०	०	०	०	०	

गान्धारोदीच्यवायां षड्जमध्यमावंशौ। ऋषभलोपात् षाड़वम्। पूर्णत्वे अनंशानामल्पत्वम्। षाड़वत्वे निषादधैवतपञ्चमगान्धारा अल्पाः। ऋषभधैवतयोः सङ्गतिः। धैवतादिर्मूर्च्छना। चच्चत्पुटस्तालः। षोड़शकलाः। ध्रुवायां चतुर्थप्रेक्षणे विनियोगः॥ रक्तगान्धारीं लक्षयति—

अंशाःस्यूरक्तगान्धार्य्यां पञ्च ध-र्षभ वर्जिताः।
रि-मतिक्रम्य स-गयोः कार्य्ये सन्निधिमेलने॥ ८६॥
रि-लोप—रि-ध-लोपाभ्यां षाड़वौड़विते मते।
वक्रत्वं नि-धयोरंशः पञ्चमोऽह्येष्टि षाड़वम्॥ ८७॥
द्विषन्त्यौड़वितं षड्ज-नि-म-पाः सङ्गतौ स-गौ।
पञ्चपाख्यादि षाड्जीवदृषभादिश्च मूर्च्छना।
तृतीयप्रेक्षणे गाने ध्रुवायां विनियोजनम्॥ ८८॥

अस्यां रक्तगान्धार्य्यां गान्धारोन्यासः। मध्यमोऽपन्यासः॥

प्रस्तारः—

पा	नी	सा	सा	गा	सा	पा	नी	१
तं	०	वा	०	ल	र	ज	नि·	
सा	सा	पा	पा	मा	मा	गा	गा	२
क	र	ति	ल	क	भू	०	ष	

मा	पा	धा	पा	मा	पा	धप	मग	३
ण	वि	भू	०	०	०	००	००	
मा	मा	मा	मा	मा	मा	मा	मा	४
तिं	०	०	०	०	०	०	०	
धां	नीं	पां	मंपं	धां	नीं	पां	पां	५
०	०	०	००	०	०	०	०	
मां	पां	मां	धंनिं	पां	पां	पां	पां	६
०	०	०	००	०	०	०	०	
री	गा	मा	पा	पा	पा	मा	पा	७
प्र	ण	मा	०	मि	गौ	०	री	
री	गा	मा	दा	पा	पा	मा	पा	८
व	द	ना	०	र	विं	०	०	
पा	पा	पा	पा	पा	पा	पा	पा	९
दं	०	०	०	०	०	०	०	
री	गा	सा	सा	री	गा	गा	गा	१०
प्री	०	ति	क	रं	०	०	०	
गां	गां	पां	धंमं	धां	निंधं	पा	पा	११
०	०	०	००	०	००	०	०	

मां	पां	मां	रिंगं	गां	गां	गां	गां	१२
०	०	०	००	०	०	०	०	

रक्तगान्धार्यां धैवतर्षभवर्जिताः पञ्चस्वरा अंशाः। ऋषभातिक्रमेण षड्ज-गान्धारयोः सङ्गतिः। ऋषभलोपात् षाडवम्। ऋषभधैवतलोपादौडुवम्। निषाद-धैवतयोर्बहुलत्वम्। यदा पञ्चमोऽंशस्तदा षाडवं नास्ति। यदा षड्ज-निषाद-मध्यम-पञ्चमा अंशास्तदा औडुवितं नास्ति। षड्ज-गान्धारयोः सङ्गतिः। (षट्पितापुत्रकतालादि षाड्जीजातिवत्।) ऋषभादिर्मूर्च्छना। (ध्रुवायां तृतीयप्रेक्षणे विनियोगः)॥ कैशिकीं लक्षयति—

कैशिक्यामृषभान्यांशा नि-धावंशौ यदा तदा।
न्यासः पञ्चम एव स्यादन्यथा द्विश्रुती मतौ ॥ ८९ ॥
अनेर तु नि-ग-पा न्यासाः नि-धयोरंशयोर्विदुः ।
रि-लोप—रि-ध-लोपेन षाडवौडुवितं मतम् ॥ ९० ॥
रि-रल्पोनि-प-बाहुल्यमंशानां सङ्गतिर्मिथः ।
षाडवौडुविते द्विष्टः क्रमात् पञ्चम-धैवतौ ॥ ९१ ॥
षाड्जीवत् पञ्चपाण्यादि गान्धारादिस्तु मूर्च्छना ।
पञ्चमप्रेक्षणे गाने ध्रुवायां विनियोजनम् ॥ ९२ ॥

अस्यां कैशिक्यां गान्धार-पञ्चम-निषादा न्यासाः। रि-वर्जं षट् वा सप्त स्वरा अपन्यासाः॥ प्रस्तारः—

पा	धनि	पा	धनि	गा	गा	गा	गा	१
के	००	लौ	००	ह	०	त	०	
पा	पा	मा	निध	निध	पा	पा	पा	२
का	०	म	त०	नु०	०	०	०	

धा	नी	सां	सा	री	री	री	री	
वि	०	भ्र	म	वि	ला	०	सं	३
सा	सा	सा	री	गा	मा	मा	मा	
ति	ल	क	यु	तं	०	०	०	४
मां	धां	नीं	धां	मां	धां	मां	पां	
मू	०	र्द्धें	०	दु	बा	०	ल	५
गा	री	सा	धनि	री	री	री	री	
सो	०	म	नि०	भं	०	०	०	६
गा	री	सा	सा	धा	धा	मा	मा	
सु	ख	क	म	लं	०	०	०	७
गा	गा	गा	मा	मा	निधनि	नी	नी	
अ	स	म	०	हा	०००	ट	०	८
गा	गा	नी	नी	गा	गा	गा	गा	
क	स	रो	०	जं	०	०	०	९
गां	गां	नीं	नीं	निधं	पां	पां	पां	
हृ	दि	सु	ख	दं०	०	०	०	१०
मां	पां	मां	पां	पां	पां	मां	मां	
प्र	ण	मा	०	मि	लो	०	च	११

सा	मा	गा	निध	नि	नी	नी	मा	गा	
न	वि	शे	००	०	षं	०	०	०	१२

कैशिक्यां ऋषभादन्यषट्स्वरा अंशाः । यदा निषाद-धैवतावंशौ तदा पञ्चम एव न्यासः । अन्यथा निषाद-गान्धारौ । केषाञ्चिन्मते निषाद-धैवतयोरंशयोः निषाद-गान्धार-पञ्चम-न्यासान् विदुः । ऋषभलोपात् षाड्वम् । ऋषभ-धैवत-लोपादौड़वम् । ऋषभोऽल्पः । निषाद-पञ्चमयोर्बाहुल्यम् । अंशस्वराणां परस्परं सङ्गतिः । यदा पञ्चमोऽंशस्तदा षाड्वं नास्ति । यदा धैवतोऽंशस्तदा औड़वं नास्ति । षट्पितापुत्रकतालादि षाड्जीजातिवत् । गान्धारादि-मूर्छना । (ध्रुवायां पञ्चमप्रेक्षणे विनियोगः) ॥ मध्यमोदीच्यवां लक्षयति—

पञ्चमांशा सदापूर्णा मध्यमोदीच्यवा मता ।
तस्या शेषं विजानीयाद्गान्धारोदीच्यवागतम् ॥ ८३ ॥
मूर्च्छना मध्यमादिःस्यात् तालश्चञ्चत्पुटोमतः ।
चतुर्थस्य प्रेक्षणस्य ध्रुवायां विनियोजनम् ॥ ८४ ॥

अस्यां मध्यमोदीच्यवायां मध्यमोन्यासः । षड्जधैवतावपन्यासौ ॥ प्रस्तार:—

पा	धनि	नी	नी	मा	पा	नी	पा	
दे	००	हा	०	ईं	ह्र	०	प	१
री	री	री	गा	सा	रिग	गा	गा	
म	ति	कां	०	ति	म०	म	ल	२
नी	नी	नी	नी	नी	नी	नी	नी	
म	म	लें	०	दु	कुं	०	द	३

नी	नी	धप	मा	निध	निध	पा	पा	
कु	मु	द०	नि	भं०	००	०	०	४
पा	पा	री	री	री	री	री	री	
चा	०	मो	०	क	रां	०	वु	५
मा	रिग	सा	सधं	नीं	नीं	नीं	नीं	
त	ह०	दि	००	व्य	कां	०	ति	६
मा	पा	नी	सा	पा	पा	गा	गा	
प्र	व	र	ग	ण	पू	०	जि	७
गा	पां	मां	निंधं	नीं	नीं	सा	सा	
त	म	जे	००	यं	०	०	०	८
पां	पां	मां	धंनिं	पां	पां	पां	पां	
सु	रा	भि	ष्ट०	त	म	नि	ल	९
मां	प्रां	मां	रिग	गा	गा	गा	गा	
म	नो	०	ज०	व	मं	०	वु	१०
गा	पा	मा	पा	नी	नी	नी	नी	
दो	०	द	धि	नि	ना	०	द	११
मा	पा	मा	परिग	गा	गा	गा	गा	
म	ति	हा	०००	सं	०	०	०	१२

गा	गा	गा	गा	मा	निध	नी	नी	१३
धि	वं	शां	०	त	म०	सु	र	
नी	नी	धप	मा	निध	निध	पा	पा	१४
च	मु	म०	थ	नं०	००	०	०	
री	गा	सा	सा	मा	निधनि	नी	नी	१५
वं	०	दे	०	वै	लो००	क्य	०	
नी	नी	धा	पा	धा	पा	मा	मा	१६
न	त	च	र	णं	०	०	०	

मध्यमोदीच्यवायां पञ्चमोऽंशस्वरः। पूर्णत्वं सप्तस्वरत्वमेव। षाडवौडुवे न स्तः। अवशिष्टं लक्षणं गान्धारोदीच्यवावत् ज्ञातव्यम्। मध्यमादिर्मूर्च्छना। चच्चत्पुटस्तालः। (ध्रुवायां चतुर्थप्रेक्षणे विनियोगः)॥ कार्मारवीं लक्षयति—

कार्मारव्यां भवन्त्यंशा निषाद-रि-प-धैवताः।
बहवोऽन्तरमार्गत्वादनंशाः परिकीर्त्तिताः ॥ ८५ ॥
गान्धारोऽत्यन्तबहुलः सर्व्वांशस्वरसङ्गतिः।
चच्चत्पुटः षोडशात्र कलाः षड्जादिमूर्च्छना ॥ ८६ ॥
पञ्चमस्य प्रेक्षणस्य ध्रुवायां विनियोजनम् ॥ ८७ ॥

अस्यां कार्मारव्यां पञ्चमोन्यासः। अंशा एवाऽपन्यासाः॥

प्रस्तारः—

री	री	री	री	री	री	री	री	१
तं	०	स्वा	०	गु	ल	लि	त	

मा	गा	सा	गा	सा	नी	नी	नी	२
वा	०	मां	०	ग	स	०	ता	
नीं	मं	नीं	मं	पं	पं	गा	गा	३
म	ति	ते	०	जः	प्र	स	र	
गा	पा	मा	पा	नी	नी	नी	नी	४
सौ	०	धां	०	शु	कां	०	ति	
रीं	गं	सं	नीं	रीं	गं	रीं	मं	५
फ	णि	प	ति	सु	खं	०	०	
री	गा	री	सा	नी	धनि	पा	पा	६
उ	रो	वि	पु	ल	सा०	०	ग	
मं	पं	मं	पंरिंगं	गा	गा	गा	गा	७
र	नि	के	०००	तं	०	०	०	
री	री	गा	सम	मा	मा	पा	पा	८
सि	त	प	००	न्न	गें	०	द्र	
मा	पा	मा	परिग	गा	गा	गा	गा	९
म	ति	कां	०००	तं	०	०	०	
धा	नी	पं	मा	धा	नी	सा	सा	१०
प	०	शमु	ख	वि	नो	०	द	

नी	नी	नी	नी	नी	नी	नी	नी	११
क	र	प	०	ल्ल	वां	०	गु	
मां	मां	धां	नीं	सनिनि	धा	पा	पा	१२
लि	वि	ला	०	स००	कौ	०	ल	
मा	पा	मा	परिग	गा	गा	गा	गा	१३
न	वि	नो	०००	दं	०	०	०	
नी	नी	पा	धनि	गा	गा	गा	गा	१४
प्र	ण	मा	००	मि	दे	०	व	
सां	रीं	गां	सां	नीं	नीं	नीं	नीं	१५
य	०	ज्ञो	०	प	वी	०	त	
नीं	नीं	धां	धां	पां	पां	पां	पां	१६
कं	०	०	०	०	०	०	०	

काश्मीर्यां निषादर्षभपञ्चमधैवता अंशाः। अंशस्वरेभ्योऽन्ये षड्जगान्धारमध्यमा अन्तरमार्गोक्तन्यायेन बहवः। गान्धारस्यातिबाहुल्यम्। सर्वैरंशस्वरैः सह सङ्गतिः। चच्चत्पुटस्तालः। षोडश कलाः। (षड्जादिर्मूर्च्छना। ध्रुवायां पञ्चमप्रेक्षणे विनियोगः)॥ गान्धारपञ्चमीं लक्षयति—

अंशो गान्धारपञ्चम्यां पञ्चमः सङ्गतिः पुनः।
कर्त्तव्याऽत्रापि गान्धारीपञ्चम्योरिव भूरिभिः॥ ९८ ॥
चच्चत्पुटः षोडशाऽत्र कला गादिश्च मूर्च्छना।
तूर्यप्रेक्षणगामसन्धि-ध्रुवागाने नियोजनम्॥ ९९ ॥

अस्यां गान्धारपञ्चम्यां गान्धारोन्यासः । ऋषभपञ्चमावपन्यासौ ॥ प्रस्तारः—

पा	मप	मध	नी	धप	मा	धा	नी	१
कां	००	००	०	००	०	०	०	
सनिनि	धा	पा	पा	पा	पा	पा	पा	२
०००	०	तं	०	०	०	०	०	
धा	नी	सा	सा	मा	मा	पा	पा	३
वा	०	मै	०	क	टे	०	श	
नी	नी	नी	नी	नी	नी	नी	नी	४
प्रे	०	खो	०	ल	मा	०	न	
नी	नी	धप	मा	निध	निध	पा	पा	५
क	म	ल०	नि	भं०	००	०	०	
पा	पा	री	री	री	री	री	री	६
व	र	सु	र	भि	कु	सु	म	
मा	रिग	सा	सध	नो	नी	नी	नी	७
गं	००	धा	००	धि	वा	०	सि	
नी	नी	सां	रिंसं	रीं	रीं	रीं	रीं	८
त	म	नो	००	न्म	०	०	०	

नी	गा	सा	निग	सा	नी	नी	नी	
न	ग	रा	००	ज	सू	०	नु	९
नीं	मां	नीं	मां	पां	पां	गा	गा	
र	ति	रा	०	ग	र	भ	स	१०
गा	पां	मां	पां	नीं	नीं	नीं	नीं	
कें	०	लो	०	कु	च	०	ग्र	११
मा	पा	मा	परिग	गा	गा	गा	गा	
ह	ली	लं	०००	तं	०	०	०	१२
नीं	नीं	पां	धां	नीं	गा	गा	गा	
प्र	ण	मा	०	मि	दे	०	वं	१३
नीं	नीं	नीं	नीं	नीं	नीं	नीं	नीं	
चं	०	द्रा	०	र्द्धं	मं	०	डि	१४
मां	मां	धां	नीं	सनिनि	धा	पा	पा	
त	वि	ला	०	स००	कौ	०	ल	१५
मा	पा	मा	परिग	गा	गा	गा	गा	
न	वि	नो	०००	दं	०	०	०	१६

गान्धारपञ्चम्यां पञ्चमोऽंशः। गान्धारीपञ्चम्योरिव स्वराणां सङ्गतिः। षड्ज-ग्रामः। षोडश कलाः। गान्धारादिर्मूर्च्छना। प्रथमायां चतुर्थप्रेक्षणे विनियोगः॥ आन्ध्र्यां लक्षणमाह —

आन्ध्र्यामंशा नि-रि-ग-पा रि-गयोर्नि-धयोस्तथा ।

सङ्गतिर्न्यासपर्य्यन्तमंशानुक्रमतोव्रजेत् ॥ १०० ॥

षाडवं षड्जलोपेन मध्यमादिस्तु मूर्च्छना ।

पूर्व्वावत्तु कलातालविनियोगाः प्रकीर्त्तिताः ॥ १०१ ॥

अस्यामान्ध्र्यां गान्धारीन्यासः । अंशा एवाऽपन्यासाः ॥ प्रस्तारः—

गा	री	री	री	री	री	री	री	
त	रु	णों	०	दु	कु	सु	म	१
री	गा	री	गा	री	री	री	री	
ख	चि	त	ज	टं	०	०	०	२
री	री	गा	गा	री	री	मा	मा	
त्रि	दि	व	न	दि	स	लि	ल	३
री	गा	सा	धनि	नीं	नीं	नीं	नीं	
धौ	०	त	मु०	खं	०	०	०	४
नीं	री	नीं	री	धंनिं	धंनिं	पां	पां	
न	ग	सू	०	नु०	०प्र	ण	य	५
मां	पां	मां	रिग	गा	गा	गा	गा	
वे	०	द	नि०	धिं	०	०	०	६
री	री	गा	सस	मा	मा	पा	पा	
प	रि	णा	००	हि	तु	हि	न	७

मां	पां	मां	रिग	गा	गा	गा	गा	
घै	०	ल	गृ	ह्णं	०	०	०	८
धां	नी	गा	गा	गा	गा	गा	गा	
श्र	न्न	त	भ	वं	०	०	०	९
पा	पा	मा	रिग	गा	गा	गा	गा	
गु	ण	र	हि०	तं	०	०	०	१०
नी	नी	नी	नी	री	री	री	री	
त	म	व	नि	र	वि	घ्न	शि	११
री	री	गा	नी	सा	सा	नी	नी	
न्नु	ल	न	ज	ल	प	व	न	१२
पां	पां	मां	रिंगं	गां	गां	गां	गां	
ग	ग	न	त०	नुं	०	०	०	१३
रीं	रीं	गां	संमं	मां	मां	पां	पां	
घ	र	णं	००	ब्र	जा	०	मि	१४
मां	मां	नीं	नीं	सां	रीं	गां	पां	
शु	भ	म	ति	क्ष	त	नि	ल	१५
रिंगं	गां	गां	गां	गां	गां	गां	गां	
यं०	०	०	०	०	०	०	०	१६

निषादर्षभगान्धारपञ्चमा अंशाः। ऋषभ-गान्धारयोर्निषादधैवतयोश्च बहुतिः। अंशात् न्यासपर्य्यन्तमारोहणम्। षड्जलोपेन षाडवम्। मध्यमादि-मूर्च्छना। (गान्धार-पञ्चमीवत् कलातालविनियोगाः)॥ नन्दयन्तीं लक्षयति—

नन्दयन्त्यां पञ्चमोऽंशो गान्धारस्तु ग्रहः स्मृतः।
केचित् तु पञ्चमः प्रोक्तो ग्रहोऽस्यां गीतवेदिभिः॥ १०२॥
मन्द्रर्षभस्य बाहुल्यं षाडवं षड्जलोपतः।
हृष्यका मूर्च्छना तालः पूर्व्वावद्विगुणाः कलाः॥ १०३॥
विनियोगो ध्रुवागाने प्रथमप्रेक्षणे भवेत्॥ २०४॥

अस्यां नन्दयन्त्यां गान्धारो न्यासः। मध्यमपञ्चमावपन्यासौ॥

प्रस्तारः—

गा	गा	गा	गा	पा	मा	धप	मा	
सौ	०	०	०	०	०	००	०	१
धा	धा	धा	धा	धा	नी	सनिनि	धा	
०	०	०	०	०	०	००००	०	२
पां	पां	पां	पां	पां	पां	पां	पां	
स्यं	०	०	०	०	०	०	०	३
धां	नीं	सां	पां	गां	गां	गां	गां	
वे	०	दां	०	ग	वे	०	द	४
मा	री	गा	गा	गा	गा	गा	गा	
क	र	क	म	ल	यो	०	निं	५

मा	मा	पा	पा	धा	निध	पा	पा	
त	मो	र	जो	वि	व०	०	०	६
धा	नी	मा	पा	गा	गा	गा	गा	
जि	तं	०	०	०	०	०	०	७
गम	पा	पा	पा	मा	मा	गा	गा	
हरं	०	०	०	०	०	०	०	८
धा	नी	मा	पा	गा	गा	गा	गा	
भ	व	ह	र	क	म	ल	गृ	९
मा	मा	मा	मा	मा	मा	मा	मा	
हं	०	०	०	०	०	०	०	१०
री	गा	मा	पा	पम	पा	पा	नी	
शि	वं	शां	०	तं०	सं	०	नि	११
रीं	रीं	रीं	रीं	पां	पां	मां	मां	
वे	०	श	न	म	पू	०	र्वं	१२
धां	नीं	सां	निंनिं	धां	पां	पां	पां	
भू	०	ष	ण०	भा	०	लं	०	१३
धां	नीं	मां	पां	गां	गां	गां	गां	
उ	र	गे	०	श	भो	०	ग	१४

गा	पा	पा	पा	धा	मा	गा	मा	१५
भा	०	नु	र	शु	भ	ष्ट	यु	
धा	धा	नी	धा	पा	पा	पा	पा	१६
लं	०	०	०	०	०	०	०	
री	गा	मा	पा	पम	पा	पा	पा	१७
अ	च	ल	प	ति०	सू	०	नु	
रीं	रीं	रीं	रीं	पां	पां	पां	पां	१८
क	र	पं	०	क	जा	०	म	
पा	पा	पा	पा	धा	मा	मा	मा	१९
ल	वि	ला	०	स	की	०	ल	
नीं	पां	गां	गंमं	गां	गां	गां	गां	२०
न	वि	नो	००	दं	०	०	०	
रीं	रीं	गां	गां	मां	मां	मां	मां	२१
स्फ	टि	क	म	णि	र	ज	त	
नी	पा	नी	मा	नी	धा	पा	पा	२२
सि	त	न	व	दु	कू	०	ल	
सां	सां	धनि	धा	पा	पा	पा	पा	२२
क्षी	०	रो०	०	द	सा	०	ग	

मा	पा	मा	परिग	गा	गा	सा	सा	२४
र	वि	का	०००	ग्रां	०	०	०	
री	री	गा	गा	मा	मा	पा	पा	२५
अ	ज	शि	रः	क	पा	०	ल	
री	री	री	गा	मा	रिग	मा	मा	२६
इ	ष्टु	भा	०	०	ज०	नं	०	
मा	नी	पा	नी	गा	गा	गा	गा	२७
वं	०	दे	०	सु	ख	दं	०	
मा	मा	पा	पा	धा	धनि	निध	मा	२८
ह	र	दे	०	ह	म०	म०	ल	
धा	धा	सा	नी	धा	नी	पा	पा	२९
म	धु	सू	०	द	नं	०	सु	
री	री	री	री	मा	पा	धा	मा	३०
ते	०	जो	०	धि	कं	०	सु	
नी	नी	नी	नी	धा	पा	मा	मा	३१
ग	ति	यो	०	०	०	०	०	
मा	परिग	गा	गा	गा	गा	गा	गा	३२
०	०००	निं	०	०	०	०	०	

नन्दयन्त्यां पञ्चमोऽंशः। गान्धारोपन्यासः। • • •। मतान्तरे तु पञ्चमोपन्यासः उक्तः। मन्द्रस्थानस्यर्षभस्य बहुलत्वम्। षड्जलोपात् षाड्वम्। हृष्यका मूर्च्छना। चञ्चत्पुटस्तालः। द्वात्रिंशत्कलाः *। (ध्रुवायां प्रथमप्रेक्षणे विनियोगः)॥

साधारणं लक्षणमाह—

> अनुक्ताविह तालः स्यात् त्रिधैवैककलादिकः।
> मार्गाः क्रमाच्चित्रवार्त्तिकदक्षिणा गीतयः पुनः।
> मागधी सम्भाविता च पृथुलेत्युदिताः क्रमात्॥ २०५॥

यत्र तालविशेषो नोक्तस्तत्र एककलो द्विकलश्चतुष्कलो ज्ञातव्यः। मार्गाश्च क्रमेण चित्र-वृत्ति-दक्षिणा मागधी-सम्भाविता-पृथुला च क्रमात् गीतयः॥ मार्गविशेषेण कलाविशेषं कथयति—

> योक्तास्माभिः कलासंख्या सा दक्षिणे पथि स्थिता।
> वार्त्तिके द्विगुणा ज्ञेया सैव चित्रे चतुर्गुणा॥ २०६॥

"अष्टगुरुः कला" इति या कलासंख्योक्ता सा दक्षिणमार्गे। वार्त्तिके मार्गे षोड्शगुरुः कला। चित्रे द्वात्रिंशद्गुरुः॥

> सर्व्वजातिषु जानीयादंशस्वरगतं रसम्।
> दृश्यन्ते जन्यरागांशास्तज्जैर्जनकजातिषु॥ २०७॥

स्वराणां रसाः पूर्व्वमुक्ताः ("स-री वीरेऽद्भुते रौद्रे" इत्यादिना)। यस्यां जातौ योऽंशस्वरस्तदीयोरसस्तस्यां जातौ ज्ञातव्यः। यासु जन्यजातिषु रागांशा नोक्तास्तासु तज्जनकजातिरागांशाः ज्ञातव्याः॥ उक्ता जातीः स्तौति—

---

* "स्युर्द्वादशकलाः षाड्जी धैवती षड्जमध्यमा।
कैशिकी रक्तगान्धारी षड्जोदीच्यवतीति षट्॥
स्युः षोड्शकलाश्चार्षी गान्धारी च निषादिनी।
गान्धारोदीच्यवा कार्मारवी गान्धारपञ्चमी।
मध्यमोदीच्यवा चान्ध्री तथा स्यात् षड्जकैशिकी॥
स्युरष्टकलिकाः पञ्चम्यार्षभी मध्यमा तथा।
द्वात्रिंशत्कलिका त्वेका नन्दयन्ती प्रकीर्त्तिता॥"

इति सङ्गीतरत्नाकरकलानिधौ॥

जाति-तालिका ।

संख्या	जातयः	मूर्च्छनाः	अंशाः	न्यासाः	अपन्यासाः	षाडवद्वे विस्वराः	औडवद्वे विस्वराः
१	षाड्जी	उत्तरायता	सगमपध	स	गप	नि	०
२	आर्षभी	शुद्धषड्जा	रिधनि	रि	रिधनि	स	सप
३	गान्धारी	पौरवी	सगमपनि	ग	सप	रि	रिध
४	मध्यमा	कलोपनता	सरिमपध	म	सरिमपध	ग	गनि
५	पञ्चमी	कलोपनता	रिप	प	रिपनि	ग	गनि
६	धैवती	अभिरुद्गता	रिध	ध	रिमध	प	सप
७	नैषादी	अभिरुद्गता	सगनि	नि	सगनि	प	सप
८	षड्जकैशिकी	....	सगप	ग	सपनि	०	०
९	षड्जोदीच्यवा	अश्वक्रान्ता	समधनि	म	सध	रि	रिध
१०	षड्जमध्यमा	मत्सरीकृता	सरिगमपधनि	सम	सरिगमपधनि	नि	गनि
११	गान्धारोदीच्यवा	पौरवी	सम	म	सध	रि	०
१२	रक्तगान्धारी	कलोपनता	सगमपनि	ग	म	रि	रिध
१३	कैशिकी	हारिणाश्वा	सगमपधनि	गपनि	सगमपधनि	रि	रिध
१४	मध्यमदीच्यवा	सौवीरी	प	म	सध	०	०
१५	कार्मारवी	शुद्धमध्या	रिपधनि	प	रिपधनि	०	०
१६	गान्धारपञ्चमी	हारिणाश्वा	प	ग	रिप	०	०
१७	आन्ध्री	सौवीरी	रिगपनि	ग	रिगपनि	स	०
१८	नन्दयन्ती	हारिणाश्वा	प	ग	मप	स	०

ब्रह्मप्रोक्तपदैः सम्यक् प्रयुक्ताः शङ्करस्तुतौ ।

अपि ब्रह्महणं पापाज्जातयः प्रपुनन्त्यमूः ॥ २०८ ॥

प्रस्तारोक्तानि पदानि ब्रह्मप्रोक्तानि । तैः पदैः सम्यक् लक्षणाव्यभिचारेण प्रयुक्ता जातयो ब्रह्महणं ब्राह्मणमपि पवित्रयन्ति किमुत अन्यपापिनमित्यर्थः ॥

जातीनामन्यथाप्रयोगे दोषमाह—

ऋचो यजूंषि सामानि क्रियन्ते नान्यथा यथा ।

तथा सामसमुद्भूता जातयो वेदसम्मिताः ॥ २०९ ॥

इति संगीतरत्नाकरे जाति-प्रकरणम् ।

वेदसमाना जातयस्ता यथासम्यक्प्रयोगे दोषात् सम्यगेव प्रयोक्तव्या इत्यर्थः ॥

इति श्रीसिंहभूपालविरचितायां सङ्गीतरत्नाकरटीकायां सङ्गीतसुधाकराख्यायां जाति-प्रकरणम् ।

गीति-प्रकरणम्।

शुद्धजातिसमुद्भूतकपालान्यधुना ब्रुवे।
रागा जनकजातीनां तत्कपालेषु सम्मताः॥ १॥

("—कपालानि च कम्बलम्। नानाविधगीतयश्च—" इति पदार्थसंग्रहोक्त-वस्तुक्रमानुरोधादुपयोगित्वेनोद्देशक्रममनुल्लङ्घ्यादौ कपालानि निरूपयितुमाह—शुद्धजातीति)। यस्या जातेः यत् कपालं समुद्भूतं तज्जातिरागा एव तस्मिन् कपाले ज्ञातव्याः॥ षाड्जीकपालं लक्षयति—

षड्जोग्रहोऽंशोऽपन्यासोगोन्यासोऽतिबहू गमौ।
अल्पा रि-प-नि-धा लङ्घ्यो रिः कला द्वादशोदिताः।
यस्मिन् षाड्जीकपालं तद्गदितं गीतवेदिभिः * ॥ २॥

यस्मिन् षड्जस्वर एव ग्रहश्चांशश्चापन्यासश्च। गान्धारोन्यासः। गान्धारमध्यमयोरतिबाहुल्यम्। ऋषभ-पञ्चम-निषाद-धैवतानामल्पत्वम्। ऋषभस्य लङ्घनमोषत् स्पर्शः। द्वादश कलाः। तत् षाड्जी-कपालं भरतादिभिर्गीतज्ञैर्गदितमुक्तम्॥ कल्लिनाथकृत टीकायामेवमधिकं लिख्यते। यथा—"षाड्जीजनितः श्रीरागस्तज्जनितकपालः कपालशब्दः प्रतीयते। रागस्वरूप परिज्ञानमत्र प्रयोजनम्। घटैकदेशकपालवत् प्रतीतिजनकामता इत्यर्थः।" आर्षभी-कपालं लक्षयति—

यत्रर्षभोऽंशोऽपन्यासो मोऽन्तो ग-नि-प-धाल्पता।
सोऽत्यल्पोऽष्टकलं तत् स्यात् कपालं त्वार्षभीगतम्॥ ३॥

यत्र ऋषभः अंशोऽपन्यासश्च। मध्यमोन्यासः। गान्धार-निषादपञ्चम-धैवता अल्पाः। षड्जः अत्यल्पः। अष्टौ कलाः। तदार्षभी-कपालम्॥ गान्धारी-कपालं लक्षयति—

---

* "मार्गवेदिभिः" इति पाठान्तरम्।

मध्यमोऽंशग्रहन्यासापन्यासो धैवतीबहुः ।
यत्राल्पाः स-रि-गा लोपाद् रि-पयोरौड़वं भवेत् * ।
तद्गान्धारीकपालं स्यात् कलाष्टकविनिर्म्मितम् ॥ ४ ॥

यत्र मध्यमः अंशस्वरः ग्रहोन्यासोऽपन्यासश्च। धैवतस्य बाहुल्यम्। षड्जर्षभगान्धारा अल्पाः। ऋषभपञ्चमलोपादौड़वम्। अष्टौ कलाः। तत् गान्धारी-कपालम्॥ मध्यमा-कपालं लक्षयति—

मध्यमोऽंशो नि-रि-ग-पाः स्वल्पा यत्र कला नव ।
तन्मध्यम-कपालं स्यादिति निःशङ्कसम्मतम् ॥ ५ ॥

यत्र मध्यमः अंशस्वरः। निषादर्षभगान्धारपञ्चमाः स्वल्पाः। नव कलाः। तत् मध्यमा-कपालम्॥ पञ्चमी-कपालं लक्षयति—

ऋषभांशं सग्रहञ्च नि-ध-षड्ज-ग-माल्पकम् ।
कपालं पञ्चमीजातिजातमष्टकलं विदुः ॥ ६ ॥

यत्र ऋषभः अंशस्वरः। षड्जः ग्रहः। निषादधैवतषड्जगान्धारमध्यमाः अल्पाः। अष्टौ कलाः। तत् पञ्चमी-कपालम्॥ धैवती-कपालं लक्षयति—

अत्यल्पर्षभगान्धारापन्यासं म-ध-भूरिता ।
षाड्ज्या इव कपालं तद्धैवत्यां स्यात् कलाष्टकम् ॥ ७ ॥

अत्यल्पौ ऋषभगान्धारावपन्यासौ यस्य। तथा म-धयो र्बाहुल्यम्। अष्टौ कलाः। अन्यत् षाड्जी-कपालवत्। तत्तु धैवती-कपालम्। नैषादी-कपालं लक्षयति—

ग्रहांशन्यासषड्जञ्च रि-गाल्पमतिभूरिभिः ।
नि-ध-मै-रष्टककलं स्यान्नैषादी-कपालकम् ॥ ८ ॥

षड्जोग्रहोऽंशोन्यासश्च। ऋषभ-गान्धारयोरल्पत्वम्। निषादधैवतमध्यमाः अतिबहुलाः। अष्टौ कलाः। तत् नैषादी-कपालम्॥ कपालगाने फलमाह—

---

* "गान्धारोऽंशग्रहन्यासापन्यासो धैवतो बहुः ।
यत्राल्पाः स-नि-मा लोपाद्रि-धयोरौड़वं भवेत्॥"
इति पुस्तकान्तरपाठः टीकाविरोधी ।

इति सप्त कपालानि गायन् ब्रह्मोदितैः पदैः।
स्वरैश्च पार्व्वतीकान्तस्तुतौ कल्याणमाभजेत्॥ ६॥

इति कपाललक्षणम्।

ब्रह्मप्रोक्तैः जातिप्रस्तारे कथितैः पदैरुक्तैः स्वरैश्च सप्तकपालानि गायन् कल्याणं भजते॥ इति कपाललक्षणम्॥ कम्बलं निरूपयति—

यत्र ग्रहोऽंशोऽपन्यासः पञ्चमोवङ्कलस्तु रिः।
सोन्यासो म-ध-गान्धाराः स्वल्पास्तत् कम्बलं मतम्॥ १०॥
पञ्चमीजातिसंजातमल्पतावङ्कतावशात्।
स्वराणां बहवोभेदास्तस्य पूर्व्वैरुदीरिताः॥ ११॥

यत्र पञ्चमोग्रहोऽंशोऽपन्यासश्च। ऋषभस्य वाङ्कल्यम्। षड्जोन्यासः। मध्यम-धैवत-गान्धाराणामल्पत्वम्। तत् पञ्चमीजातेः समुपन्नं कम्बलमित्युच्यते। तस्य कम्बलस्य स्वराणामल्पत्वेन वङ्कलत्वेन च बहवोभेदा भरतादिभिरुदीरिताः। ते तत्तद्ग्रन्थेषु विलोकनीयाः। इह तु ग्रन्थविस्तरभयान्नोच्यन्त इत्यर्थः॥ कम्बलशब्दप्रवृत्तिं फलञ्च कथयति—

प्रीतः कम्बलगानेन कम्बलाय वरं ददौ।
पुरा पुरारिरद्यापि प्रियते तैरतः शिवः॥ १२॥

इति कम्बललक्षणम्।

यस्मात् कम्बलोनागः गीतवान् तस्मात् कम्बलंनाम इत्युच्यते। ईश्वरप्रीत्या च सकलपुरुषार्थसिद्धिफलम्॥ इति कम्बललक्षणं फलञ्च॥ कपालपदानि प्रतिज्ञाय कथयति—

कपालानां क्रमाद्ब्रूमोब्रह्मप्रोक्तपदावलीम्॥ १३॥

भुण्टं भुण्टं॥ १॥ खट्टाङ्गधरं॥ २॥ दंष्ट्राकरालं॥ ३॥ तड़िल्लहर्यजिह्वं॥ ४॥ हौ हौ हौ हौ हौ हौ हौ हौ॥ ५॥ वङ्करूपवदनं घनघोरनादं॥ ६॥ हौ हौ हौ हौ हौ हौ हौ हौ॥ ७॥ जं जं ह्रीं रौं हौं हौ हौ हौं॥ ८॥ नृमुण्डमण्डितं॥ ९॥

हं हं क ह क ह हं हं ॥ १० ॥ कृतविकटमुखं ॥ ११ ॥ नमामि देव भैरवं ॥ १२ ॥

इति षाड्जीकपालपदानि ।

झुरठं झुण्टं ॥ १ ॥ खट्टाङ्गधरं ॥ २ ॥ दंष्ट्राकरालं ॥ ३ ॥ तड़ित्सदृशजिह्वं ॥ ४ ॥ हौ हो हो हौ हो हो हो हौ ॥ ५ ॥ वरसुरभिकुसुमाचर्च्चितगात्रं ॥ ६ ॥ कपालहस्तं ॥ ७ ॥ नमामि देवं ॥ ८ ॥

इत्यार्षभीकपालपदानि ॥

चलत्तुरङ्ग ॥ १ ॥ भङ्गुरं ॥ २ ॥ अनेकरेणु ॥ ३ ॥ पिञ्जरं तु ॥ ४ ॥ रामुरैः सुसेवितं पु ॥ ५ ॥ नातु जाह्न ॥ ६ ॥ वीजलं ॥ ७ ॥ मां विन्दुभिः ॥ ८ ॥

इति गान्धारीकपालपदानि ॥

शूलकपाल ॥ १ ॥ पाणि त्रिपुरविनाशि ॥ २ ॥ शशाङ्कधारिण् ॥ ३ ॥ त्रिनयन त्रिशूल ॥ ४ ॥ सततमुमया सहि ॥ ५ ॥ तं वरदं ॥ ६ ॥ हौ हौ हो हो हौ हो हौ हौ ॥ ७ ॥ हौ हौं हो हो हौ हौ हो हो ॥ ८ ॥ स्तौमि महादेवं ॥ ९ ॥

इति मध्यमाकपालपदानि ॥

जय विषमनयन ॥ १ ॥ मदनतनुदहन ॥ २ ॥ वरवृषभगमन ॥ ३ ॥ त्रिपुरदहन ॥ ४ ॥ नतसकलभुवन ॥ ५ ॥ सितकमलवदन ॥ ६ ॥ भव मे भयहरण ॥ ७ ॥ भवशरणम् ॥ ८ ॥

इति पञ्चमीकपालपदानि ॥

अग्निज्वाल ॥ १ ॥ शिखावली ॥ २ ॥ मांसशोणित ॥ ३ ॥ भोजनि

॥ ४ ॥ सर्व्वाहारि ॥ ५ ॥ गिरि निर्व्वासे ॥ ६ ॥ धर्म्मसुण्डे ॥ ७ ॥ नमोस्तु ते ॥ ८ ॥

इति धैवतीकपालपदानि ॥

सरसगजचर्म्मपटं ॥ १ ॥ भीमभुजङ्गमानद्धजटं ॥ २ ॥ कह कह हुंकृतिविकृतमुखं * ॥ ३ ॥ नम तं शिवं हरमजितं † ॥ ४ ॥ चण्डदण्डमजेयं ॥ ५ ॥ कपालमण्डितमकुटं ॥ ६ ॥ कामदर्प-विध्वंसकरं ॥ ७ ॥ नम तं हरं परमशिवम् ॥ ८ ॥

इति नैषादीकपालपदानि ॥

इति कपालपदानि ॥ कपालपदेषु न व्याख्येयमस्ति किञ्चित् इति ॥ जाति गीतीनामप्रयोग उक्तः । किं लक्षणास्ता इतीदानीं तत् कथयति—

वर्णाद्यलंकृता गानक्रिया पदलयान्विता ।
गीतिरित्युच्यते सा च बुधैरुक्ता चतुर्व्विधा ॥ १४ ॥
मागधी प्रथमा ज्ञेया द्वितीया चार्द्धमागधी ।
सम्भाविता च पृथुलेत्येतासां लक्ष्म वक्ष्महे ॥ १५ ॥

(स्थाय्यादिभिर्वर्णैः प्रसन्नादिभिरलङ्कारैश्च भूषिता ।) पदं प्रसिद्धं, लयाः द्रुतमध्यविलम्बितास्तालाध्याये वक्ष्यमाणाः, ताभ्यामन्विता गानक्रिया गीतिरित्युच्यते । सा चतुर्व्विधा—मागधी, अर्द्धमागधी, सम्भाविता, पृथुलेति ॥ तत्र मागध्या लक्षणं कथयति—

गीत्वा कलायामाद्यायां विलम्बितलयं पदम् ।
द्वितीयायां मध्यलयं तत्पदान्तरसंयुतम् ॥ १६ ॥
स तृतीये पदे ते च तृतीयस्यां द्रुते लये ।
इति त्रिरावृत्तपदान् मागधीं जगदुर्ब्बुधाः ॥ १७ ॥

---

* "विकटमुखं" इति पुस्तकान्तरपाठः ।

† "हरमचिन्त्यं" इति पाठान्तरम् ।

[उदाहरणम् ।]

मा	गा	मा	धा	
दे	०	वं	०	१
धनि	धनि	सनि	धा	
दे ०	वं ०	रु ०	द्रं	२
रिग	रिग	मग	रिस	
देवं	रुद्रं	वंदे	० ०	३

आद्यायां कलायां विलम्बितलयेन पदं गायेत्। द्वितीयकलायां तदेव पदान्तरेण संयुतं मध्यलयेन गायेत्। तृतीयस्यान्तु कलायां ते द्वे पदे तृतीयपदसहिते द्रुतलयेन गायेत्। एवं त्रिरावृत्तपदां त्रिकलां मागधीं बुधा गीत-विशारदा जगदुः अत्रादिषुः। देवमिति विलम्बितलयेन गीत्वा द्वितीयकलायां तदेव देवपदं रुद्रपदेनसहितं देवं रुद्रमिति मध्यलयेन गीयते। तृतीयकलायां देवं रुद्रमिति पदद्वयं वन्दे इति पदान्तरेण सहित देवं रुद्रं वन्दे इति द्रुतलयेन गीयते॥

अर्द्धमागधीं लक्षयति—

पूर्व्वयोः पदयोरर्द्धं चरमे द्वियदोदिति।
तदार्द्धमागधीं प्राहु—

मा	री	गा	सा	
दे	०	वं	०	१
सा	सा	धा	नी	
वं	रु	द्रं	०	२

पा	धा	पा	मा	
द्रं	वं	दे	०	२

उक्तेषु त्रिषु पदेषु पूर्व्वयोः पदयोः देवम् रुद्रम् इत्येतयोश्चरमे अन्ते देवम्-पदस्य चरममर्द्धं वम्, रुद्रम्-पदस्य चरममर्द्धं द्रम् इति। ते वम् द्रम् इति चरमे अर्द्धे यदा द्विः द्वितीयवाररूपम् उदिते उच्चारिते भवतस्तदा अर्द्धमागधीं प्राहुः। अयमर्थः—प्रथमकलायां मागध्युक्तप्रकारेण देवमिति पदमुच्चार्य्य द्वितीयायां वं रुद्रं इत्युच्चारयेत्। ततस्तृतीयायां द्रं वन्दे इत्युच्चारयेत्। एवं पूर्व्वपदद्वयचरमार्द्धद्विरावृत्तिर्भवति *॥

—द्विरावृत्तपदां परे॥ १८॥

मा	मा	मा	मा	
दे	०	वं	०	१
धा	मा	धा	नी	
दे	वं	रु	द्रं	२
पा	निध	मा	मा	
रु	द्रं०	वं	दे	३

* सिंहभूपालकृतटीकायामेतदर्द्धमागध्यादिपृथुलान्तगीतिलक्षणव्याख्यानानि नाऽस्माकं तृप्तिकराणीति नितरां मूले कल्लिनाथीयटीकां सन्निवेश्य प्रदर्शनार्थं निम्ने सिंहभूपालकृता टीका सन्निवेशिता इति सर्व्वत्र द्रष्टव्यम्। अत्र च सिंहभूपाल एवमाह "पूर्व्वयोः पदयोरन्तिमेऽर्द्धे तद्वयदा द्विरुच्यते, यथा प्रथमकलायां देवमिति पदं गीत्वा द्वितीयकलायां प्रथमपदान्त्यार्द्धं वम्-इत्यक्षरेण सह रुद्रमिति पदं अर्थात् वं रुद्रमिति गीयते, तृतीयकलायां द्रम्-इत्यक्षरेण सह वन्दे इति पदं गीयते। अत्रापि कलात्रये विलम्बितद्रुतलया ज्ञातव्याः।"

परे त्वाचार्याः द्विरावृत्तपदां प्रथमकलायामुक्तस्य देवमिति पदस्य द्वितीयकलायां "देवं रुद्रम्" इति द्विरावृत्तिस्ततस्तृतीयायां "रुद्रं वन्दे" इति रुद्रपदस्य द्विरावृत्तिः। एवं द्विरावृत्तपदान्त्यर्द्धमागधीं प्राहुः। मतङ्गस्त्वेनां मागधीभेदत्वेनाह। यथा—"अन्ये तु द्विरावृत्तां मागधीं पठन्ति।" इति। अतोऽर्द्धमागधी मागध्युद्भूतत्वात् क्वचिन्मागधी तेरर्द्धमागधीप्रयोगोऽपि सम्मत एव। अत्र पदावृत्त्या पुनरुक्तिदोषपदार्थभङ्गेनानर्थकत्वमाशङ्क्य मतङ्गेन परिहृतम्। यथा "सामवेदे गीतप्रधाने आवृत्तिस्वर्या नाद्रियन्ते" इति। तथा वेदेनैवोदाहृतञ्च "उदुत्यं जातवेदसम्" इत्यत्र वेदशब्दपर्य्यन्तमावृत्तिपरम्परया गीत्वा "जातवेदसम्" इति गीयतेऽतः पदखण्डनवदर्थभङ्गोभवतीत्यत्रापि। अतः सामवेदप्रकृतिके संगीते गानवशात् क्वचित्पदानां पुनरुक्तिरुद्वोक्तिश्च न दोषाय इति मन्तव्यम् *॥

संक्षेपितपदा भूरिगुरुः सम्भाविता मता।

धा	मा	मा	रिग	
भ	०	क्त्या	० ०	१
री	गा	सा	सा	
दे	०	वं	०	२
नी	धा	धा	नी	
रु	०	द्रं	०	३

* सिंहभूपालस्तु—द्विरावृत्तपदान्तरे—इति पाठं प्रकल्प्य परवर्त्तिश्लोकार्द्धेन सह तस्य सम्बन्धं कृत्वा एवं व्याख्यातवान्। यथा "द्विरावृत्ते पदान्तरे यस्यां सा संक्षेपितपदा बहुगुरुयुक्ता सम्भाविता गीतिः। प्रथमकलायां चत्वारि पदानि गीत्वा भक्त्या देवं रुद्रं वन्दे इति, द्वितीयकलायां मध्यस्थं पदद्वयं गीयते देवं रुद्रमिति, तृतीयकलायां प्रथमकलावत् भक्त्या देवं रुद्रं वन्दे" इति।

धा	नी	मा	मा	
वं	०	दे	०	४

संक्षेपितदेति—संक्षेपितानि पदानि यस्यां सा तथोक्ता। अत्र प्रतिकलं यावत्स्वरं अक्षरप्रयोगः पदानां विस्तारः। ततः सङ्कोचः संक्षेपः। संक्षेपशब्दात् तत्करोतीत्यादिना णिचि निष्ठायां संक्षेपितेति रूपम्। एतेन कलागतस्वरेषु कतिपयानामेवाक्षरप्रयोगः कर्त्तव्यो भवति। भूरिगुरुः भूरीणि गुर्व्वक्षराणि यस्यां सा। तेन क्वचिद्विरलमक्षरप्रयोगोऽप्यङ्गीकृतो भवति। तथाच चतुर्मात्रिकासु कलासु प्रथमकलागतपञ्चस्वराणां प्रथमं 'क्त्या' परतया गुरुणा भकारेण तृतीयस्वरं क्त्येति गुरुणा योजयित्वा इतरस्वरद्वयं तच्छेषत्वेन गायेत्। द्वितीयकलागत चतुःस्वराणां प्रथम तृतीयौ देवमिति गुर्व्वक्षराभ्यां तथा चतुर्थकलागत चतुःस्वराणां प्रथमतृतीयौ वन्दे इत्यक्षराभ्याञ्च योजयित्वा इतरस्वरांस्तत्तदक्षरशेषतया गायेत्। भक्त्या देवं रुद्रं वन्दे इति संक्षेपितानि पदानि। एवं लिखितोदाहरणादन्यत्राप्यूह्यम्। कलास्वरविशेषास्तु यां काञ्चिज्जातिमाश्रित्य तत्तत्कलागतास्वरेषु योक्तव्याः। एवं गीयमाना गीतिः सम्भाविता मता। संक्षिप्तता सम्भाव्यते पदानां यत्र सा सम्भावितेति निरुक्तिर्मतङ्गोक्ता।

भूरिलघ्वक्षरपदा पृथुला सम्मता सताम्॥ १८॥

सा	गा	री	मा	
सु	र	न	त	१
सा	धनि	धा	धा	
ह	र ०	प	द	२
सा	सा	धा	नी	
यु	ग	ल	०	३

पा	निधप	मा	पा
प्र	णा००	म	त

४

भूरिलघ्वक्षरपदेति स्पष्टार्थः । सुरनतहरपदयुगलं प्रणमत इति कलाचतुष्टयाभिप्रायेण प्रतिस्वरं प्रयुक्ताक्षराणि भूयस्त्वस्तु तत्तत्पदग्रामस्य पृथुला इति मतङ्गोक्ता निरुक्तिः * ॥ एवं पदाश्रितत्वेन गीतीर्लक्षयित्वा तालाश्रितत्वेनापेरता लक्षयति—

यद्वा यथाक्षरे युग्मे गुर्व्वोः प्रथमयोर्यदा ।
एकैकं चित्रमार्गादि प्रयुज्य च-गणात्मकम् † ॥ २० ॥
मात्राभिरष्टभिर्युक्तं दक्षिणे ध्रुवकादिभिः ।
प्रयुज्यते तदा गीतिर्मागधीत्यभिधीयते ॥ २१ ॥

यथा गुरुद्वयलघुप्लुतात्मके युग्मे चच्चत्पुटे प्रथमयोः प्रथमद्वितीययोर्गुर्व्वोर्द्विमात्रिकयोर्मध्ये एकैकं गुरुश्चित्रमार्गार्हः स्वत एव मात्राद्वयात्मकत्वात् चित्रमार्गप्रयोगयोग्यं प्रयुज्य ध्रुवका पतिता युक्तं कृत्वा ततः च-गणात्मकं च-गणश्चतुर्मात्रिको मात्रागणविशेषः तथा च तद्वक्ष्यति । स च-गण आत्मा यस्य तत् तथोक्तम् । प्रयुज्येत्यावर्त्तनीयम् । च-गणात्मकं प्रयुज्य विकल्पीकृत्य चतुर्मात्रात्मकमेकैकं गुरुं वार्त्तिकमार्गाश्रयणात् ध्रुवका सर्पिणी पताका पतिताख्याभिः करक्रियाभिः प्रत्येकं प्रयोक्तव्यमित्यर्थः । ततो दक्षिणे दक्षिणमार्गे ध्रुवकादिभिः ध्रुवका सर्पिणी–कृष्णा–पद्मिनी-विसर्जिता–विक्षिप्ता-पताका-पतिताख्याभिर्वक्ष्यमाणलक्षणाभिः (करक्रियाभिः)। अत्र उपाध्युपाधिमतोरभेदोपचारात् ध्रुवकादीनां मात्राव्यवहारोद्रष्टव्यः । ताभिर्युक्तम् एकैकं गुरुं प्रत्येकं चतु-

* सिंहभूपालस्तु –“लघ्वक्षराणि बहूनि यस्यां अन्यत् लक्षणं सम्भावितावत् सा पृथुला । यथा सुरनतहरपदयुगलं प्रणमत इति पदचतुष्टयं प्रथमकलायां गीत्वा द्वितीयकलायां मध्यमपदयोर्द्विरावृत्ति स्तृतीयकला पूर्व्वकलावत् । इयं पृथुला मता ।”

† “च-गणान्वितम्” इति पाठान्तरम् ।

प्रकीर्णकमित्यर्थः। यदा प्रयुज्यत इति सम्बन्धः। एवं यदा प्रयुज्यते तदा मागधी गीतिरित्यभिधीयते। गुरुद्वयस्य विराट्त्वादित्यभिप्रायः •॥ अर्द्धमागधीं लक्षयति—

तृतीयं लघु युग्मस्य भगणार्द्धयुतं यदा।
आद्याभ्यामन्तिमाभ्याञ्च मात्राभ्यां सम्प्रयुज्यते ॥ २२ ॥
ततः प्लुतं सार्द्धगणयुक्तं कृत्वा प्रयुज्यते।
ध्रुवकादिभिरष्टाभिः द्विरुक्तान्त्यद्वयेन च।
तदार्द्धमागधी ते द्वे तद्वत्तालान्तरेष्वपि † ॥ २३ ॥

युग्मस्य चच्चत्पुटस्य यथाक्षरस्येति शेषः तृतीयं तालद्वयावयवत्वेन गुरुद्वयान्तरगं लघु भगणार्द्धयुतं भगणश्च षण्मात्रिको मात्रागणविशेषस्तस्यार्द्धम् अंशत्रयं तेन युतं तेन सह चतुर्लघ्वात्मकं कृतमित्यर्थः। आद्याभ्यां ध्रुवकासर्पिणीभ्यां अन्तिमाभ्याञ्च पताकापतिताभ्याञ्चेत्यर्थः। एवं यदा प्रयुज्यते ततः प्लुतं चच्चत्पुटावयवं प्लुतं सार्द्धगणयुक्तम् अत्र सामान्यगणशब्देन षन्निहितस्य-गणोऽगृह्यते। अर्द्धशब्देन तदर्द्धं गृह्यते। अर्द्धेन सहितः सार्द्धोमात्रात्रयसहितस्य-गण इत्यर्थः। ततः सार्द्धगणेन युक्तं च-गणस्य षण्मात्रा अर्द्धगणस्य त्रिमात्रा एवं नवभिर्मात्राभिर्योगे त्रिमात्रिकस्य प्लुतस्य द्वादशमात्रात्मकत्वं भवति। प्लुतमेव द्वयं कृत्वा ध्रुवकादिभिरष्टाभिः क्रमेण प्रयोगे सत्यवशिष्टमात्राचतुष्टयं द्विरुक्तान्त्यद्वयेन च इति अन्त्ययोर्मात्रयोः पताका-

---

• अत्रापि सिंहभूपाल आह—"प्रकारान्तरेणान्यथा एतस्या लक्षणमाह यद्वेति। यदाक्षरे युग्मे चच्चत्पुटप्रथमयोर्गुर्वोरेकैकं गुरु चित्रमार्गयोगं प्रयुज्यते तदा मागधी गीतिः।"

† अत्र सिंहभूपालकृता व्याख्या—"युग्मस्य चच्चत्पुटस्य तृतीयं लघु भगणस्य अर्द्धेन युतं आद्याभ्यां ध्रुवका सर्पिणीभ्यां मात्राभ्यां अन्तिमाभ्यां मात्राभ्याञ्च पताकापतिताभ्यां प्रयुज्यते ततश्च चच्चत्पुटस्य चतुर्थं प्लुतमंशेन च-गणार्द्धयुक्तं कृत्वा ध्रुवकाभिरष्टाभिर्मात्राभिः पताका पतिताभ्याञ्च मात्राभ्यां द्विगुणाभ्याञ्च प्रयुज्यते तदा अर्द्धमागधी। ते द्वे मागध्यर्द्धमागध्यौ यथा चच्चत्पुटे युक्ते तथा तालान्तरेष्वपि ज्ञातव्ये।" इति।

पतितयोर्द्वयोर्द्विरुक्तं द्विरावृत्तं द्विरुक्तञ्च तत् अन्त्यद्वयञ्च तेन च यदा प्रयुज्यते। अयमर्थः—अवशिष्टं मात्राचतुष्टयं पताकापतिताभिस्ताभिः क्रमेण प्रयुज्यते यदा तदा अर्द्धमागधीत्यभिधीयते। ते द्वे मागध्यर्द्धमागध्यौ तालान्तरेष्वपि पञ्चपाण्यादिष्वपि तद्वत् चच्चत्पुटे यथा तथा योजनीयेत्यर्थः।

सम्भाविता भूरिगुरुर्द्विकले वार्त्तिके पथि।
चतुष्कले भूरिलघुर्दक्षिणे पृथुला मता॥

इति सङ्गीतरत्नाकरे गीतिप्रकरणम्।

इति श्रीकरणाधिपतिश्रीसोढलदेवनन्दन-निःशङ्क-श्रीशार्ङ्गदेव-विरचिते सङ्गीतरत्नाकरे स्वरगताध्यायः प्रथमः।

द्विकले चच्चत्पुटे वार्त्तिके पथि वार्त्तिकमार्गे बहुगुरुयुक्ता सम्भाविता गीतिः। चतुष्कले दक्षिणे मार्गे भूरिलघुः पूर्व्वोक्तप्रकारेण पृथुला ज्ञेया॥ इति गीतिलक्षणम्॥

इति श्रीसिंहभूपालविरचितायां सङ्गीतरत्नाकरटीकायां सङ्गीतसुधाकराख्यायां गीतिप्रकरणम्।

समाप्तिः॥